蘭臺出版社

中國文化研究叢書第一輯 1

總編纂 党明放

中國古代陵墓研究

丁家桐題

党明放 著

中國學術研究叢書系列
總編纂　党明放

中國文化研究叢書第一輯

党明放　　鄭茂良、陳　濱　肖愛玲　韋明鏵　許友根

艾永明　　　傅紹良　　　王　勇　李憲堂　雷　戈

《中國學術研究叢書》出版總序

党明放

國學，初指國立學校，明置中都國子學，掌國學諸生訓導政令。後改稱中都國子監，國子監設禮、樂、律、射、御、書、數等教學科目。

國學，廣義指中國歷代的文化傳承和學術記載，狹義指以儒學為主的中國傳統學說，根據文獻內容屬性，國學分經、史、子、集四類，各有義理之學、考據之學及辭章之學。

國學是以先秦經典及諸子百家為根基，涵蓋了兩漢經學、魏晉玄學、隋唐佛學、宋明理學、明清實學和同時期的先秦詩賦、漢賦、六朝駢文、唐詩宋詞元曲與明清小說等一脈特有而完整的文化學術體系，並存各派學說。

學術，指系統而專門的學問，是對客觀事物及其規律的學科化。學問，學識和問難，《周易》：「君子學以聚之，問以辯之。」而自成系統的觀點、主張和理論，即為學說，章炳麟《文略》：「學說以啟人思，文辭以增人感。」無論是學術、學問、學說，皆建立在以文化為主體之上。

「文化」一詞源於拉丁文 Colere，本義開發、開化。最早將其作為專門術語加以運用的是英國文化人類學創始人愛德華·泰勒（Edward. B. Tylor 1832—1917），他在《原始文化》書中寫道：「文化或文明是一個複雜的總體，它包括知識、信仰、藝術、道德、法律、風俗以及作為一個社會成員的個人通過學習獲得的任何其他的能力和習慣。」

　　人類社會可劃分為政治部分、文化部分和經濟部分。一個國家,有其政治制度、文化面貌和經濟結構;一個民族,有其政治關係、文化傳統和經濟生活。在人類社會發展進程中,文化是「源」,文明是「流」。文化存異,文明求同。

　　文化是產生於人類自身的一種社會現象。《周易》云:「觀乎天文,以察時變。觀乎人文,以化成天下。」東漢史學家荀悅《申鑒》云:「宣文教以章其化,立武備以秉其威。」南齊文學家王融〈曲水詩序〉云:「設神理以景俗,敷文化以柔遠。」

　　文化是人類的內在精神和這種內在精神的外在表現。文化具有多方的資源、特質、滯距,以及不同的選擇、衝突和創新。

　　文化分為物質文化、精神文化和制度文化。文化不僅在人類學、民族學、社會學、考古學,以及心理學中作為重要內涵,而且在政治學、歷史學、藝術學、經濟學、倫理學、教育學,以及文學、哲學、法學等領域的核心價值。

　　文化資源包括各種文化成果和形態。比如語言、文字、圖畫、概念、遺存、精神,以及組織、習俗等。其特性主要體現在文化資源的精神性、多樣性、層次性、區域性、集群性、共享性、變異性、稀缺性、潛在性以及遞增性。

　　歷史文化資源作為人類文化傳統和精神成就的載體,構成了一個獨立的文化主體,並具有獨特的個性和價值,可分為自然文化資源和社會文化資源,自然文化資源依靠文化提升品味,依靠時間形成魅力;社會文化資源包括人文景觀、歷史文化和民俗風情等。

　　民族文化資源具有獨特性、融合性和創新性,包括有形的文化資源和無形的精神文化資源,諸如:民俗節慶、遊藝文化、生活文化、禮儀文化、制度文化、工藝文化以及信仰文化等。

　　我國是一個多種宗教並存的國家,諸如佛教、道教、基督教、天主教以及伊斯蘭教等,在漫長的歷史發展進程中,各類宗教和宗教派別形成了寶貴的宗教文化資源。宗教文化具有很大的包容性,幾乎囊括了從哲學、思想、文學、藝術到建築、繪畫、雕塑等方面的所有內容,並且具有很大的旅遊需求和開發價值。

　　文化資源具有社會功能和產業功能。社會功能具有明顯的時代性、可變性、

擴張性、商品性、潛在性，以及滯後性，主要體現在促進文化傳播、加強文化積累、展現國民風貌、振奮民族精神、鼓舞民眾士氣和推動文明建設等方面。

文化是一個國家和民族的凝聚力、生命力和影響力的集中體現。人類文化的交往，一種是垂直式的，稱之為文化傳遞；一種是水平式的，稱之為文化傳播。垂直式的文化交往屬於文化積累，或稱文化擴散，能引發「量」的變化；水平式的文化交往屬於文化融合，或稱文化采借，能引發「質」的變化。一切文化最終將積澱為社會人群的內涵與價值觀，群體價值觀建築在利它，厚生，良善上，這族群的意識模式便影響了行為模式，有了利它，厚生為基礎的思維模式，文化出路便往利它，厚生，豐盛溫潤社會便因之形成。這個群體因有了優質文化而有了安定繁盛的社會，生活在其中的人們可以快樂幸福。

東漢王符《潛夫論》云：「天地之所貴者，人也；聖人之所尚者，義也；德義之所成者，智也；明智之所求者，學問也。」歷代學人為了文化進程，著手文獻整理，進行編纂，輯佚，審校，註釋，專研等，「存亡繼絕」整校出版文化傳承工作。

蘭臺出版社擬踵繼前人步伐，為推動時代文化巨輪貢獻禺人之力，對中國傳統文化略盡固本培元，守正創新，傳佈當代學界學人，對構建中國傳統文化研究的成果，將之整理各類叢書出版，除冀望將之藏諸名山，傳諸百代之外，也將為學人努力成果傳佈，影響更多人，建立更好的優質文化內涵。並將此整校編纂出版的重責大任，視其為出版者的神聖使命，期盼學界學人共襄盛舉！

蘭臺出版社社長盧瑞琴君致力於中國文化文獻著作的整理出版，首部擬策劃出版《中國學術研究叢書》，接續按研究主題分類，舉凡國家制度、歷史研究、經濟研究、文學研究、典籍史論，文獻輯佚、文體文論、地理資源、書法繪畫、哲學思想，倫理禮俗，律令監督，以及版本學、考古學、雕塑學、敦煌學、軍事學等領域，將分門別類，逐一出版。邀稿對象多為國內知名大學教授、社科機構研究員，以及相關研究領域裡的專家和學者的專業研究成果為主，或國家社會科學、文化部、教育部，以及省級社科基金項目的代表性科研成果，諸位教授主持國家社科基金重大招標項目，以及擔任部省級哲學、社會科學重大攻關項目首席專家，並且獲得不同層次、不同級別、不同等級的成果獎項為出版目標。

　　中國文化研究首部《中國學術研究叢書》的出版，將以此重要的研究成果，全新的文化視野，深邃厚重的歷史文化積澱和異彩紛呈的傳統文化脈絡為出版稿約。

　　清人張潮《幽夢影》云：「著得一部新書，便是千秋大業；注得一部古書，允為萬世宏功。」人類著述之根本在於人文關懷。叢書所邀作者皆清遠其行，浩博其學；學以辯疑，文以決滯；所邀書稿皆宏富博大，窮源竟委；張弛有度，機辯有序。

　　文搜百代遺漏，嘉惠四方至學。《中國學術研究叢書》開啟宏觀視覺，追溯本紀之源，呈現豐贍有趣的文化圖景。雖非字字典要，然殊多博辯，堪為文軌，必將為世所寶。

　　瑞琴君問序於余，鄙人不才，輒就所知，手此一記，罔顧辭飾淺陋，可資通人借鑒焉。

　　　　　　　　　　　　　　　　　　　　　　　王寅端月識於問字庵

作者係文化學者、蘭臺出版社駐北京總編輯、中國學術研究叢書總編纂

引　言

　　上古時期，人類處於蒙昧狀態，往往是待親人去世後，或舉于山岡，或委于溝壑，任狐狼齧食，蠅蛆喝噬，謂之不葬其親。當靈魂不滅的觀念出現後，人類奉行入土為安，讓逝者方得其所——魂氣歸於天，形魄歸於地。

　　生，乃人之始；死，乃人之終。所謂葬者，就是掘穴葬棺，掩埋屍體於地下。地表平平者稱「墓」，墓者，表明墓主屬於正常死亡，即民間所謂油盡燈幹；壟土為堆者稱「墳」，墳者，表明死者屬於非正常死亡，生前或心懷憤恨，或胸積冤屈。「墳」又稱「邱」，或「丘」，而高頭大墳則稱「塚」。

　　「溥天之下，莫非王土；率土之濱，莫非王臣。」春秋戰國時期，隨著皇族統治階級及貴族特權階層勢力的逐漸瓦解和沒落，伴隨而來的便是君主政體的建立等一系列社會變革。在河南洛陽至開封一帶的黃河中下游地區普遍流行墳丘式墓葬。比干墓位於河南衛輝市城北頓坊店鄉比干廟村，是我國第一座墳丘式墓葬，被稱為「天下第一墓」。

　　比干（前 1092–前 1029），沫邑（今河南衛輝市）人。商王帝文丁之子、商王帝乙之弟、商紂王帝辛之叔，官居少師。受託孤之重，輔佐紂王帝辛。是中國歷史上第一位以死諫君的忠臣，被譽為「天下第一仁」。周武王滅商，遣使開國功臣閎夭于墓前立銅盤，銘曰：「左可想而知右泉，前崗後道，萬世之寧，茲馬是寶。」又封比干為國神，賜林姓。墓前立碑，孔子手跡劍刻「殷比干墓」碑，被譽為「天下第一碑」。因墓立廟，廟墓合一。北魏孝文帝制〈孝文皇帝

吊殷比干墓文〉。貞觀十九年（645）二月，唐太宗〈贈殷太師比干諡詔〉〈祭殷太師比干文〉，諡忠烈公，李白撰〈殷太師墓誌銘〉。宋仁宗為《林氏家譜》題詩，元仁宗為比干立碑塑像，清高宗為比干祭文題詩、清宣宗修復比干廟正殿。中華民族千秋令：「齊封神雨，雷電照今；供幹師忠，慎為瞻遺。」命為宗祀，歷朝致祭。

《禮記·檀弓上》：「昔者夫子言之曰：吾見封之若堂者矣，見若坊者矣，見若覆夏屋者矣，見若斧者矣，從若斧者焉。馬鬣封之謂也。」意思是說，從前孔子對人講他曾見過四種不同式樣的墓丘：有高高隆起的像「堂」；狹長而陡峭的像「坊」；四方闊廣而兩旁向上的像「屋」；狹長而從兩旁向上尖削似斧，謂之「馬鬣封」。馬鬣，即馬鬃。唐人李白〈上留田行〉詩云：「蓬科馬鬣今已平，昔之弟死兄不葬。」宋人劉克莊〈沁園春·和吳尚書叔永〉詞云：「歎苕溪漁艇，幽人孤往；雁山馬鬣，吊客誰經。」

陵，指高大突兀的山丘，是帝王墳墓的專稱。源自戰國中期七雄之趙、楚、秦。據《史記》卷四十三〈趙世家〉記載，趙肅侯十五年（前335），「起壽陵」。《史記》卷六〈秦始皇本紀〉記載，惠文王享國二十七年，「葬公陵」。悼武王享國四年，「葬永陵」。昭襄王享國五十六年，「葬芷陽」。孝文王享國一年，「葬壽陵」。《水經注》卷十九〈渭水下〉：「秦名天子塚曰山，漢曰陵，故通曰山陵矣。」及至後來，統稱帝陵為「山陵」。

寢，是對古代帝王陵園建築的特定稱呼。興於秦，行於漢。寢本身不是藏屍之處，是附屬建築物，一般認為是帝王陵園上的正殿。一座帝王陵寢，就是一部墓主生前的傳奇和死後的秘史，更是一座中國古代的藝術寶藏。

上古時期，最高統治者被尊稱為天子，或謂君、王、皇、帝，《白虎通德論》：「天子者，爵稱也。王者父天母地，為天之子也。」夏稱後，商稱帝，周則稱王。春秋戰國之際，戰事頻仍，時局混亂，諸侯大多僭越稱王。

陵寢制度肇始於傳說中的唐堯虞舜，是奴隸制社會和封建社會政治、經濟、文化和禮儀制度的重要組成部分，也是統治者推崇皇權至上，維護森嚴等級的重要的政治手段之一。但其正式被確立的時間當在東漢。東漢蔡邕《獨斷》卷下云：

　　宗廟之制，古學以為人君之居，前有朝，後有寢，終則前制廟以像朝，後制寢以像寢。廟以藏主列昭穆寢。有衣冠幾杖，象生之具，總謂之宮。

　　帝王的陵寢規制代表著喪葬禮儀中的最高規格，體現著以忠孝為本的倫理觀念和宗教觀念，反映著不同歷史時期的社會風尚和習俗，是人類社會的縮影和民族文化的集中體現。本書試圖以帝王陵墓風水、名號、格局、形制、建築、隨葬、殉葬、陪葬、石刻、祭祀以及種種盜墓等方面進行梳理和解讀。

目　錄

第一章　陵墓風水

　　風水之說，起源於原始社會，指相宅或相墓之法，又稱「堪輿」。「堪」為上，「輿」為下，堪高輿低，代指天地。《史記》將堪輿家與五行家並行，本有仰觀天象，俯察地理之意。《漢書》卷八十七上〈揚雄傳〉上載：「詔招搖與泰陰兮，伏鉤陳使當兵。屬堪輿以壁壘兮，梢夔魖而抶獝狂。」唐人顏師古引注：「堪輿，天地總名也。」

　　風水包括人類環境中的天地、山川、土木等自然景觀，強調人與自然環境生氣的和諧。生氣，指流走於土中。從甲骨文和先秦文史典籍來看，先民對地形有著明確的劃分。如陸地，可分為山、阜、丘、陵、岡等；如水域，可分為江、河、川、泉、澗、沼、澤、氾、沱等；如河床地帶，可分為兆、廠、渚、滸、淡等。風水學家自稱形家，風水術別稱形法。形法因勢隨形，專注於山川形勢的考察。

　　東晉堪輿學家郭璞《葬書》云：「葬者乘生氣也。」「經曰：氣乘風則散，界水則止。」「古人聚之使不散，行之使有止，故謂之風水。」「風水之法，得水為上，藏風次之。」先民認為，住宅或墓地周圍的風向、水流等形勢都會招致居住者或死者後人的禍福。

第一節　風水文化

　　龍，是中國及東亞國家古代傳說中的神異動物，司掌行雲布雨，是中華民族的精神圖騰，常常用來象徵祥瑞。宋人羅願《爾雅翼・釋龍》云：「角似鹿，頭似駝，眼似兔，項似蛇，腹似蜃，鱗似魚，爪似鷹，掌似虎，耳似牛。」東漢許慎《說文解字》載：「龍，鱗蟲之長，能幽能明，能細能巨，能短能長，春分而登天，秋分而潛淵。」

　　據說，龍背上有八十一鱗，具九九陽數，其聲如戛銅盤，口旁有須髯，頷下有明珠，喉下有逆鱗，頭上有博山。聞一多在〈龍鳳〉中指出，中國人被稱為「龍的傳人」來源於黃帝時代的傳說。相傳，「龍顏有聖德」的黃帝在戰敗蚩尤統一中原後，它的標誌兼融了被吞併的其它氏族和部落的標誌性圖案。如鳥、馬、鹿、蛇、牛、魚等，最後拼合成中華民族共同的圖騰形象——龍，一種虛擬的綜合性神靈。在《禮記・禮運》中，龍與鳳、龜、麟並稱「四靈」。

　　西周時期，有大量身負羽翼龍紋的器皿，乃至青龍在先秦紋飾中也有羽翼。在封建時代，龍是皇權的象徵，凡皇宮使用的器物皆飾以龍。羅貫中在《三國演義》第二十一回〈曹操煮酒論英雄　關公賺城斬車冑〉中，借曹操之口說：「龍能大能小，能升能隱；大則興雲吐霧，小則隱介藏形；升則飛騰於宇宙之間，隱則潛伏于波濤之內。」

　　為帝王的陵寢選址，稱卜選吉壤。為了充分體現「龍脈文化」，以及中國傳統文化「天人合一」哲學觀念，卜選吉壤所必須遵循的原則是：覓龍，即尋找陵墓所依靠的山脈；點穴，即確定安放棺槨的地方；察砂，即觀看附近其它山嶺形狀；觀水，即察看附近河流水向情況。

　　漢魏時期，風水學說在運用傳統的陰陽五行學說的同時，糅合了天文、地理、水文、倫理、建築等方面的知識，與四時、四方搭配，創造出了一套較為龐雜的理論體系。西漢董仲舒《春秋繁露》卷十一〈五行之義第四十二〉云：

> 木居左，金居右，火居前，水居後，土居中央……是故木居東方而主春氣，火居南方而主夏氣，金居西方而主秋氣，水居北方而主冬氣。

東漢王充《論衡》卷三〈物勢篇〉云：

> 東方，木也，其星蒼龍也；西方，金也，其星白虎也；南方，火也，
> 其星硃鳥也。北方，水也，其星玄武也。天有四星之精，降生四獸
> 之體。含血之蟲，以四獸為長，四獸含五行之氣最較著。

漢代《白虎通》將「五行」與「四方」相配：「左青龍，右白虎，前朱雀，後玄武，中央後土。」意思是說，東方乃青龍，屬木；西方乃白虎，屬金；南方乃朱雀，屬火；北方乃玄武，屬水；中央屬土。古人把東西南北四向中每一向的七宿想像為四種動物形象，稱「四向」或「四象」，認為有祛邪、避災、祈福等作用。後來，「四象」成為道教的守護神，隨著道教的流變而逐漸被人格化，並封青龍為「孟章神君」，白虎為「監兵神君」，朱雀為「陵光神君」，玄武為「執明神君」。《太上元始天尊說北帝伏魔神咒妙經》云：「左青龍，名孟章。卯文。右白虎，名監兵。酉文。前朱雀，名陵光。午文。後玄武，名執明。子文。」《北斗七元紫庭延生秘訣》稱「左有青龍名孟章，右有白虎名監兵，前有朱雀名陵光，後有玄武名執明。」

在風水學流派上，一是根據形勢點穴，謂之形法派；一是依據八卦及星相推測吉穴，謂之理氣派。形法派與理氣派相互影響，又相互攻訐，各自的操作方法失靈往往成為家常便飯。

在整體風水理論學說上，分形、氣、理。三者缺一不可。有形，才能定氣；氣定，才能論理；論理。才能定形。陰陽乃風水之宗，一陰一陽，相間而成。以山為陰，以水為陽。山以高峻為陰，平衍為陽；以曲為陰，直為陽；以俯為陰，仰為陽；以靜為陰，動為陽。老子所謂「負陰抱陽」，大概意思是指背負高山，面臨江河。

東漢趙曄《吳越春秋》卷六〈越王無余外傳〉載：夏朝開國君王禹「遂巡行四瀆，與益、夔共謀，行到名山大澤，召其神而問之山川脈理、金玉所有、鳥獸昆蟲之類，及八方之民俗、殊國異域、土地里數，使益疏而記之……」南宋朱熹在〈中庸序〉中講：「然後此書之旨，支分節解，脈絡貫通。」脈絡，亦稱脈理，泛指條理或紋理。由此可見，先民在很久之前就已經習慣稱大地山川之間的某種聯繫為「脈」。

　　五代十國時期，王建早年家貧，以殺牛、偷驢、販賣私鹽為業。據清人吳任臣《十國春秋》卷三十五〈高祖本紀上〉載：「嘗葬父，發地數尺而瘞，棺輒躍出，有神人語之曰：『此天子地，汝小民何容卜葬！』建不聽，竟葬之，棺複躍出，如是者三，乃克葬。」意思是說，王建為其亡父下葬，當棺材放入墓穴時，便自動跳將出來。此時，有位高人突然出現，對王建厲聲呵斥道：「這裡是真龍天子的吉壤，怎能容你們小民在此安葬呢？」王建不理，再次下棺，棺材再次跳出，如此再三，總算是成功了。再後來，王建這個市井無賴竟然做了前蜀的開國皇帝。這個傳說似乎在表明，只要祖墳風水旺，是完全能夠改變後世之人命運的。古人所持的這種迷信觀念一直都在影響著不同時代的人。

　　後周顯德七年（960）正月初三，趙匡胤出兵陳橋驛（今河南封丘縣東南）發動兵變，眾將擁立其為皇帝，黃袍加身，是為宋太祖。趙匡胤稱帝后，著手改葬自己父親趙弘殷墓，建隆二年（961）三月二十六日，他在〈宣祖昭武皇帝改卜安陵哀冊文〉中說：「洛州南原兮山有嵩，山川王氣兮洛陽東。宮闕崔嵬兮形勝通，土圭測景兮天之中。惟帝運之興隆兮，盛大德而照融。」意思是說，只要陵墓自然環境好，風水就好；風水好，就能帶來皇運興隆。

　　北宋時期，盛行陰陽法術。在葬制上，特別信奉唐朝的「五音利姓」之說。所謂「五音利姓」，就是把人的姓氏分成宮、商、角、徵、羽五音，再將「五音」分別與陰陽「五行」中的土、金、木、火、水對應，這樣就可以在地理上找到與其姓氏相對應的最佳埋葬方位和時日。北宋皇帝的趙姓為角音，與「五行」中的「木」對應，木主東方，陽氣在東，此為吉方。另一說法是，趙姓，屬「角」音，利於壬、丙方位。乾興元年（1022）二月十九日，真宗趙恒于延慶殿駕崩。八月初六，司天監上疏：「按經書，壬、丙二方皆為吉地，今請靈駕先于上宮神牆外壬地新建下宮奉安，俟十月十二申時發赴丙地幄次，十三日申時掩皇堂。」

　　明祖陵坐落在今江蘇盱眙縣洪澤湖西岸，是明太祖朱元璋的高祖、曾祖、祖父的衣冠塚。洪武年間，朱元璋追尊其高祖父朱百六為玄皇帝，曾祖朱四九為恒皇帝，祖父朱初一為裕皇帝，並于洪武十八年（1385）修建祖陵，至永樂十一年（1413）成。緊接著，朱棣又花了二十七年時間，為祖陵建造殿庶、金門、玉橋、廚庫、井亭、宰牲所、拜齋、宿直房、鋪舍、碑亭、儀從等，並植柏萬

株，神道全長二百五十多米，原兩側立望柱二對、麒麟二對、石獅六對、馬官二對、石馬一對、控馬侍衛一對、文臣三對、武將二對、內侍二對。並有祭田一百四十九頃，規模宏大，氣勢不凡。但無論如何，也改變不了明祖陵淹沒在淮河水下三百年年之久的事實。據成書於明崇禎年間的《鳳泗記》記載，當時，禮部侍郎蔣德璟是這樣哄騙崇禎皇帝：

> 龍脈西自汴梁，由宿虹至雙溝鎮，起伏萬狀，為九岡十八窪，從西轉北，亥龍入首坐癸向丁……大約五百里之內，北戒帶河，南戒雜江，而十餘里明堂前後，複有淮、泗、汴河諸水環繞南、東、北，惟龍從西來稍高耳。陵左肩十里為掛劍台，又左為洪澤湖，又左為龜山，即禹鎖巫支祁處，又左為老子山。自老子山至清河縣，即淮、黃交會處也；陵右肩六十里為影塔湖，為九岡十八窪，又右為柳山，為朱山，即汴梁虹宿來龍，千里結穴，真帝王萬年吉壤。

事實上，黃淮流域均為洪泛區，經油嘴滑舌的蔣德璟對崇禎皇帝這麼一忽悠，使得曾被棄之多年的貧瘠瘦土竟然變成了帝王的萬年吉壤。

明祖陵初成以後，每年清明節，朱元璋都要從南京出發，親自帶領御林軍浩浩蕩蕩，前往祭祖。明中葉以後，黃河再次氾濫，儘管朝廷幾度築堤護陵，但仍然無法從根本上解決問題。清康熙十九年（1680），明祖陵被特大洪水淹沒而徹底沉入洪澤湖底。

萬曆皇帝為了預建山陵，于萬曆十一年（1583）正月，借到天壽山拜謁祖陵之機，帶領占卜師、風水師察選吉壤。據文獻記載，初得吉壤三處：即永陵之東的潭峪嶺，昭陵之北的祥子嶺，東井之南的勒草窪。萬曆對此三處吉壤皆不滿意。後來，又派遣風水師在天壽山選得兩處吉地：一為形龍山，一為小峪山。形龍山主峰高聳，層巒疊嶂，巒頭圓潤秀美，山脈動如游龍，形如出水蓮花，案似龍樓風閣，內外明堂開亮，左右輔弼森嚴；且龍虎重重包裹，水中曲曲關闌，諸山皆拱，眾水來朝，堪稱至尊至貴之地。小峪山主勢尊嚴，重重起伏，水星行龍，金星結穴，左右四鋪，「拱顧周旋，雲秀朝宗，明堂端正，砂水有情。取坐辛山乙向，兼戌辰一分。以上二處盡善盡美，毫無可議。」是年九月初九，萬曆再借秋祭之機，親臨形龍山和小峪山兩地閱視，現場初定小峪山，但還需請示兩宮皇太后正式定奪。翌年，萬曆奉兩宮皇太后之命，再次借秋祭之機，

正式確定了小峪山，並易小峪山名為大峪山，即現在的定陵陵址。

第二節　龍脈文化

　　在中國神話傳說中，龍善變化，興雲雨，利萬物。《漢書》卷十九下〈百官公卿表第七下〉載，「以龍紀其長官，故為龍師。春官為青龍，夏官為赤龍，秋官為白龍，冬官為黑龍，中官為黃龍。百官各隸其部，以中官為首。」《管氏地理指蒙・象物第十》云：「指山為龍兮，象形勢之騰伏。」以山喻龍，表明先民將最初的「龍崇拜」推演到了「山崇拜」。在唐代堪測學著作《撼龍經》裡，將「龍」指代山水的形態，說「龍」造就了風水。清代堪輿著作《地理五訣》卷一〈五行歌訣羅盤學法〉中講風水學三綱：「一曰氣脈，為富貴貧賤之綱；二曰明堂，為砂水美惡之綱；三曰水口，為生旺死絕之綱。」將「尋龍」、「點穴」、「覓水」、「察砂」、「擇向」作為五常。

　　所謂龍脈，是指如龍一般綿延起伏、飄忽隱顯的山脈。或高或低，或轉或折，或逶迤千里，或分支片改，或穿田而涉水，或橫斷而另起。山以氣凝，氣因山著。山川之間有正氣，有遊氣，有貫氣，有熔氣，有主氣。龍以脈為主，穴以向為尊。龍主形而穴主氣，形有屈伸掉闊、精粗肥瘦，氣有聚散沉浮、厚薄清濁。清人姚廷鑾《陰陽二宅全書・龍說》云：「地脈之行止起伏曰龍。」山勢如龍行飄忽，即所謂神龍見首不見尾。

　　明人繆希雍《葬經翼》認為：

> 尋龍、望勢、定穴，宜登一方最高處，先從局外審察，次向對面注視，次向左右眄視，卻再回有情處，細察微茫，必無失也。凡審穴貴緩，當俟草枯木落時，昔人先以火燎原而後登山，甚為有法。雨中可以審其微茫界合，晴天可以察其氣色脈理，雪中可以驗其所積厚薄，則知其陽氣所聚。

　　古代堪輿文獻曾將龍脈態勢歸結為十二類，即：

> 活潑之勢、端嚴之形，謂之生龍；敦厚周密、氣象雍容，謂之福龍；
> 騰雲駕霧、翔體悠揚，謂之飛龍；分而不亂、散而合一，謂之應龍；

透迤蜿蜒、一體回環，謂之蟠龍；橫互磅礴、舒徐偃息，謂之臥龍；平地藏蹤、隱逸難辨，謂之潛龍；騰峰躍嶺、傍水而行，謂之洋龍；頭角崢嶸、形體堅剛，謂之怒龍；奇幻倏忽、向背無常，謂之幻龍；軟活劣弱、東扯西拽，謂之游龍；東倒西歪、左攤右缺，謂之敗龍。

一、尋龍

尋龍，又稱「望勢」，是指尋找山脈，通過山脈的走向，找到結穴之地。《管氏地理指蒙》云：「尋龍必有徑，有徑必有序。乘其宗，原其祖，據其蕩，審其氣，在險以明堂為限，在易以岡脈為主，次之以朝，應幾案，又次之以左右門戶……」從風水美學上講，山勢須屈曲流動，須圓端體正，須均衡界定，須諧和有情。觀龍以勢，察穴以情，非勢無以見龍之神，非形無以察穴之情。

尋找龍脈，首先要從始祖山、少祖山及父母山看起，直到本身的胎息山。少祖山，又稱宗山，宗山以圓淨為佳，當合五星正體。父母山居於穴山之後，當有庇蔭作用。胎息山乃穴位坐落之山，須正體光圓，肥滿潤澤。明人劉基〈堪輿漫興〉詩云：「龍樓寶殿勢難攀，此處名為太祖山。若用端方孫必貴，亦須剝換看波瀾。」宋末元初隱士趙緣督〈穴訣〉云：「遠看則有，近看則無，側看則露，正看模糊。皆善狀太極之微妙也。」清人沈六圃在《地學》中講：「行龍之脈，山脊牽連。」觀龍之來，則知氣之所行；觀穴之止，則知氣之所住；觀局之聚，則知氣之所鐘。對於墓穴而言，龍脈，即「來龍」，來龍鬚高峙聳拔，端莊尊貴；須植被豐厚，霧靄繚繞；須纏護重重，迎送疊疊。山脈蜂腰鶴膝，過帳過峽。如覆鐘，如華蓋；左右之水，環抱其中。

龍勢以山脈妖矯為貴，賓士遠赴，曲伏有致，且山脊有輪有暈為吉。東晉王嘉《拾遺記》卷一〈少昊〉云：「有水屈曲亦如龍鳳之狀，有山盤紆亦如屈龍之勢，故有龍山、龜山、鳳水之目也。」隋煬帝〈白馬篇〉云：「陣移龍勢動，營開虎翼張。」若重重起伏，屈曲玄妙，東西飄忽，如魚躍鳶飛，謂之生龍，葬之則吉。若山形散亂，粗頑臃腫，慵獺低伏，如枯本死魚，謂之死龍，葬之則凶。

根據堪輿術的劃分，中國大龍脈態勢有北龍、中龍、南龍之分，謂之三大幹龍：北龍左支起自昆侖山，左支環陰山、賀蘭山，入山西，起太行，渡海而止；

中龍中支自西蕃趨岷山，直奔關中，脈系散關，左渭右漢，為終南太華，起嵩山，轉荊山，抱淮水，落平原，過泰山入東海；南龍右支起自西藏，下麗江，趨雲南，繞貴州，遍佈湘江，奔于江浙閩廣。明代開國宰相劉基認為，南龍為發跡之地，北龍為帝王之基。

圖1　中國三大幹龍走勢圖

二、點穴

山如人體，穴如胎胞。所謂穴，是指地象中特異地帶交匯處的形勢，俗稱葬口。山止氣住，也就是安放棺槨的好位置。百尺為形，千尺為勢。勢來形止，形止氣蓄。「形勢動，則若水之波，若馬之馳；形勢止，則若懷寶而燕息，具善而法齊。」

風水學說認為，穴乃天造地設。凡真穴之地，皆形如龜蓋，內外有如太極圈之暈輪，暈則生氣內聚。總結點穴要領，大致有藏風聚氣、明堂借水、前後呼應、交合分明、避凶躲煞、別其枯潤等十二項。

在穴的左右，水來的一邊，稱作天門；水去的一邊，稱作地戶，或稱下關。水流去處，兩岸的山稱水口砂。水口中間或奇峰卓立，或兩山對峙。水從中出，或橫闌高鎮，或窒塞水中，高聳天際，謂之華表。水口間巉岩石山，聳身數仞，形狀怪異，從中流挺然朝向穴位，謂之北辰，或謂尊星，此格極貴，千不逢一。天門須寬暢開闊，山明水秀；地戶須高障緊閉，塞閉重重。

所謂點穴之法，一要識穴體，二要識穴星，三要審穴形，四要審穴情。就是說，穴要點在來龍的「脈止」處。南京南郊的牛首山，「遙望兩峰爭高，如牛角然。」作為佛教牛頭禪宗的開教處和發祥地，文化底蘊深厚，山周圍有感應泉、虎跑泉、白龜池、兜率岩、文殊洞、辟支洞、含虛閣、地湧泉、飲馬池等自然景觀，以及弘覺寺等人文景觀。作為皇家陵園，朱元璋聽說無拱衛之意，為了有利於風水，便命刑部持棍痛打牛頭山一百下，並在牛頭處開鑿石孔，用鐵鎖鎖之。

慈禧太后也很迷信風水，生前多次出宮視察自己的墓地，順手還將一顆碩大的寶珠丟進了已經挖好的「地穴」之中。

據說，西晉風水學鼻祖郭璞的母親死，他在暨陽（今浙江諸暨市）擇地葬母，墓穴距水僅百步之距，有人說墓穴距水太近，擔心被水沖刷。郭璞回答，居水之地終會變為陸地。人們將信將疑，及至後來，果真沙漲數十里，墓地四周皆為桑田。

咸豐二年（1852）九月，咸豐車駕平安峪視察為他卜選的萬年吉地。據《菩陀峪萬年吉地工程備要》記載，普祥峪慈安皇后陵寢及菩陀峪慈禧陵寢定穴之後，為使兩穴持平，遂將普祥峪慈安皇后陵寢志椿下移一丈五尺二寸，西移四尺七寸五分，將菩陀峪慈禧陵寢志椿上移七尺四寸，東移八寸。

實踐告訴人們，點穴實非易事，若差之毫釐，則謬以千里，故有「三年尋龍，十年點穴」之說。

三、觀水

風水學認為，水是龍之血脈。山隨水行，水界山止。水隨山轉，山防水去。未看山，先看水，以水尋龍。所謂水抱，即上開下合，有如蝦須蟹眼，玉帶金城。水口是生旺死絕之綱。水曲則氣聚，水直則貧亡。若水飛走則生氣散，水融注

則內氣聚。眾說停注之地，為沼為沚，為池為湖，此乃龍息之所。

　　若在平原，水口多為河口；若在山區，水口多為山口。水依山而凝，山靠水而暢；山水相依，山無水則氣寒，水無山則氣散。山高水傾、山短水直、山通水割、山亂水分、山露水反，謂之山水「五凶」。

　　秦始皇陵南依驪山，北臨渭水之濱。驪山係秦嶺山脈的支脈，海拔 1302 米，東西綿延約 25 公里，南北寬約 13.7 公里。傳說此山山體似一匹驪色（黑色）駿馬，因而得名。驪山斷層錯落，山巒與溝壑相間構成了一條條南北走向的山谷，並由此發育出了一道道河流。秦始皇陵恰巧就位於驪山北麓由河流形成的洪積扇上。

　　唐德宗李適崇陵位於陝西涇陽北約 20 公里的嵯峨山南麓。嵯峨山，古稱荊山，海拔 955 米。寢宮位於五峰山之中峰南麓山腰間，即九條龍（山脈）交匯之處，恰似一朵九瓣蓮花的中央，謂之「蓮花穴」。玄宮居高臨下，山環水抱。

　　清東陵背靠昌瑞山。光緒修《遵化通志》云：「一峰掛笏，狀如華蓋，後龍霧靈山自太行逶迤而來。」據《宮中雜件》記載，光緒年間，堪輿師李唐、李振宇奉詔為穆宗載淳卜選萬年吉壤，曾在帖中寫道：

　　　　謹瞻仰得東陵龍脈，自霧靈山至琉璃屏，分為三支：中支結聚土星名曰昌瑞山，面朝一大金星。仰見五行相生，天地相朝之象。隨龍水自乾方而出巽位當中，以水為界，分為陰陽，合全域觀之，是天生太極，有生生不息之機。觀其從昌瑞山之左，分支下脈，連結幾穴。至玉頂山複起，頂下脈旋轉有力，過峽玲瓏，束氣清純。直到雙山峪，又複起頂，層疊而結。左右砂山護從，內水繞抱于吉穴前，會左水于巽方，而出水準口，同歸蔡家莊，入薊河。可作癸山丁向，後有大山以為靠，前有金星以為照。金星山之兩旁更有萬福山朝于左，象山立於右，此天然之局。正得上元當令之氣，為億萬年綿長之兆，真上吉之地。又瞻得成子峪，亦系霧靈山一脈所結，自琉璃屏直脈黃花山，過峽複起，層疊而下，束氣起頂，形勢端莊，神情雋秀，左右龍虎砂，護從而結。兩邊近水環繞于吉穴前，可作辛山乙向，前有盤龍嶺為近案，遠有大山為拱朝，此亦上吉之地。又瞻仰得松樹溝，龍勢聚頂，高而不下，水法不合。寶椅山，微有其形，脈亦

不真。侯家山，龍脈雖現，形勢脫化未淨。以上三處，似均不可用。

清東陵南為水口，以興隆口為結咽束氣，煙墩山及象山東西夾峙，北以雄渾壯闊的昌瑞山為後靠；東側的馬蘭峪、鯰魚關「峰巒秀麗，勢盡西朝，儼然左輔」；西側的寬佃峪、黃花山「昂日騫雲，勢皆東向，儼然右弼」。如此風水對陵寢形成了環抱之勢。清人孫鼎烈《永寧山扈從記程》所言，清西陵諸山「山勢自太行來，巍峨聳拔，脈秀力豐，峻嶺崇崗，遠拱於外，靈岩翠岫，環衛其間。迄下山崗無數，如手之有指，每兩崗間平坦開拓處，諸陵在焉，花之瓣，筍之籜，層層包護……龍蟠鳳翥，源遠流長，左右回環，前後拱衛，實如金城玉筍」。

乾隆的裕陵坐落在清東陵境內的勝水峪，乾隆七年（1742）三月十七日卜定。同年九月，乾隆借謁東陵之便，前往閱視，表示十分滿意。翌年二月初十丑時開工營建。乾隆十七年（1752），地宮竣工。十月二十七日，葬孝賢皇后、慧賢皇貴妃及哲憫皇貴妃入內。乾隆三十五年（1770），裕陵出現質量問題，惹怒乾隆，下令處罰承辦官員賠修。嘉慶六年（1801），破土動工建高宗純皇帝聖德神功碑亭，歷時兩年建成。裕陵的修建歷時長達五十八年，總耗銀 203 萬兩。

咸豐帝奕詝的定陵坐落在清東陵界內最西端的平安峪。咸豐認為平安峪「左龍蜿蜒，右虎馴俯，貼身蟬翼、牛角兩砂隱約纏護；蝦須、金魚二水界劃分明，靈光凝聚，穴法甚真……洵屬上上吉地。」故於咸豐元年（1851）九月二十八日，遣定郡王載銓、工部右侍郎彭蘊章、內務府大臣基溥相度萬年吉地。江西巡撫陸應谷因對地理之學素所講求，命其協助。據《清文宗實錄》卷五三載，咸豐二年（1852）二月初一，又遣定郡王載銓、文華殿大學士裕誠、禮部尚書奕湘及總管內務府大臣陸應谷等人「各帶諳習堪輿之人敬慎覆看，繪圖呈覽，以定福基。」同年九月，咸豐借來定陵謁陵之機，親自閱視平安峪、成子峪及輔君山。又據《清文宗實錄》卷五四載，咸豐降諭：「朕於本月十五、十六日，親至平安峪閱看，陸應穀所立標記在上，奕湘另立標記，在其南十五丈平坦之處，堪輿甘熙等六員，又稱穴在中間，北距陸應穀標記九丈餘，南距奕湘標記五丈餘。朕親加詰問，令與奕湘所帶堪輿鄭錫申等各抒所見，呈遞說帖，各執一詞。著陸應谷平心體察，真龍真穴，究在何處？務期考核精詳，勿

涉遊移兩可之見。裕誠等摺片，並甘熙等說帖，俱著鈔給閱看，將此諭令知之。」
各執其見，無從定議，咸豐堵心吶！

　　咸豐四年（1854），又派禮部尚書伯葰帶陸應谷至平安峪重新相度。據《清
文宗實錄》卷七二記載，陸應穀將閱視結果成帖奏報：

> 平安峪自昌瑞山右肩分支，特起大蓋，座中抽出，脈逶迤而下，結
> 成微乳。左龍蜿蜒，右虎馴俯，貼身蟬翼，牛角兩砂隱約纏護；蝦須、
> 金魚二水界劃分明。靈光凝聚，穴法甚真。前天臺山作朝，盤龍嶺
> 作案，羅城周匝完密，毫無空缺……立壬山丙向兼子午，收本身過
> 堂之水，會大水出興隆口，俱為合法，洵屬上上吉地。

　　直至咸豐八年（1858）八月初四、初五兩日，守護陵寢的貝子載華及總管
內務府大臣綿森等奉詔複堪。翌年十月十三日申時，破土興工。期間，由於太
平天國起義，以及英法聯軍的入侵，加之財政陷入困境，致使工程數次停工。
直到同治五年（1866）十二月，定陵才全部完工，整個工程持續了七年半時間，
總耗銀 313 萬兩。

　　關於勝水峪風水，《工科題本》中記載：

> 勝水峪系昌瑞山右一脈，龍居尊貴，砂水回環，朝案端嚴，羅城周密。
> 龍翔鳳舞，精神凝結于中區；星拱雲聯，象緯朝宗於宸極。百神胥護，
> 宏開百世之模；萬壽無疆，允協萬年之吉。

　　按照風水學原理，來龍的左右必須有一重或數重起伏頓錯的砂山環繞，形
成對穴區的環抱、拱衛、輔弼的形勢，除左右護砂有高有低外，還須有長有短。
事實上，乾隆裕陵的砂山，全係人工培補。因人為因素，故裕陵的砂山最為完
備。左砂山在宮門北部分為內外兩道；西砂山在繞過後羅圈牆後與左砂山並不
交匯。在宮門以南，部分的左右兩側砂山一直延伸，臨近終點，則各自向內彎
曲。除此之外，在五孔橋之南、大碑樓之北尚有砂山一道，此山犬牙交錯，緊
而有致，聚而生情，形成有趣的佈局。

四、察砂

　　所謂「砂」，是指墓穴周圍的山丘土石之物。其作用是遮風擋水，是構成

負陰抱陽地理環境的基礎之一。居於墓穴左側的謂之龍砂，或稱上砂；居於右側的謂之虎砂，或稱下砂。風水學對這兩砂的基本要求是，左旗右鼓，左輔右弼，左纏右護。如果左右如列城，面前如拜舞，後來如展翅，即為上乘之砂。

「砂」與「龍」皆指山體，但「砂」指低山體，「龍」指高山體，「砂」是「龍」旁邊的小山丘。區別在於：龍好比主人，砂好比奴僕。明人金星橋《心得要旨》云：「夫砂，所以佈置局勢，護衛區穴，輔從龍身者也。」《地理或敘問》講：龍大，則保衛它的砂也多；龍貴，則跟隨它的砂也美；龍強，則隨龍的砂也遠。穴前之山，近者為案山，遠者為朝山。案山不可太高，否則逼穴；朝山應峰連聳秀，如同眠弓；祖山墳幛包羅于外，形成大勢，似城之圍牆，稱之為羅城。如天際三垣星象，各有圍垣的星，捍衛帝座，又稱垣局。穴前左山為青龍，右山為白虎，前者為朱雀，後者為玄武。穴前朱雀案外的山，稱前應；穴後玄武頂背的山，稱後照，或稱樂山、福儲峰。龍虎橫抱穴位外，若背後之山拖向前去，謂之官星，穴後拖撐之山，謂之鬼星。水口中的石頭，謂之禽星，龍虎山肘之後尖石謂之曜星。

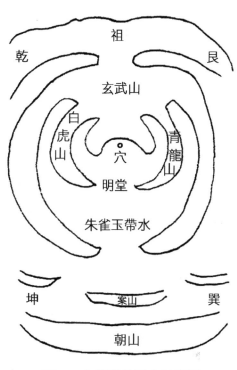

圖2　古代墓葬風水示意圖

舊題五代黃妙應《博山篇・論砂》云：

> 兩邊鵠立，命曰侍砂，能遮惡風，最為有力；從龍抱擁，命曰衛砂。外禦凹風，內增氣勢；撓抱穴前，命曰迎砂；平低似揖，拜參之職，面前特立，命曰朝砂。不論遠近，特來為貴。

堪輿學家認為，抱穴砂關元表水，龍虎砂關懷中水，近案砂關中堂水，外朝砂關外龍水。勝水峪砂水回環，平安峪山環水繞，雙山峪內水環抱于吉穴前，成子峪兩邊近水環繞于吉穴前，算是上吉之地。

　　風水學說要求側砂環抱有情，案山回報有情，朝山有情朝拱，水口情意顧內。在清東陵中，部分陵寢是以近處的影壁山為案山，以遠處的金星山為朝山，又以各自的砂山左右護衛。而坐落在清西陵中的泰陵則以元寶山為案山，以蜘蛛山為朝山，左右砂護從而結。但為了適應這些要求，清陵數處的砂山是經過人工修補出來的。據《陵寢壇廟》記載，高宗裕陵在營建過程中，有朝臣上奏：「左右陰砂並近案稍低，應酌量培補，令徽高以配山川形勢。」

　　在我國遼闊的地域中，受到祭祀最多的便是人們熟知的「五嶽」，即東嶽岱山、西嶽華山、南嶽衡山、北嶽恒山、中嶽嵩山。五嶽文化積澱深厚，人文景觀豐富：有天子封禪的嶽廟，有佛教的佛院，有道教的道觀，還有大量的文人墨客留下的墨蹟和詩文。「五嶽」以其獨特的雄姿和深厚的文化底蘊，成為了「山之尊者」。清人魏源曾作〈衡嶽吟〉詩，其中云：「恒山如行，岱山如坐，華山如立，嵩山如臥，惟有南嶽獨如飛。」形象地描繪了「五嶽」的地貌特徵。

　　「五嶽」作為帝王奉顧天命之所在，不僅具有出雲導雨的自然神力，而且成為社稷江山一統的標誌。泰山位於山東省泰安市泰山區，海拔 1545 米；華山位於陝西省渭南市華陰市，海拔 2154.9 米；衡山位於湖南省衡陽市南嶽區，海拔 1300.2 米；恒山位於山西省大同市渾源縣，海拔 2016.1 米；嵩山位於河南鄭州市登封市，海拔 1491.71 米。

　　五嶽是遠古山神崇拜、五行觀念和帝王巡獵封禪相結合的產物。以華山為例，五峰視臨天下，東曰朝陽峰，西曰蓮花峰，南曰落雁峰，北曰雲台峰，中曰玉女峰，峰峰各異。在五峰之外，又環圍小峰七十餘座，猶如一層層花瓣包裹著「主山」。

　　朝陽峰山岡如削，巍峨險峻。巨型天然石紋——仙人掌源自山上。頂上長滿巨檜喬松，山風吹來，陣陣松濤如吟如誦；蓮花峰雲光霞海，絕崖千丈，沉香劈山救母——斧劈石源自山上；落雁峰四周群山起伏，蒼蒼莽莽，仰天池立其上，清澈透明，水潦不溢；雲台峰四面懸絕，上冠景雲，下通地脈，險峻如蒼龍嶺，千百年來流傳著「韓退之投書」的故事。玉女峰林木蒼翠，春秋五霸之一的秦穆公之女弄玉，吹簫引鳳的美麗傳說即源於此。穿行其中，香浥盈袖。華山是諸山咸止、諸水咸集、山水齊聚的棲龍之地。

第三節　天人合一

　　春秋戰國之際，「天人之辯」成為哲學範疇的重要問題之一。孔子強調「畏天命」，墨子在重視人「強力而為」的同時，又提出「天志」的觀念。老子提出「人法地，地法天，天法道，道法自然。」就是說，人應順應自然。孟子認為，人在德性方面，只要重視對「誠」的擴充，誠如《中庸》所講：「惟天下至誠，為能盡其性；能盡其性，則能盡人之性；能盡人之性，則能盡物之性；能盡物之性，則可以贊天地之化育；可以贊天地之化育，則可以與天地參矣。」莊子主張「無以人滅天，無以故滅命，無以得殉名，謹守而勿失，是謂反其真。」就是主張，不要用人事去毀滅天然，不要用造作去毀滅性命，不要因貪得去求聲名，謹守這些道理而不違失，這就叫作回復到天真的本性。荀子的觀點是「明於天人之分」，主張「制天命而用之」。

　　中唐時期，關於「天人之辯」又掀起了熱潮，劉禹錫提出「天與人交相勝」的觀點。兩宋時期，理學家大多秉持「物我合一」的觀點，並以此來論證「天人合一」。

　　「天人合一」是關於天人關係的經典命題。起源於莊子的哲學思想概念，莊子認為「天地與我並生，而萬物與我為一。」後被西漢大儒董仲舒發展為哲學思想體系，並由此構建了中華傳統文化的主體，它不僅僅是一種思想，而且是一種狀態。

　　「天人合一」強調「天道」與「人道」的相融，以及「自然」與「人為」的相通。認為人與天事相通，人的善性、知性便能知天，達到「上下與天地同流」。西漢思想家董仲舒強調天與人以類相符，他在《春秋繁露》卷十中講：「天人之際，合而為一。同而通理，動而相益，順而相受，謂之道德。」唐宋以後，多以孟子和《中庸》的觀點從「理」、「性」、「命」等概念出發論證與「天人合一」的思想。明清之際，王夫子認為「惟其理本一原，故人心即天」，強調「以人道率天道」。在儒家來看，天是道德觀念和原則的本原，「七十從心所欲而不逾矩」。在道家看來，天即自然，人是自然的一部分，因此，「有人，天也；有天，亦天也。」

　　「天人合一」思想構建了中華傳統文化的主體，體現了中華民族的世界觀和價值觀。漢代之後，「天人合一」便成為中華傳統哲學的主導傾向。

第二章　陵墓名號

　　人固有一死，同是一死，因其生前尊卑有別，對「死」稱呼也不相同。《禮記·曲禮下》云：「天子死曰崩，諸侯曰薨，大夫曰卒，士曰不祿，庶人曰死。」鄭玄注：「異死名者，為人褻其無知，若猶不同然也。自上顛壞曰崩。薨，顛壞之聲。卒，終也。不祿，不終其祿。死之言澌也，精神澌盡也。」唐人杜佑《通典》卷一百八云：「凡百官身亡，三品以上稱薨，五品以上稱卒，六品以下達于庶人稱死也。」

　　同是一死，所用銘旌也不相同。按照死者生前的等級身份，用絳色帛製作一面旗幡，上以白色書寫死者官階、稱呼，用與帛同樣長短的竹竿挑起，豎在靈前右方，謂之銘旌。大斂後，以竹杠懸之置於靈右。葬埋時取下覆於柩上。

　　對於銘旌的使用規範，同樣有著嚴格的規定。據《大唐開元禮》載：「為銘以絳，廣充幅，長九尺，韜杠。書曰：某官封之柩……」杠，指銘旌竿，長短也有別。公以上杠為龍首。四品、五品幅長八尺，龍首韜杠。六品以下幅長六尺，韜杠。又據《大唐元陵儀注》記載：「設銘旌，以絳，廣充幅，長二丈九尺，題云：『某尊號皇帝之柩』，立于殿下。其三品以上長九尺，五品以上八尺，六品以下七尺，皆書某官封姓君之柩……」

　　宋制與唐制基本相同，只是尺寸略有變化。朱熹《家禮·喪禮·立銘旌》曰：「以絳帛為銘旌，廣終幅，三品以上九尺，五品以上八尺，六品以下七尺。書曰某官某公之柩，無官即隨其生時所稱。以竹為杠，如其長，倚於靈座

之右。」

進入明代，滿入用丹旐，漢入用銘旌。清人孫承澤《天府廣紀‧禮部下》云：「銘旌：以絳帛為之，廣一幅，四品以上長九尺，六品以上長八尺，九品以上長七尺……庶民銘旌用紅絹五尺。」

「夫立名號，所以為尊也。」在歷代政治制度中，其中重要的一項就是為帝王立名號。名號，即位號，指帝王在位時的年號、尊號，以及駕崩後的廟號、諡號及陵號。

第一節　廟號

廟號，是指被供奉在太廟中過世帝王的稱呼。廟號起源於重視祭祀與敬拜的商朝，最初並不是所有君王都有，一般君王死後會建築專屬的家廟祭祀，但在幾代之後就必須毀去原廟，而合於太廟祭祀，稱為「祧」。如果每個君王的廟都留下，若干代之後，為數眾多的家廟就會形成祭祀上的困難。而對國家有大功的先王，就會特別追上廟號，以視永遠立廟祭祀之意。亡國之君，如果在新朝代淪落為臣的話，皆不為其設立廟號和陵號。

另外，由於後世皇帝諡號字數的增多，且幾乎只要是後人繼位的，皇帝子孫都會給父祖上美諡，曰諡號。諡號實際上已經無法顯示對一位皇帝的客觀評價，而廟號則取代了諡號的評價功用。如唐朝皇帝，李淵廟號高祖，李世民廟號太宗，李治廟號高宗，李顯廟號中宗，李旦廟號睿宗，李隆基廟號玄宗，李亨廟號肅宗，李豫廟號代宗，李適廟號德宗，李誦廟號順宗，李純廟號憲宗，李恒廟號穆宗，李湛廟號敬宗，李昂廟號文宗，李炎廟號武宗，李忱廟號宣宗，李漼廟號懿宗，李儇廟號僖宗等。

一個有趣的現象是，有的帝王在駕崩之後，廟號會出現數個。這是由追尊、改諡等比較複雜的政治因素所造成的。正如顏真卿〈論元皇帝祧遷狀〉所云：「昔漢朝廷近古，不敢以私滅公，故前漢十二帝，為祖、宗者四而已。至後漢漸違經意，子孫以推美為先，自光武以下，皆有廟號，則祖、宗之名，莫不建也。」

第二節　諡號

諡號，是指用一兩個字對死者的一生做一個概括性的評價，也就是「蓋棺定論」的意思。據文獻記載，諡號始於西周中葉，相傳有周公諡法、春秋諡法。一說始于周穆王之子周孝王以後。《逸周書・諡法解》云：

> 惟周公旦、太公望開嗣王業，建功於牧野，終將葬，乃制諡，遂敘諡法。諡者，行之跡；號者，功之表；古者有大功，則賜之善號以為稱也。車服者，位之章也。是以大行受大名，細行受細名。行出於己，名生於人。名謂號諡。

《三國志・蜀志》卷三十五〈諸葛亮傳〉載：「夫崇德序功，紀行命諡，所以光昭將來，刊載不朽。」鄭樵在《通志》中講：「立諡之意本為昭穆；命諡之義取於尊隆。」

諡法在興起之初，僅有美諡和平諡兩種，沒有惡諡。諡號的善惡，是在周召共和時產生的，如周厲王因為暴政「防民之口甚於防川」等而被諡為「厲」。春秋時期，諡法逐漸趨於規範化、制度化，並明顯地出現了「子議父，臣議君」的現象。到了秦朝，秦始皇為了不讓後人議論自己，即所謂「妄議皇帝」，故將諡法棄而不用。漢朝以「孝」治天下，所有皇帝的諡號都只有一個「孝」字，如孝惠帝劉盈、孝文帝劉恒、孝景帝劉啟等等，一直到孝獻帝劉協。魏晉南北朝時期，由於社會極具動盪，諡法也逐漸向平民化方向發展。進入隋唐時期，諡法發展到了空前的極致。首先諡號要取決於聖裁。凡駕崩皇帝的諡號皆由禮官議上，在得到繼位皇帝認同後，方可頒佈天下，而朝臣的諡號依然由朝廷給予。

一般來說，具有秩品的公卿及入品的夫人也可以擁有諡號。在公卿大臣中，不乏陪葬帝陵、陪享太廟者，但卻不能有自己獨立的廟號和陵號。

上諡，即表揚類的諡號。如「文」，表示具有「經緯天地」的才能，或「道德博厚」、「勤學好問」的品德；「康」，表示「安樂撫民」；「平」，表示「布綱治紀」等。中諡，多為同情類的諡號。如「湣」，表示「在國遭憂」、「在國逢難」；「懷」，表示「慈仁短折」等。下諡，即批評類的諡號。如「煬」，表示「好內遠禮」；「厲」，表示「暴慢無親」、「殺戮無辜」；「荒」，表示「好

樂怠政」、「外內從亂」;「幽」,表示「壅遏不通」;「靈」,表示「亂而不慎」等。

除此之外,又有私諡。私諡始于漢,行于唐,盛于宋。凡士大夫死後,由其門徒或親故根據諡法為之立諡。如東漢名士夏恭,字敬公,梁國蒙(今河南商丘)人。講授《韓詩》及《孟氏易》,門徒常千餘人,光武帝時拜為郎中,出為泰山(今山東泰安市)都尉。年四十九卒,諸儒共議,諡宣明君。東漢名士陳寔,字仲躬,潁川許縣(今河南長葛市)人。「梁上君子」的故事就發生在他家。初為聞喜縣(今山西運城市)令,復為太丘(今河南永城市西北)長。與其子陳紀、陳諶並稱「三君」,與鍾皓、荀淑、韓韶合稱「潁川四長」。卒於家中,享年八十四歲。諡曰文范先生。海內赴吊者三萬餘人,車數千乘,司空荀爽、太僕令韓融等披麻戴孝,執子孫禮者逾以千計。大將軍何進遣使致悼詞,中郎蔡邕撰制碑銘。

關於中國古代皇帝的諡號,隋朝之前,或一字,或二字:如西漢皇帝劉盈諡「惠帝」,東漢劉莊諡「明帝」,三國魏曹丕諡「文帝」,三國吳孫休諡「景帝」,西晉司馬炎諡「武帝」,東晉司馬睿諡「元帝」,南朝宋劉裕諡「武帝」,南朝齊蕭鸞諡「明帝」,南朝陳陳霸先諡「武帝」,西魏元寶炬諡「文帝」,東漢劉秀諡「光武帝」,北朝北魏拓跋珪諡「道武帝」,北朝東魏元善見諡「孝靜帝」,北朝北齊高洋諡「文宣帝」,北朝北周宇文覺諡「孝閔帝」等。

自唐朝始,皇帝的諡號字數不斷增加,據兩《唐書》《資治通鑑》《唐會要》等文獻記載,有一字至九字不等,如高祖李淵諡曰「大武皇帝」、「神堯皇帝」;太宗李世民諡曰「文皇帝」、「文武聖皇帝」,高宗李治諡曰「天皇大帝」,中宗李顯諡曰「孝和皇帝」,睿宗李旦諡曰「大聖真皇帝」,代宗李豫諡曰「睿文孝皇帝」,德宗李適諡曰「神武孝皇帝」,穆宗李恒諡曰「睿聖文惠孝皇帝」,敬宗李湛諡曰「睿武昭湣孝皇帝」,文宗李昂諡曰「元聖昭獻孝皇帝」,武宗李炎諡曰「至道昭肅孝皇帝」,宣宗李忱諡曰「聖武獻文孝皇帝」,懿宗李漼諡曰「昭聖恭惠孝皇帝」,僖宗李儇諡曰「惠聖恭定孝皇帝」,昭宗李曄諡曰「聖穆景文孝皇帝」,哀帝李柷諡曰「昭宣光烈孝皇帝」等。

常規情況下為七字,如天寶十三載(754)二月初七,玄宗祭祀太廟,上高祖李淵諡號曰「神堯大聖大光孝皇帝」,上太宗李世民諡號曰「文武大聖大

廣孝皇帝」，上高宗李治諡號曰「天皇大聖大弘孝皇帝」，上中宗李顯諡號曰「孝和大聖大昭孝皇帝」，上睿宗李旦諡號曰「玄真大聖大興孝皇帝」。但無論幾字諡，除個別外，諡末一字皆為「孝」字，堪稱歷代帝諡之典範。

隨著時間的推移，有的諡號字數也在逐漸增加。如玄宗李隆基諡加「開元天寶聖文神武應道皇帝」；肅宗李亨諡加「文明武德大聖大宣孝皇帝」，順宗李誦諡加「至德弘道大聖大安孝皇帝」，憲宗李純諡加「昭文章武大聖至神孝皇帝」，宣宗李忱諡加「元聖至明成武獻文睿智章仁神聰懿道大孝皇帝」等。

唐朝在追尊的皇帝中，諡號一般為一字，如獻祖李熙諡曰「宣皇帝」，懿祖李天賜諡曰「光皇帝」，太祖李虎諡曰「景皇帝」，世祖李昞諡曰「元皇帝」，以及太尉寧王李憲諡曰「讓皇帝」。

北宋時期，諡號一般不超過八字，如，宋太祖諡曰「英武聖文神德皇帝」，宋太宗諡曰「神功聖德文武皇帝」，宋真宗諡曰「文明章聖元孝皇帝」，宋仁宗諡曰「神文聖武明孝皇帝」，宋英宗諡曰「憲文肅武宣孝皇帝」，宋神宗諡曰「英文烈武聖孝皇帝」，宋哲宗諡曰「欽文睿武昭孝皇帝」，宋徽宗諡曰「聖文仁德顯孝皇帝」，宋欽宗諡曰「恭文順德仁孝皇帝」，等等。

到了清朝，諡號字數多寡不一，如清太祖愛新覺羅·努爾哈赤，上諡曰「承天廣運聖德神功肇紀立極仁孝睿武端毅欽安弘文定業高皇帝」，計二十四字。其餘為二十至二十二字不等。如乾隆帝愛新覺羅·弘曆，嘉慶四年（1799）四月，上諡曰「法天隆運至誠先覺體元立極敷文奮武孝慈神聖純皇帝」，計二十字。道光帝愛新覺羅·旻寧，上尊諡為「效天符運立中體正至文聖武智勇仁慈儉勤孝敏寬定成皇帝」，計二十二字。

帝王生前疊加諛詞的現象比較罕見，而給自己定諡的先例始於武則天。從此，由客觀評判變成了一味溢美，字數的增加更是溢美程度的必然發展。

命諡有著特定的用字規範，對立諡之字，既不能隨意亂用，也不可任意解釋。如莊、武、文、宣、襄、明、睿、康、景、懿等，可作為具有褒揚之意的上諡；如懷、悼、哀、閔、殤等，可作為具有憐惜之意的平諡；惡諡則具有貶抑之意，如厲、靈、煬等。

在先秦史籍《逸周書》中就有專門的諡法，當屬歷代朝廷給諡之範本，現

擇其要者如下（注：括弧內文字為原始解法）：

靖民則法曰皇（靖安）

德象天地曰帝（同於天地）

仁義所往曰王（民往歸之）

立志及眾曰公（志無私也）

執應八方曰侯（所執行八方應之）

賞慶刑威曰君（能行四者）、從之成羣曰君（民從之）；

揚善賦簡曰聖（所稱得人，所善得實，所賦得簡）、敬賓厚禮曰聖（厚於禮）；

照臨四方曰明（以明照之）、譖訴不行曰明（逆知之，故不行）；

經緯天地曰文（成其道）、道德博聞曰文（無不知）、學勤好問曰文（不恥下問）、慈惠愛民曰文（惠以成政）、湣民惠禮曰文（惠而有禮）、賜民爵位曰文（與同升）；

綏柔士民曰德（安民以居，安士以事）、諫爭不威曰德（不以威拒諫）；

剛強直理曰武（剛無欲，強不屈。懷忠恕，正曲直）、威強敵德曰武（與有德者敵）、克定禍亂曰武（以兵征，故能定）、刑民克服曰武（法以正民，能使服）、誇志多窮曰武（大志行兵，多所窮極）；

安民立政曰成（政以安定）；

淵源流通曰康（性無忌）、溫柔好樂曰康（好豐年，勤民事）、安樂撫民曰康（無四方之虞）、合民安樂曰康（富而教之）；

由義而濟曰景（用義而成）、布義行剛曰景（以剛行義）；

清白守節曰貞（行清白執志固）、不隱無屈曰貞（坦然無私）；

辟土服遠曰桓（以武正定）、克敬動民曰桓（敬以使之）、辟土兼國曰桓（兼人故啟土）；

夙夜警戒曰敬（敬身思戒）、合善典法曰敬（非敬何以善之）；

剛德克就曰肅（成其敬使為終）、執心決斷曰肅（言嚴果）；

愛民好治曰戴（好民治）、典禮不愆曰戴（無過）；

隱拂不成曰隱（不以隱括改其性）、見美堅長曰隱（美過其令）；

在國遭憂曰湣（仍多大喪）、在國逢艱曰湣（兵寇之事）；

貞心大度曰匡（心正而用察少）；

危身奉上曰忠（險不辭難）；

克威捷行曰魏（有威而敏行）；

肇敏行成曰直（始疾行成，言不深）；

好廉自克曰節（自勝其情欲）；

一德不懈曰簡（一不委曲）、平易不訾曰簡（不信訾毀）；

尊賢貴義曰恭（尊事賢人，寵貴義士）、尊賢敬讓曰恭（敬有德，讓有功）、執事堅固曰恭（守正不移）、執禮御賓曰恭（迎待賓也）、尊賢讓善曰恭（不專己善，推於人）；

威儀悉備曰欽（威則可畏，儀則可象）；

辟地有德曰襄（取之以義）、甲冑有勞曰襄（亟征伐）；

小心畏忌曰僖（思所當忌）；

溫柔賢善曰懿（性純淑）；

慈惠愛親曰孝（周愛族親）、秉德不回曰孝（順於德而不違）、協時肇享曰孝（協合肇始）；

柔德安觸曰靖（成觸使安）、恭己鮮言曰靖（恭己正身，少言而中）；

追補前過曰剛（勤善以補過）；

猛以強果曰威（強甚于剛）、強義執正曰威（問正言無邪）；

好和不爭曰安（生而少斷）；

道德純一曰思（道大而德一）、外內思索曰思（言求善）、追悔前過曰思（思而能改）；

行見中外曰愨（表裡如一）；

狀古述今曰譽（立言之稱）；

剛克為伐曰翼（伐功也）、思慮深遠曰翼（小心翼翼）；

蚤孤短折曰哀（早未知人事）；恭仁短折曰哀（體恭質仁，功未施）；

壅遏不通曰幽（弱損不凌）、蚤孤鋪位曰幽（鋪位即位而卒）、動

祭亂常曰幽（易神之班）；

柔質受諫曰慧（以虛受人）；

名實不爽曰質（不爽言相應）。

一個有趣的現象是，在我國古代文獻中，對皇帝的稱呼往往是與其年號、謚號或廟號聯繫在一起的。譬如，對隋朝以前的皇帝多稱謚號，如秦始皇、漢文帝、漢武帝、漢明帝、魏文帝、晉惠帝、隋文帝、隋煬帝等，對唐宋元朝代的皇帝則多稱廟號，如唐太宗、唐玄宗、宋真宗、宋孝宗、元成宗、元寧宗等，對明清時期的皇帝則多稱年號，如洪武帝、永樂帝、萬曆帝、崇禎帝、康熙帝、乾隆帝、咸豐帝、光緒帝等。

第三節　陵號

陵號，是指歷代皇帝及皇后陵寢的名號。陵號產生于戰國時期，秦朝帝王沒有陵號，漢朝以後，陵號才得到了普及。帝王的陵號一般用於本朝，但有時也用來指代駕崩的皇帝。

陵號是嚴格按照《逸周書》中的謚法解而命名。以漢陵為例，漢昭帝劉弗陵平陵之「平」字，治而無眚曰平；執事有制曰平；布綱治紀曰平。以唐陵為例，唐高祖李淵獻陵之「獻」字，博聞多能曰獻；惠而內德曰獻；智哲有聖曰獻；聰明睿智曰獻；唐太宗李世民昭陵之「昭」字，容儀恭美曰昭；昭德有勞曰昭；聖聞周達曰昭；聲聞宣遠曰昭；唐中宗李顯定陵之「定」字，大慮靜民曰定；安民大慮曰定；純行不爽曰定；安民法古曰定；唐玄宗李隆基泰陵之「泰」字，循禮安舒曰泰；臨政無慢曰泰。唐代宗李豫元陵之「元」字，能思辯眾曰元；行義說民曰元；始建國都曰元；主義行德曰元。唐敬宗李湛莊陵之「莊」字，兵甲亟作曰莊；澼圍克服曰莊；勝敵志強曰莊；死于原野曰莊；屢征殺伐曰莊；武而不遂曰莊。唐讓皇帝李憲惠陵之「惠」字，柔質慈民曰惠；愛民好與曰惠；柔質受諫曰惠，等等，不勝枚舉。關於唐高宗的陵名，當時有朝臣建議：太宗山陵名曰昭陵，有昭示帝氣之意，陛下陵就定名為承陵，以承接太宗恩澤。而高宗舅父、太尉、同中書門下三品長孫無忌奏曰：「梁山位於長安西北，在八卦中屬乾位，乾為陽，為天，為帝。長安是陛下今世帝都，梁山自然為陛下萬

年壽域的天堂帝都，人間天堂，天地合一，乾坤相合，主定陛下永世為帝王。依臣之見，請定名為乾陵！」高宗聞後十分高興，遂定名為乾陵。可長孫無忌哪裡知道，袁天罡曾言梁山陰氣彌漫，不能選作陵址。今定名為乾陵，豈不註定有女人為帝嗎？後來發生的一切事情都應了袁天綱的預言。

此外，還有一種說法是：在八卦中，「乾」代表著「西北」方向，該陵是以長安為中心，正好位於長安的西北方位，故稱乾陵。考察唐代另外十七座帝陵，乃至我國數百座古代帝陵，均未發現以「乾、坤、震、巽、坎、離、艮、兌」八卦方位命名的先例。所以，我們只能說這純粹屬於一種方位上的巧合，不足為憑。相反，以獻、泰、定、崇等美好吉祥字眼命名的皇陵幾乎歷代都有。

圖 3　唐高宗乾陵　党明放 攝

在歷代帝王陵寢中，陵號普遍存在重複現象：

永安陵兩座：一為南朝齊宣帝蕭承之的陵寢（今江蘇丹陽市胡橋鎮獅子灣村），二為北宋宣祖趙弘殷的陵寢（今河南鞏義市西村鄉常封村）。

興寧陵兩座：一為南朝宋孝穆皇帝劉翹陵寢（今江蘇鎮江市諫壁鎮張家蕩村東），二為唐世祖李昞陵寢（今陝西咸陽市正陽鄉後排村北）。

獻陵兩座：一為唐高祖李淵的陵寢（今陝西三原縣徐木鄉永合村西），二為明仁宗朱高熾和皇后張氏的陵寢（今北京市昌平區燕山山麓天壽山）。

　　昭陵五座：一為南北朝時期北周明帝宇文毓的陵寢（今陝西咸陽市渭城區底張鎮一帶），二為唐太宗李世民與文德皇后長孫氏的陵寢（今陝西省咸陽市禮泉縣九嵕山），三為五代時期南漢中宗劉晟的陵寢（今廣東廣州市白雲區東圃石馬村），四為明穆宗朱載垕的陵寢（今北京市昌平區燕山山麓天壽山），五為清太宗皇太極與孝端文皇后博爾濟吉特氏的陵寢（今遼寧瀋陽市北）。

　　乾陵兩座：一為唐高宗李治與武則天的合葬陵寢（今陝西乾縣城北之梁山），二為遼景宗耶律賢和睿智皇后蕭氏的合葬陵寢（今遼寧北鎮市富屯鄉龍崗子村）。

　　定陵六座：一為三國時東吳景帝陵寢（今安徽當塗縣圍屏鄉龍華村），二為南北朝時期北周宣帝宇文贇的陵寢（今陝西咸陽市渭城區底張鎮），三為西漢廣宗王劉如意的陵寢（今河北邢臺市威縣西南部大高廟村），四為唐中宗李顯的陵寢（今陝西富平縣宮里鎮三鳳村北鳳凰山），五為明萬曆皇帝朱翊鈞的陵寢（今北京市昌平區燕山山麓天壽山），六為清咸豐皇帝愛新覺羅・奕詝的陵寢（今河北遵化市昌瑞山平安峪）。

　　泰陵五座：一為西夏景宗李元昊的陵寢（今寧夏銀川市賀蘭山東麓），二為隋文帝楊堅與獨孤皇后的合葬陵寢（今陝西楊陵區五泉鎮王上村），三為唐玄宗李隆基與元獻皇后楊氏的合葬陵寢（今陝西蒲城縣椿林鎮唐陵村金粟山南麓），四為明孝宗朱祐樘的陵寢（今北京市昌平區筆架山東南麓），五為清世宗雍正皇帝與孝敬憲皇后及敦肅皇貴妃的合葬陵寢（今河北易縣永寧山）。

　　建陵兩座：一為南朝梁文帝蕭順之陵寢（今江蘇丹陽市荊林鄉三城巷），二為唐肅宗李亨的陵寢（今陝西禮泉縣昭陵社區石馬嶺村武將山南麓）。

　　崇陵兩座：一為唐德宗李適的陵寢（今陝西涇陽縣蔣路鄉嵯峨山南麓），二為清光緒皇帝愛新覺羅・載湉的陵寢（今河北易縣西陵鎮清西陵金龍峪）。

　　景陵四座：一為北魏宣武帝元恪的陵寢（今河南洛陽古墓博物館西院），二為唐憲宗李純的陵寢（今陝西蒲城縣義壟村金幟山南麓），三為明宣宗朱瞻基與皇后孫氏的合葬陵寢（今北京市昌平區燕山山麓天壽山），四為清聖祖愛新覺羅・玄燁（康熙帝）的陵寢（今河北遵化馬蘭峪清東陵昌瑞山腳）。

　　莊陵三座：一為梁簡文帝蕭綱的陵寢（今江蘇丹陽市荊林鄉三城巷），二

為隋恭帝楊侑的陵寢（今陝西乾縣陽洪鄉乳台村南），三為唐敬宗李湛的陵寢（今陝西三原縣陵前鎮柴窯村東）。

和陵兩座：一為唐昭宗李曄的陵寢（今河南偃師市顧縣鎮曲家寨村南），二為五代時期後蜀太祖孟知祥的陵寢（今四川成都市磨盤山南麓）。

在歷代帝王陵號中，於「陵」字之前有加一字者，有加兩字者。加兩字者主要出現在南朝宋、齊、陳及兩宋時期。如南朝宋武帝劉裕的初寧陵，宋文帝劉義隆的長寧陵，宋孝武帝劉駿的景寧陵，宋明帝劉彧的高寧陵等。南朝齊宣帝蕭承之的永安陵（追尊），齊高帝蕭道成的泰安陵，齊明帝蕭鸞的興安陵，齊武帝蕭賾的景安陵，齊景帝蕭道生的修安陵（追尊），齊和帝蕭寶融的恭安陵等。南朝陳武帝陳霸先的萬安陵，陳文帝陳蒨的永寧陵，陳宣帝陳頊的顯寧陵等。而北宋宣祖趙弘殷的永安陵（追尊），北宋太祖趙匡胤的永昌陵，北宋太宗趙光義的永熙陵，北宋真宗趙恒的永定陵，北宋仁宗趙禎的永昭陵，北宋英宗趙曙的永厚陵，北宋神宗趙頊的永裕陵及北宋哲宗趙煦的永泰陵等，南宋高宗趙構的永思陵，南宋孝宗趙昚的永阜陵，南宋光宗趙惇的永崇陵，南宋寧宗趙擴的永茂陵，南宋理宗趙昀的永穆陵，南宋度宗趙禥的永紹陵及南宋端宗趙昰的永福陵等。在兩宋帝陵中，陵名首字皆選「永」字，一「永」到底，整齊劃一。

北魏自道武帝拓跋珪至孝武帝元修，共十一帝歷七世一百四十七年。在都城問題上，出現了前所未有的反復：先從盛樂（今內蒙古自治區和林格爾縣北和林格爾土城）遷到平城（今山西大同市），又從平城遷到洛陽（今河南洛陽市），最終遭遇亡國之亂。

北魏從開國皇帝道武帝拓跋珪到獻文帝拓跋弘，五位皇帝均葬在雲中，且一直沿用「金陵」陵號，合稱「雲中金陵」。除道武帝拓跋珪和明元帝拓跋嗣的陵寢可以確定分別在內蒙古的林格爾縣和托克托縣外，其餘三座陵址皆不可考。原因與北方民族傳統的「潛埋」習俗有關。據《宋書》卷九十五〈索虜列傳〉記載：「死則潛埋，無墳壟處所，至於葬送，皆虛設棺柩，立塚槨，生時車馬器用皆燒之以送亡者。」

清朝帝陵的命名比較複雜：第一種情況，如果皇帝已經駕崩，而陵寢尚未建成，或陵寢建成不久，梓宮尚未葬入之前，就為大行皇帝陵寢擬定名號，如

世宗孝陵、穆宗惠陵以及德宗崇陵等。隨著時間的推移，帝陵名號也在不斷變化之中。如順治陵寢，初稱世祖章皇帝陵，後稱世祖章皇帝山陵，直至康熙元年（1662）三月初一，康熙降諭，稱尊世祖章皇帝陵曰孝陵。第二種情況，陵寢已經開始動工，但尚未有皇后等待入葬，陵寢則稱萬年吉地。如興建於乾隆八年（1743）的裕陵，初稱聖水峪萬年吉地。乾隆十七年（1752），葬入孝賢皇后之後，改稱孝賢皇后陵。乾隆駕崩後，正式定陵號為裕陵。

即便是為皇帝建成的陵寢，而先葬入皇后的，陵寢暫時以皇后諡號命名。但隨著入葬皇后人數的增加，陵寢名號也會隨之變化，如康熙景陵。康熙十三年（1674），皇后赫舍里氏薨，諡曰仁孝皇后。康熙十五年（1676），稱仁孝皇后陵寢。康熙二十四年（1685），康熙第二位皇后孝昭皇后葬入此陵，故陵名改稱仁孝皇后、孝昭皇后陵寢。康熙二十八年（1689）十二月二十日，再葬孝懿皇后佟佳氏入內，又改稱陵名為仁孝皇后、孝昭皇后、孝懿皇后陵寢。康熙六十一年（1722）十一月十三日，康熙駕崩，遂與三位皇后同葬。雍正元年（1723）十二月十七日，陵寢正式名號為景陵。

在清陵名號中，唯道光的慕陵特殊。道光十五年（1835），道光帝將年僅四歲的皇四子奕詝及三歲的皇六子奕訢喊至身邊，教讀朱諭：「敬瞻東北，永慕無窮，雲山密邇。嗚呼，其慕與慕也。」並藏之殿內東暖閣。道光三十年（1850）正月，道光帝病情加重，命將取下正大光明匾額後的錦盒，內有御筆兩諭：先書「封皇六子奕訢為親王」；後書「立四子奕詝為皇太子」，並附有相應滿文。不久，道光於圓明園慎德堂駕崩，皇四子奕詝即位，是為文宗，改元咸豐。宣讀道光遺旨，遂命道光陵寢名號為慕陵。儘管在諡法解中並無「慕」字，但還是比較貼近道光對父母「終生孺慕」的意義。

第四節　追尊陵號

在歷代帝王陵寢制度中，有一個不約而同的慣例，那就是不同朝代都會出現被追封的祖陵。歷朝的開國皇帝，在登基之初，往往會追尊自己數代祖先為「□皇帝」或「□□皇帝」。一般情況下，同時將原有的墳墓加以修葺，或者是重建，最終堂而皇之地也冠以「陵號」。

　　南朝宋武帝劉裕建國後，追尊自己的父親劉翹為孝穆皇帝，母親趙氏為孝穆皇后，並在丹徒京口（今江蘇鎮江市京口區）東為其建造興寧陵。宋文帝劉義隆即位後，追尊自己的母親胡婕妤為章皇太后，並在丹徒京口為其興建熙寧陵。

　　李淵祖父李虎，字威猛，隴西成紀（今甘肅天水市秦安縣）人，西魏八柱國之一，官至左僕射，封隴西郡開國公，「榮盛恩寵，莫與為比。」西魏大統十七年（551）五月卒，北周建立政權後，被追封為唐國公，諡襄。初葬長安，隋大業二年（606）遷葬清水（今甘肅清水縣）。李淵建唐後，于武德元年（618），又將其靈柩從清水遷回長安（今陝西三原縣陵前鎮石馬道村北），並追尊為景皇帝，廟號太祖，葬地稱永康陵。

　　李淵之父李昞，因佐周伐魏之功，擢為北周安州總管，賜柱國大將軍，襲封隴西郡公，北周保定四年（564），襲爵唐國公。北周建德元年（572）卒，諡仁，葬咸陽原（今陝西咸陽市韓家灣鄉怡魏村南）。實際上這是一座典型的北周國公墓。武德初，李淵追尊其為元皇帝，廟號世祖，其葬地稱興寧陵。

　　永昌元年（689），武則天在臨朝稱制期間，追尊其父武士彠為周忠孝太皇，其母楊氏為忠孝太后，並將咸陽原（今陝西咸陽市底張鎮陳家村西南）的楊氏墓號為明義陵。天授元年（690）九月初九，則天稱帝，再追尊其父為太祖孝明高皇帝，其母為太祖孝明高皇后，再改明義陵為順陵。開元元年（713），李隆基即位後，才削去武士彠的太祖孝明高皇帝及楊氏的太祖孝明高皇后之號，仍稱太原王、太原王妃，詔改順陵為王妃墓。母以女貴，楊氏墓也就隨其女武則天風光了二十多年。

　　李憲（678–741），本名李成器，睿宗李旦嫡長子，在冊立皇太子問題上，李憲認為：「儲副，天下之公器，時平則先嫡，國難則先功，重社稷也。」因推讓皇位與其弟李隆基，有高世之風。睿宗順應人望，乃許之請。開元七年（719），徙封寧王，以表其恭謹謙讓，安守臣節，不干預朝政，不私結黨羽。開元二十九年（741）十一月二十一日病卒，玄宗號泣失聲，念兄長推讓皇位之功，諡曰讓皇帝（推功尚善曰讓；德性寬柔曰讓）。入殮時，玄宗出御服一襲，並親手寫了二百三十餘言的挽詞，命右監門將軍高力士親手謄抄，並置於寧王靈前，詞稱「李隆基表白」。追贈李憲妃元氏為恭皇后，祔葬同州奉先縣（今

陝西蒲城縣）西北十里橋陵之側。出殯時，適逢雨雪，玄宗垂淚扶柩，並命慶
王李潭等文武百官于泥濘中步送十里。號墓為惠陵。

圖4　唐讓帝惠陵　党明放　攝

　　洪武元年（1368）正月初四，朱元璋在南京稱帝，是為太祖，改元為明，
年號洪武。據《明史》卷五十八〈山陵〉記載：

> 太祖即位，追上四世帝號。皇祖考熙祖，墓在鳳陽府泗州蟄城北，
> 薦號曰祖陵。設祠祭署，置奉祀一員，陵戶二百九十三。皇考蟄仁祖，
> 墓在鳳陽府太平鄉。太祖至濠，嘗議改葬，不果。因增土以培其封，
> 令陵旁故人汪文、劉英等二十家守視。洪武二年薦號曰英陵，後改
> 稱皇陵。設皇陵衛並祠祭署，奉祀一員、祀丞三員，俱勳舊世襲。
> 陵戶三千三百四十二，直宿灑掃。禮生二十四人。

　　洪武二年（1369），朱元璋依北宋帝陵舊制，開始在家鄉安徽鳳陽縣為自
己的父母修建陵寢，「悼往推恩，旌椒蘭之懿行，傳美名於千古。」洪武十二
年（1379）建成，追尊父親朱五四為淳皇帝，陵號英陵，後改稱皇陵。

　　洪武十九年（1386），朱元璋又在江蘇盱眙縣洪澤湖西岸建造祖陵，追尊
其祖父朱初一為熙祖裕皇帝，曾祖朱四九為懿祖恒皇帝，高祖朱百六為德祖玄

皇帝。

　　清太祖努爾哈赤即位後，追贈其遠祖孟特穆為肇祖原皇帝、曾祖福滿為興祖直皇帝、祖父覺昌安為景祖翼皇帝、父親塔克世為顯祖宣皇帝。

第三章　陵墓格局

　　格，是對事物的認知；局，指事情的形勢與結局。格局本意是指事情的一種佈局，或是指對事物的一種結構，一種描述。在不同的歷史時期，王陵、帝陵的建造都有著不同的格局。

第一節　殷周時期

　　墓而不墳，不封不樹。《周易・繫辭傳下》：「古之葬者，衣之以薪，葬之中野，不封不樹。」所謂「不封」，就是在地面上不留封土堆；所謂「不樹」，就是在墓地面不種樹木。及至後來，墓地以所種樹木種類來區分逝者的等級。《白虎通議》云：「天子墳高三仞，樹以松；諸侯半之，樹以柏；大夫八尺，樹以欒；士四尺，樹以槐；庶人無墳，樹以楊柳。」

　　殷周時期，王侯列鼎而葬。身份地位不同，殯葬的規模和禮儀也不同。

　　周朝的棺槨有著嚴格的等級制度。《禮記・檀弓上》記載：「天子之棺四重，水兕革棺被之，其厚三寸；杝棺一；梓棺二。四者皆周……柏槨以端長六尺。」鄭玄注：「諸公三重，諸侯兩重，大夫一重，士不重。」清代學者金鶚認為鄭玄的注解有誤，故在其《求古錄禮說・棺槨考》中指出：「天子之下即應是諸侯，不該再分出諸公，故西周時期棺槨制度應當為『天子四重，諸侯三重，大夫二重，士不重。』」《荀子・禮論篇》云：「天子棺槨十重（案：「十」係「七」

之誤），諸侯五重，大夫三重，士再重。」有學者分析認為，「天子棺椁七重」，在形式上，當為「三椁四棺」；以此類推，「諸侯五重」，當為「二椁三棺」；「大夫三重」，當為「一椁二棺」；「士再重」當為「一椁一棺」。考古發現，長沙象鼻嘴一號長沙王吳著墓為三椁。

針對棺椁規格、色彩及用料，文獻詳有記載。據《禮記・喪大記》：

> 君大棺八寸，屬六寸，椑四寸；上大夫大棺八寸，屬六寸；下大夫大棺六寸，屬四寸，士棺六寸。君裏棺用朱綠，用雜金鐕；大夫裏棺用玄綠，用牛骨鐕；士不綠。君蓋用漆，三衽三束；大夫蓋用漆，二衽二束；士蓋不用漆，二衽二束。君、大夫鬠爪；實於綠中；士埋之。

因死者身份及地位的不同，在出殯的形式和禮儀上也存在著很大的差異。《禮記・喪大記》中講：「君殯用輴，攢至於上，畢塗屋；大夫殯以幬，攢置於西序，塗不暨於棺；士殯見衽，塗上帷之。」「熬，君四種八筐，大夫三種六筐，士二種四筐，加魚臘焉。」其中，「君四種八筐」，是指君王殯時，用八隻筐子盛裝所用的黍、稷、稻、粱四種穀物。「大夫三種六筐」，是指大夫殯時，用六隻筐子盛裝所用的黍、稷、粱三種穀物。「士二種四筐」，是指士人殯時，用四隻筐子盛裝所用的黍、稷二種穀物。

因死者身份和地位的不同，棺椁裝飾也不同。《禮記・喪大記》載：

> 飾棺，君龍帷三池，振容。黼荒，火三列，黼三列。素錦褚，加偽荒。纁紐六。齊，五采五貝。黼翣二，黻翣二，畫翣二，皆戴圭。魚躍拂池。君纁戴六，纁披六。大夫畫帷二池，不振容。畫荒，火三列，黻三列。素錦褚。纁紐二，玄紐二。齊，三采三貝。黻翣二，畫翣二，皆戴綏。魚躍拂池。大夫戴前纁後玄，披亦如之。士布帷布荒，一池，揄絞。纁紐二，緇紐二。齊，三采一貝。畫翣二，皆戴綏。士戴前纁後緇，二披用纁。君殯葬用輴，四綍二碑，御棺用羽葆。大夫葬用輴，二綍二碑，御棺用茅。士葬用國車。二綍無碑，比出宮，御棺用功布。凡封，用綍去碑負引，君封以衡，大夫士以咸。君命毋譁，以鼓封；大夫命毋哭；士哭者相止也。

因死者身份和地位的不同，停屍時間也不相同。《禮記・王制》云：「天

子七日而殯，七月而葬；諸侯五日而殯，五月而葬；大夫、士、庶人三日而殯，三月而葬。」《左傳．隱西元年》載：「天子七月而葬，同軌畢至；諸侯五月，同盟至；大夫三月，同位至；士逾月，外姻至……」

圖 5　曾侯乙墓葬形制

　　考古發現，湖北隨州戰國早期姬姓曾國國君曾侯乙墓，整個槨室由底板、牆板、蓋板共 171 根巨型長方木鋪墊疊疊而成。木板的規格有兩種，一種長 10 米左右，寬厚在 0.5–0.65 米之間。另一種長 6 米左右，寬厚亦在 0.5–0.65 米之間。北室的蓋板和底板各用木材 10 根，長度在 5.8–6 米之間，寬 0.5–0.55 米，厚 0.55–0.6 米。東室的蓋板和底板共用木材 34 根，長度約 6.1 米，寬 0.6–0.65 米，厚 0.55–0.6 米。據初步估算，僅使用成材的楠木多達 500 立方米。其木槨全部為梓木，而填塞木槨頂面及四周防潮木炭多達 60 噸，並在木炭之上覆築青膏泥、白膏泥，其上蓋鋪石板，再覆築五花土，直達墓口。而曾侯乙青銅架楠木髹漆彩繪木棺重達 7 噸，分內外兩層，內棺長 2.49 米，寬 1.27 米，高 1.32 米；外棺長 3.2 米，寬 2.1 米，高 2.19 米。據不完全統計，在漆棺外壁，用黑、黃顏料噴繪出形態各異的神、龍、鳥、蛇及獸等圖像九百多個。棺槨蓋面的圖案由一百三十六條龍組成，共有四行，每行十七組，每組有龍兩條，首尾相接。在兩側壁板上各繪一「田」字型的窗櫺，在窗櫺兩側的守門者為執戟的神獸。

槨內分作東、中、北、西四室，棺分內外雙重，內棺外面彩繪門窗及守衛的神獸武士，外棺有青銅框架。東室放置主棺一具，彩繪陪棺八具；西室放置彩繪陪棺十三具，多為十三至二十五歲女性。北室放置兵器、車馬器及竹簡；中廳內置放大量的禮樂器；在東室通往中廳的門洞處，安放狗棺一具。地宮東西長21 米，南北寬 16.5 米，距地表深 13 米，面積為 220 平方米。

　　殷周之後，君主模仿皇宮建築，都會在都邑建置宗廟。其建置分前、後兩部分。前有「朝」，係祭祀場所，裏面供奉著神主牌位，稱之為「廟」、「太廟」或「宗廟」。春秋之前，在禮制上，宗廟除了用作祭祀先祖的場所之外，在政治上，還作為舉行典禮及宣佈決策的場所。每遇軍國大事，都要先到宗廟向神主稟報，朝禮、聘禮、策命禮，以及戰後的獻俘禮等都要在宗廟舉行。由此可見，宗廟的地位是凌駕於朝廷之上的。後為陳列神主的衣冠和生活用品，係瞻仰場所，稱之為「寢」。《詩經・小雅・巧言》云：「奕奕寢廟，君子作之。秩秩大猷，聖人莫之。」由於「廟」與「寢」的用途不同，其建築樣式也不相同。《爾雅・釋宮》說：「室有東西廂曰廟，無東西廂有室曰寢。」「廟」是按照「朝」的樣式建築的，所以，朝在室的東西兩側要有廂房。

　　陵側起寢，始于殷商。《漢書》卷七十三〈韋賢傳附韋玄成傳〉載：「園中各有寢、便殿。」顏師古注：「寢者，陵上正殿，若平生路寢矣。便殿者，寢側之別殿耳。」按照蔡邕的說法，秦始皇為了便於死者靈魂能夠就近飲食和起居，便在陵旁立廟，陵側起寢。

第二節　秦漢時期

　　秦朝（前 221– 前 207）是由戰國時期的秦國發展起來的中國歷史上第一個大一統王朝。秦始皇陵是中國歷史上第一位皇帝嬴政的陵寢。位於陝西西安市臨潼區驪山北麓。《括地志》載：「秦始皇陵在雍州新豐縣西南十里。」《關中記》載：「始皇陵在驪山。泉本北流，障使東西流。有土無石，取大石于渭諸山。」

　　驪山是秦嶺北麓的一個支脈，東西綿延約二十五公里，南北寬約七公里。傳說因其山體像一匹驪色（黑色）駿馬而得名。同時，驪山是神話傳說中女媧

生活過的地方，又是中國歷史上「褒姒一笑，周幽王痛失江山」的故事發源地。驪山風景以山色豔麗著稱，「驪山晚照」更是馳譽中外的「關中八景」之一。每當夕陽西下，驪山所呈現出的壯麗景象，令人心曠神怡。明人劉秀儲〈驪山晚照〉詩云：「由來驪山多奇峰，一望嵐光翠且重。複次斜陽相映處，紅雲朵朵照芙蓉。」清人朱集義〈驪山晚照〉詩云：「幽王遺沒舊荒台，翠柏蒼松繡作堆。入暮晴霞紅一片，尚疑烽火自西來。」《水經注》云：「秦始皇大興厚葬，營建塚壙於驪戎之山，一名藍田，其陰多金，其陽多美玉，始皇貪其美名，因而葬焉。」

驪山，海拔千餘米，斷層錯落，山巒與溝壑相間，一條條南北走向的山谷，形成了一道道河流。秦始皇帝陵就位於驪山北麓沖積扇上。此地背倚山峰，面臨平原，有東西兩側水流的拱衛。

陵園依照國都咸陽城的格局設計，設計者為丞相李斯，少府令章邯監工。共徵集了七十二萬人力，動用修陵人數最多時近於八十萬。據《秦始皇帝陵考古報告》載，秦始皇陵有內、外兩重夯土城垣，建築結構平面呈長方形，內城長 1355 米，寬 580 米，周長 3870 米，外城周長 6321 米。整個陵區範圍約有兩平方公里。

從總體上看，秦始皇陵就是一座坐北向南的皇都宮城，但陵城和地宮的正門卻是面東，也就是說，陵園坐西面東。陵墓位於內城垣右部，左部為寢殿和便殿。從禮制方面考察，秦朝以右為尚，故將陵墓置於右部，不但主次明確，而且也與文獻上「起殿於墓側」的記載相吻合。

秦始皇陵冢位於內城南部，呈覆斗形，外表呈四棱柱體，一喻東西南北四面，代指四方天下；二喻春夏秋冬四季，代指古往今來。頂部略微平坦，自下而上，築有陵台三層。按照《漢書》記載，秦始皇陵「其高五十餘丈，周回五里餘」。漢代一丈折合今天的 2.30 米，以此計算，秦始皇陵原高度為 115 米，經過兩千多年的風雨剝蝕，再加上人為因素的破壞，現高 51 米。底部近似正方形，南北長 515 米，東西寬 485 米，底邊周長 1700 餘米。唐人許渾曾作〈途經秦始皇墓〉，詩中吟道：「龍盤虎踞樹層層，勢入浮雲亦是崩。一種青山秋草裡，路人唯拜漢文陵。」

圖 6　秦始皇陵墓遠眺　陳雪華 攝

　　據史料記載，秦始皇陵園中曾建有各式宮殿，陳列著許多奇珍異寶。秦陵四周分佈著大量形制不同、內涵各異的陪葬坑和陪葬墓，其中包括舉世聞名的、被譽為「世界第八大奇蹟」的兵馬俑坑。1987 年 12 月，秦始皇陵及兵馬俑坑被聯合國教科文組織批准列入《世界遺產名錄》。

　　經對秦始皇陵地宮鑽探，在垂直 26 米深處仍然是夯土層。專家推測秦始皇陵地宮深度當在 50 米左右。

　　關於秦始皇陵的地宮，根據現代科學探測提供的資料分析，地宮的主體部分應是一個廣口小底的直豎式方形坑穴。據科學探測，地宮四周有宮城牆，宮城平面近似方形，採用磚坯砌成，南北長 460 米，東西寬 392 米，牆體高、寬各為 4 米。

　　在秦始皇陵園西側，則是埋葬修陵役徒的墓地。

　　西漢（前 206–8），是中國歷史上繼秦朝之後的大一統王朝，歷十二帝二百一十年，史稱「前漢」。新朝王莽之後，進入東漢。東漢（25–220）傳八世，歷十四帝一百九十五年，史稱「後漢」。

　　西漢帝陵分設長安城東南陵區和咸陽原陵區。在長安城東南陵區，則分佈

著漢文帝劉恒霸陵、漢宣帝劉詢杜陵。因政治中心南移，為了形成「渭水貫都，以象天漢」的規模，導致漢陵只能往咸陽東南延伸。咸陽原陵區地勢開闊，黃土深厚，面臨渭河，遙望終南，背靠北山，依勢而建，皆能體現皇權的至高無上。自東而西依次為：漢景帝劉啟陽陵、漢高祖劉邦長陵、漢惠帝劉盈安陵、漢哀帝劉欣義陵、漢元帝劉奭渭陵、漢平帝劉衍康陵、漢成帝劉驁延陵、漢昭帝劉弗陵平陵、漢武帝劉徹茂陵，加之派駐軍隊，既可守陵，又可拱衛京師，備禦胡騎。九座帝陵東西一線，綿延百里，號稱「渭北九陵」。

在西漢十一座帝陵中，東門皆為正門。漢高祖劉邦長陵（今陝西咸陽渭城區正陽鎮怡魏村）首開「因陵設縣」之先河。漢文帝霸陵（今陝西西安市東郊白鹿原東北）首開「因山為陵」之先例。所謂「因山為陵」，就是將墓室直接開鑿在山體之中，或稱「崖墓」，四周廣植柏樹。

據說，崖墓形制的產生與道家的「羽化升天」有關，即出現了人死後可「帶體升天」，得道使肉體成仙的觀念。由此觀念，出現了陵廟的建置。除漢高祖劉邦、漢惠帝劉盈的陵廟建于長安城內，漢文帝劉恒的陵廟建于長安城南外，自景帝劉啟開始，創立「陵旁立廟」制度。清人徐乾學《讀禮通考》卷九十四〈上陵〉云：

> 漢不師古，諸帝之廟不立于京師而各立於陵側，故有朔望及時節諸祭，此實祭廟，非祭陵也。又皆祠官致祭，天子不親行，即世祖祭長安諸陵，止因巡幸而祭之，亦非特祭。其率百官而特祭於陵，實自明帝始也。

《漢書》卷七十三〈韋賢傳〉載：

> 京師自高祖下至宣帝，與太上皇、悼皇考各自居陵旁立廟，並為百七十六。又園中各有寢、便殿。日祭於寢，月祭于廟，時祭於便殿。寢，日四上食；廟，歲二十五祠；便殿，歲四祠。又月一游衣冠。

在陵寢與陵廟之間辟有一條通道，到了祭祀的日子，就要把「寢園」中先帝生前穿戴過的衣冠「請出」，通過專用通道遊歷到「陵廟」，謂之「衣冠所出游道」，或稱「衣冠道」、「宗廟道」、「游衣冠」、「游道」，意在引領

墓主的靈魂到陵廟中接受祭祀。

出游衣冠時，為了顯示隆重和氣派，還得動用車馬護送。史載：「今衣冠出遊，有車騎之眾。」除了每月一次的「游衣冠」外，尚有其他祭祀活動，如《漢書》卷七十三〈韋玄成傳〉注引：

> 宇宙一歲十二祀。五月嘗麥，六月、七月三伏，立秋貙婁，又嘗黍。八月先夕饋饗，皆一太牢，酎祭用九太牢。十月嘗稻，又飲蒸，二太牢。十一月嘗，十二月臘，二太牢。又每月一太牢，如閏加一祀，與此上十二為二十五祀。

通常情況下，游衣冠專用通道隸屬掌宗廟禮儀的專門機構——太常管轄，如果出了問題，就得擔責。《漢書》卷十九〈百官公卿表下〉載，元朔二年（前127），「蓼侯孔臧為太常，三年，南陵橋壞，衣冠道絕，免。」

據《漢書》卷八十一〈匡張孔馬傳〉記載：

> 禹年老，自治塚塋，起祠室，好平陵肥牛亭部處地，又近延陵，奏請求之。上以賜禹，詔令平陵徙亭它所。曲陽侯根聞而爭之：「此地當平陵寢廟衣冠所出游道，禹為師傅，不遵謙讓，至求衣冠所游之道，又徙壞舊亭，重非所宜……宜更賜禹它地。」根雖為舅，上敬重之不如禹，根言雖切，猶不見從，卒以肥牛亭地賜禹。

由此可見，到了西漢晚期，「衣冠道」已經不顯得那麼重要了。

每逢正月，公卿百官、皇親國戚，以及地方郡吏皆聚集京師，出席朝賀皇帝的儀式，謂之「元會儀」。永平二年（59），東漢明帝劉莊為了表達對先帝的思念之情和孝敬之心，遂將每年正月舉行的「元會儀」移至光武帝劉秀原陵（今河南孟津縣白鶴鎮鐵榭村），向光武靈位行朝拜祭祀之禮，地方郡吏則依次向光武靈位稟報黎民疾苦及風土民情等，以便於光武的在天之靈明察國事。與此同時，又把每年八月在宗廟舉行的「酎祭禮」也移到陵寢中舉行，謂之「上陵禮」。

為了進一步適應禮制的需要，還會在原有陵寢基礎設施上進行擴建，諸如舉行儀式的大殿，懸掛大鐘的鐘虡等。在上陵禮中，「鐘鳴，謁者治禮引客，

群臣就位如儀。」「高祖廟鐘十枚，各受十石，撞之聲聞百里。」

　　寢園，或稱園寢，是指以寢殿為中心的建築群。「寢園」之名始于漢朝。據《後漢書・祭祀志下》云：「漢諸陵皆有園寢，承秦所為也。」又云：「秦始出寢，起於墓側，漢因而弗改。」根據中山國王陵中的兆域圖，稱陵墓上的中心建築為「堂」，堂內置編鐘，秦改稱陵寢。堂上設神座、床、幾、匣、匱、被、枕、衣冠以及日常生活用具，由宮人如同對待活人一般侍奉。每天「隨鼓漏，理被枕，具盥水，陳嚴（妝）具」，並且四次按時向墓主進奉食品。這種「日祭於寢」、「日上四食」的陵寢制度得到了傳承。

　　西漢時期，又稱「陵寢」為「寢殿」。禮儀規制是，帝陵坐西朝東，寢殿則位於陵墓之北。從西漢盛世的開創者——漢景帝劉啟陽陵開始，寢殿被移至陵園之外帝陵東南。東漢帝陵的陵寢，一般都建造在帝陵之東。

　　陽陵居於陵園中部偏西。后陵、嬪妃及王公大臣陪葬墓區、羅經石遺址位於帝陵南北兩側，左右對稱；刑徒墓地及三處建築遺址在帝陵西側，呈南北一字排列。陪葬墓園呈棋盤狀分佈於帝陵東側的司馬道兩側；陽陵邑則設在陵園的東端。整個陵園以帝陵為中心，四角拱衛，南北對稱，東西相連，佈局規整，結構嚴謹，顯示了唯我獨尊的皇家意識和嚴格的等級觀念。

　　西漢帝陵還有一個特點，就是在陵園附近建置陵廟。陵廟是由宗廟發展而來，西元前156年，漢景帝劉啟在漢文帝劉恒的霸陵旁建立了陵廟，稱霸陵陵廟。中元四年（前146），漢景帝劉啟詔令在自己的陵寢——陽陵，建造德陽宮，稱陽陵陵廟，長此以往，「陵旁立廟」制度便一直持續到漢末。

　　關於陵廟制度，文獻記載是起始于漢高祖劉邦長陵，而專家考證則始于漢文帝劉恒霸陵。正殿乃陵廟的主體建築，另有便殿，周有城垣，四面各辟一門，謂之「廟園」。有專門的機構和專人職奉陵廟。

　　漢陵墓室被稱為「方中」，「方中」的玄宮，稱作「明中」，一般高一丈七尺，周長二丈，距離地表深為十三丈。

　　帝王之棺稱作「梓宮」，四重，內塗朱紅色，外施以黑色，上面彩繪日月鳥獸圖案。梓宮長一丈三尺，寬高各為四尺。

　　墓室四面居中位置各辟一條墓道，謂之「羨道」。在羨道與方中相通處有

「羨門」，在地面上與羨道相連接的道路，被稱為「神道」，分別與陵園四面司馬門相對。

西漢承襲秦朝規制，墓上建築石闕、石祠堂及墓前石刻，風行建造城門、宮殿、祠廟及墓前對稱的石刻。

闕，又稱兩觀，或稱象魏，是最早出現在周朝的建築物，主要用途是表示大門。春秋戰國時期，闕建于宮門前以供張貼告示或法令。西漢時期，墓闕一般兩座相對，分列於神道兩旁，由礎石、闕身和闕頂組成，高為 2–6 米不等，闕身裝飾有人物、禽獸、花卉之類的圖案，闕頂樣式或單簷或重簷。

東漢（25–220），是中國歷史上繼西漢之後又一個大一統的中原王朝，傳八世共十四帝一百九十五年，與西漢統稱兩漢。西漢宗室劉秀稱帝，定都雒陽（今河南洛陽）。東漢在洛陽城東南和西北分設兩大陵區。在東南陵區，分佈著明帝劉莊顯節陵、章帝劉炟敬陵、和帝劉肇慎陵、殤帝劉隆康陵、沖帝劉炳懷陵、質帝劉纘靜陵、桓帝劉志宣陵。在西北陵區，分佈有光武帝劉秀原陵、安帝劉祜恭陵、順帝劉保憲陵、靈帝劉宏文陵。

在東漢十二座帝陵中，自明帝劉莊顯節陵開始，已經不再設置陵邑，並廢除「陵旁立廟」，繼之而來的是開創在墓前修建石殿，實行「同堂異室」的供奉制度，並改用「行馬」替代陵園四周城垣。行馬，古稱桓柣，俗稱鹿角，攔阻人馬通行的柵欄，常置於官署前，以為路障。

第三節　唐宋時期

長安是中國歷史上第一座被稱為「京」的都城，意為「長治久安」。周、秦、漢、西晉、前趙、前秦、後秦、西魏、北周、隋、唐等十三朝曾建都於此，與南京、洛陽、北京、開封、杭州、安陽並稱「七大古都」。與羅馬、開羅、雅典並稱「世界四大古都」。也是中國古代規模最為宏偉壯觀的都城。長安，西周稱鎬京、秦稱咸陽、後秦稱常安、隋稱大興城，城池在規劃過程中，包含「法天象地」、「天人合一」的建築理念。

唐長安城南北長為 8651 米，東西寬為 9721 米，面積 84 平方公里，周長 35.5 公里，牆寬 12 米左右，牆高 5 米多。按中軸對稱佈局，由宮城、皇城及外

郭城組成。宮城位於全城北部中心，皇城在宮城之南，外郭城則以宮城、皇城為中心，向東西南三面展開。宮城、皇城、外郭城平行排列，以宮城象徵北極星，以為天中；以皇城百官衙署象徵環繞北辰的紫微垣；外郭城象徵向北環拱的群星。唐人張子容（一說孟浩然）〈長安春早〉詩云：「開國維東井，城池起北辰。」說的就是這種佈局效應。

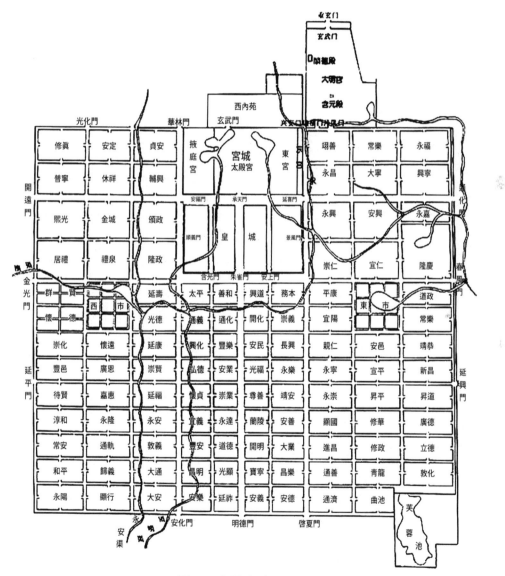

圖 7　唐長安城平面圖

唐代長安城內，東西南北交錯的二十五條大街將全城分為兩市一百零八

坊。其中以朱雀大街為界將城區分為東西兩部分：東部屬萬年縣，一市五十三坊；西部屬長安縣，一市五十五坊。一百零八坊排列恰好寓意一百零八位神靈的一百零八顆星曜；南北排列十三坊，象徵著一年有閏；皇城以南東西各四坊，象徵著一年四季；皇城以南，南北九坊，象徵著《周禮》書中所謂的「五城九達」。長安城規劃嚴整，城內百業興旺，人口最多時超過一百萬。堪稱中國古代都城的典範。

　　長安城內主要宮殿有太極宮、大明宮和興慶宮，俗稱「三大內」。太極宮是隋唐時期皇帝的寢所和視朝聽政之地，東西長 1968 米，南北寬 1492 米，稱「西內」，或「大內」。據文獻記載，在太極宮南面闢有五門，正門為承天門，東為長樂門，再東為永春門，承天門西為廣運門，再西為永安門，太極宮地面闢有兩門，正北即玄武門，東側為安禮門。

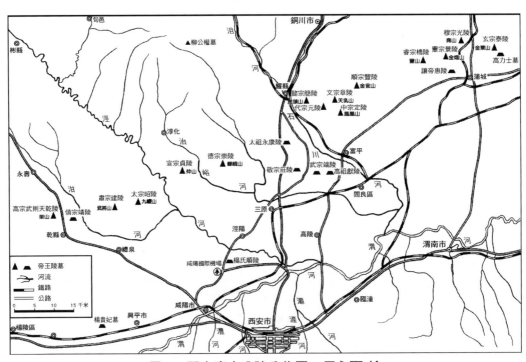

圖 8　關中唐十八陵分佈圖　馬永軍 繪

　　唐朝帝陵，除唐末昭宗李曄和陵、哀帝李柷溫陵分別位於河南偃師緱氏鎮之景山及山東菏澤朱集鄉朱水河畔外，其餘十八座皆分佈在陝西渭河以北的第二道黃土台原及北山山脈各主峰南麓，自東而西，橫跨蒲城、富平、三原、涇陽、

禮泉及乾縣六縣，綿延三百里，人稱「唐十八陵」，或稱「關中唐十八陵」、「渭北唐十八陵」。唐十八陵在地理位置上，恰好形成了一個以唐長安城為中心，平鋪於渭河之北呈102°的扇面形。古人尚北，據《舊唐書》卷七十九〈呂才列傳〉記載：「古之葬者，並在國都之北，域兆既有常所。」唐十八陵，南與秦嶺遙相對峙，氣勢壯觀。

　　唐朝奉行以方為貴。在唐十八陵中，有四座係封土為陵，陵丘為方形覆斗式。「高墳厚壟，珍物必備。」有十四座係因山為陵，「崇高光顯，珍寶具物。」多屬圓錐形孤山，山峰南北多為巨石陡坡，東西多為溝壑深谷。這種背依山原，面臨平川，隔渭河與長安城相望的山陵佈局，使得帝王陵墓的博大、威嚴、肅穆得到充分的展現。

　　唐陵陵園仿照長安城格局設計，分內、外城，城牆四面各開一門，四角建有闕樓，四門外各列置石獅一對，南門外設神道，兩旁列置石刻，北門外列置仗馬及控馬人各三對，部分帝陵列置石虎及蕃酋石像。下宮，即親廟，位於陵山西南方向，用以供奉帝王皇后的靈魂起居，以及陵署令、丞、錄事、府、史、主衣、主輦、主樂、典事、掌固、陵戶等陵役人員住所。因受地理和山形等因素制約，下宮去陵遠近不等。最近者乃文宗章陵，下宮去陵三里；最遠者乃太宗昭陵，下宮去陵十八里；其次是宣宗貞陵，下宮去陵十里；其次是懿宗簡陵，下宮去陵七里，高祖獻陵、高宗乾陵、中宗定陵、睿宗橋陵、玄宗泰陵、肅宗建陵、代宗元陵、德宗崇陵、順宗豐陵、穆宗光陵、敬宗莊陵及僖宗靖陵，下宮去陵皆為五里；武宗端陵，下宮去陵四里。

　　處於關中道渭河之北不同地理位置上的唐代帝陵，因地貌不同，導致神道長度與寬度各不相同，而神道的長度和寬度又直接影響著石刻與石刻之間的間隔距離。據文獻記載，獻陵神道長575米，寬39.5米；乾陵神道長649米，寬25米；定陵神道長623米；橋陵神道長625米，寬110米；建陵神道長710米，南寬約268米，北寬約215米。

　　初建李淵獻陵時，由於陵寢制度上的不完善，只能參照漢陵制度。其後的唐太宗昭陵、唐高宗乾陵、唐中宗定陵、唐睿宗橋陵、唐玄宗泰陵、唐肅宗建陵、唐代宗元陵、唐德宗崇陵、唐順宗豐陵、唐憲宗景陵、唐穆宗光陵、唐文宗章陵、唐宣宗貞陵、唐懿宗簡陵等十四座「因山為陵」，規模宏大，建置宏博，氣魄

宏遠，墓室設在山前半腰處，高踞陵園北部，皇帝皇后同穴而葬。陵園分內外兩重，四周築有圍牆，內城圍牆四面正中各辟一門，按左（東）青龍、右（西）白虎、前（南）朱雀、後（北）玄武四神方位命名。朱雀門為正門，門外設神道，並於神道兩側築乳闕一對，再往南築鵲台一對。外設城牆，外城牆有三道門，神道兩側所列置的石刻位於第二道和第三道門之間。陵宮位於陵城正中，其南為獻殿，其西南為下宮，在第一道門外的東南方向則分佈著皇族宗室及文武大臣的陪葬墓。

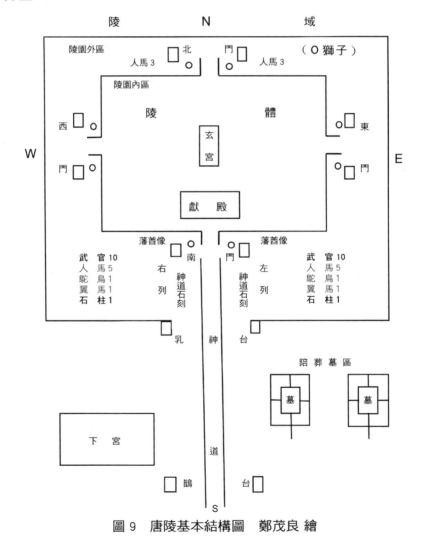

圖 9　唐陵基本結構圖　鄭茂良　繪

　　昭陵位於陝西省禮泉縣境內的九嵕山。經魏徵推薦，建陵工程由負責營建長安城的工部侍郎閻立德、閻立本兄弟仿唐長安城的建制設計。九嵕山南麓陡

峭，北麓舒緩。因受地形的制約，獻殿設在朱雀門內，遺址約40米見方，重簷九間，主要用於上陵朝拜或舉行重要祭祀典禮之用。東西面有廡房、闕樓以及門庭。殿東有翔鸞閣，殿西有棲鳳閣。兩閣有飛廊與大殿相通，殿前有一條呈波浪狀的通道，謂之「龍尾道」。大殿東西長約60米，南北寬約10米。獻殿遺址曾出土了一件古建築脊飾實物——鴟尾。鴟尾體高1.5米，底長1.0米，寬0.65米，重約150公斤。祭壇設在玄武門，東西長53.5米，南北寬86.5米，面積達4500多平方米。呈南高北低，平面略呈梯形。上面陳列著十四個少數民族酋長的石像。石像俱高八尺，座高三尺。東西廡殿陳列著聞名世界的昭陵六駿浮雕石刻。

圖10　唐太宗昭陵　党明放 攝

帝王陵園裡的獻殿除了供特定的具有政治意義的國事活動外，還安奉墓主的神位和陳列墓主生前的服御之物。《昭陵志》載：「高力士于太宗獻殿見小梳廂一、柞木梳一、黑角篦子一、草根刷子一，歎曰：『此先帝首創義旗，新皇王報，遂身服用，惟留此物。將欲傳示孝孫，永存節儉。』」

據文獻記載，在乾陵神道東側乳峰下，原有六十朝臣畫像祠堂。北宋元祐七年（1092）六月，奉天縣（今陝西乾縣）縣丞趙楷曾看到陝西轉運使游師雄所繪〈唐高宗乾陵圖〉，元人李好文《長安志圖》記載：

　　唐之諸帝，功烈如太宗明皇者，可謂盛矣！宜其立隴完固，及於無窮，今兵火之餘，荒墟壞皿，瓦礫僅存，理亦宜也。獨高宗武后之陵，崇丘磅礴，上詣青防，雙闕聳峙，丹青猶在，具豈造物者有以扶防而致耶矣，抑亦窮匱國力，深規厚圖、使人未易窺耶。轉運遊公，一日，按部過乾陵，慨然興歎，乃錄高宗天后時六十人重繪於陵所。其間忠良鯁骨、高才俊逸，如張說、蘇頲、狄仁傑、婁師德、劉仁軌、唐休、宋景、李嶠、賀知章、馬周、李昭德、王琳、張仁願、崔神慶、李務光、張柬之、魏元忠、陸元方、李懷遠、畢誠、杜景佺，皆一代善士，固當紀者。若夫武三思、韋巨源、崔湜、武承嗣、蘇味道、封德彝之輩，回邪險佞、負國自謀而皆繪形於壁，鐫記于石，丹青可渝，而善惡之跡不可泯，瑉石可磨，而勸誡之意不可泯，則斯名也，與其天地同於不朽哉！

　　從文獻記載情況看，六十人僅記有二十七人，其中大半為高宗李治與武則天時代的朝臣，個別為太宗李世民的朝臣。

　　六十朝臣畫像祠堂原為閣樓式，內以牆壁隔成小間，在每一小間的東壁和南壁上各繪一人，北壁上書寫所繪朝臣事蹟及讚語。武則天稱帝后，為泄私憤，將反對過她的司徒、趙國公長孫無忌及尚書右僕射、河南郡公褚遂良的繪像清除掉。司空、太子太傅、上柱國、英國公、贈太尉、揚州大都督李勣之孫李敬業揚州起兵反武，武則天除掘李勣墓外，又將其繪像塗掉。睿宗復位後，將武三思的繪像除掉，重新繪了長孫無忌、褚遂良及李勣畫像，真是一朝天子一朝臣啊！

圖 11　唐乾陵古建築分佈示意圖　劉向陽 提供

靖陵是唐僖宗李儇的陵寢，位於陝西乾縣鐵佛鄉南陵村，是目前唯一被動搶救發掘的唐朝帝王陵墓。唐朝滅亡後，靖陵遭到多次盜掘。1994 年 12 月 30 日晚，一夥盜墓賊在陵墓封土堆南側用炸藥炸開了一道十六米深的盜洞，對墓葬造成嚴重的破壞。靖陵地宮由墓道、甬道及墓室三部分組成，全長 44.18 米。其中墓道長 35.6 米，寬 2.4–2.9 米不等，在其腰部留有一個二層台。在墓道的東、西兩側原繪有壁畫，題材為青龍、儀衛等。甬道長 3.8 米，寬 2.4 米，頂部已經坍塌。在甬道兩壁繪有執戟武士壁畫，北部東西各楷兩個壁龕，內繪獸首人身生肖圖案。甬道以北為土洞墓室，穹隆頂，東西 5.8 米，南北 4.5 米，在東西兩壁，各有對稱的三個小龕，南壁東西兩側各一小龕，龕內繪製著寬袖長袍、雙手執笏的獸首人身生肖圖案。在墓室的北壁上，隱約可見侍臣圖及頂部天象圖的殘留部分。而最令人吃驚的是，墓室內的石棺床竟然是用乾陵陪葬墓的尚書左僕射豆盧欽望和楊再思的墓碑做成的。如此堂堂帝陵，可見朝廷財政的窘迫之態。

圖 12　唐僖宗靖陵　陳雪華 攝

北宋帝陵皆積土成塚。陵台為方形覆斗狀三重式，神牆環繞，四角有闕台，上建樓觀亭閣，南設神道，神道兩邊列置石刻。不設圍牆，用橘枳之屬做成籬笆，圍繞陵園。每陵設「柏子戶」若干，陵台四周廣植松竹橘柏，縱橫如織，謂之「柏城」。

　　北宋帝陵的規模遠不及唐陵。建置也與唐陵有別：整個陵園皆由塋域上宮及下宮組成，塋域四周廣植棘枳，除了皇帝陵外，還有皇后陵，以及功臣和宗室的陪葬墓。上宮是陵台及四周牆垣以內部分。陵台居上宮中心位置，呈覆斗形。四面牆垣中心各開一門，四隅建角闕，南門為正門，門外置放石武士、石奔獅各一對，其南為神道，遠處設土闕兩重。

　　北宋帝陵分佈在河南鞏義市芝田鎮八陵村南。陵區地形開闊，崗坡平緩，東與隔天坡河相望，南依嵩山餘脈白雲山，北接伊洛水，地勢呈南高北低，東穹西垂，依次為太祖永昌陵、太宗永熙陵、真宗永定陵、仁宗永昭陵、英宗永厚陵、神宗永裕陵、哲宗永泰陵，加上太宗趙匡胤之父宣祖趙弘殷永安陵，被稱「七帝八陵」。這裡祔葬著二十二位皇后，以及分佈著上千座皇室子孫的陪葬墓。

　　北宋帝陵由上宮、下宮、後陵及陪葬墓組成。上宮是指陵墓前面的所有建築物，從鵲台開始，經乳台、神道、神牆到陵台；下宮是守墓宮人進行日常祭祀的場所，位於玄武門外西北方向約30米處。宋人李攸《宋朝事實》卷十三〈儀注三〉記載：英宗葬永厚陵。英宗梓宮至永厚陵，館于席屋。從韓公下視，宮有正殿，置龍輴，後置御座；影殿置御容，東幄臥神帛，後置域衣數事。齋殿旁皆守陵宮人所居。其東有浣濯院，有南廚。廚南，陵使廨舍，殿西，副使廨舍。都知石全育為陵使。意思是說，正殿之後有影殿，影殿供奉皇帝畫像及衣冠。影殿之後有齋殿，齋殿內供奉佛像，齋殿旁房屋為守陵人所住。英宗永厚陵石槨高一丈，其鑿長一丈二尺，深闊七尺，蓋條石各長一丈，闊二尺，十四板。皇堂方三丈，深二丈三尺；麓巷長八十三尺，深闊一丈八尺。自平地至深六十三尺，隧道長四百七十尺，石人物六十事。

　　北宋帝陵的封土堆被稱為陵台，陵台分三層，平面呈方形覆斗狀，陵台下部的墓室，稱玄宮，或稱皇堂。陵園四周築有神牆，四面正中各辟一門，謂之神門。神牆四角建角闕。神門外設置乳台一對，列置石獅一對，在南神門外建有鵲台，兩側列置石刻，自外而裡依次為石望柱、石像生。儘管都屬帝陵，但各陵神道的距離，陵台、鵲台、乳台、神牆、神門的高度，以及陵園的方廣不盡相同，主要原因是取決於太常禮院、司天監及陵園奉修所的參酌議定。

　　《宋會要輯稿·禮》三十九之一載：

太祖乾德元年十二月二十三日，詔改卜安陵……二年正月七日以宰臣范質為改卜安陵使……十一日有司請新陵皇堂。下深五十七尺，高三十九尺。陵台三層，正方，下層每面長九十尺。南神門至乳台、乳台至鵲台皆九十五步。乳台高二十五尺，鵲台增四尺。神牆高九尺五寸。周回四百六十步，各置神門角闕。

乾德元年，即西元 963 年。

《宋會要輯稿‧禮》三十九之二載：

真宗咸平六年二月，太常禮院議康、定二陵制度，請依改卜安陵例，詔比安陵減省制度。康陵比安陵減省外，皇堂深四十五尺，靈台高三十三尺，四面各長七十五尺。神牆高七尺五寸，四面各長六十五步。四神門，南神門外至乳台四十五步，乳台高一丈五尺。乳台至鵲台五十五步，鵲台高一丈九尺。簡穆皇后陵比孝明皇后減省，亦同此制。其石作比安陵減三分之一。每陵四神門外，各設獅子二。南神門外宮人二，文武官各二，石羊、石虎各四，石馬各二，並控馬者望柱石二。

咸平六年，即西元 1003 年。

《宋會要輯稿‧禮》三十七之六十九載：

高宗皇帝紹興二十九年九月二十日，皇太后崩于慈寧宮之慈寧殿。二十一日，文武百官赴慈寧殿聽宣皇太后遺誥，曰：「園陵制度，務從儉省，毋事煩勞。」十月一日，禮部、太常寺言：「大行皇太后攢宮已依典故差按行使、副，檢照國朝典故，園陵並系祔葬，止差按行使，不曾差覆按。昨隆祐皇太后攢宮係創始營奉，及顯肅皇后攢宮係與徽宗皇帝同時遷奉，曾差覆按使，事體不同。今來大行皇太后攢宮合祔永裕陵，依典故自不合差覆按使。」從之。以得旨令有司檢照典故，至是討論來上。四日，太常寺討論大行皇太后攢宮合用典禮下項：一、國朝典故，園陵皇堂、神台下深丈尺不同，及園陵上宮合置四神門，南門乳台、鵲台、石作宮人等。今來止係修奉攢宮，欲並依昨昭慈聖獻皇后、顯肅皇后攢宮禮例修奉施行。

紹興二十九年，即西元 1159 年。

〈永定陵修奉採石記〉記載了永定陵營建規模情況：皇堂石二萬七千三百七十七段，門石一十四，侍從人物象馬之狀六十二，共計二萬七千四百五十三段。永定陵皇堂之制，深八十一尺，方百四十尺。永熙陵皇堂深百尺，方廣八十尺。兩座帝陵如此差別，是因墓室磚結構與石結構不同緣故所造成。

在帝陵下宮的前方稍偏西的位置為皇后及嬪妃的陵墓區。四周圍繞神牆，神牆四面正中各辟一門，門側設闕台，門外列置石獅一對。神牆四隅建角闕。朱雀門外設神道，神道兩側列置石刻。

南宋系偏安王朝，在祖宗陵園淪陷之後，另擇陵地於紹興，以「潛埋」方式為暫厝之所，謂之「攢宮」，意為攢集梓宮之處，待將來收復失地後，再遷回祖塋重建陵墓。

在南宋九位皇帝中，除恭帝、端宗等末三帝外，其餘如高宗、孝宗、光宗、寧宗、理宗、度宗六帝皆權攢於浙江紹興市皋埠鎮寶山，潛埋於此，攢宮加陵號。

南宋永思陵的皇堂石藏子為長方形石室，外置石壁一重。後因江浙地區地庳土濕，再置石壁一重，在兩壁之間以膠土夯築，與石藏一平。如此而已，絕無封域摧殘之故。根據《讀禮通考》卷九十二〈山陵五〉的記載情況如下：皇堂在焉，初開穴，南北長三丈七尺六寸，東西闊三丈二尺，深九尺，四圍用白石膠土五層，以石周砌為，石藏長一丈六尺二寸，闊一丈六寸，所用椁長一丈二尺三寸，高七尺一寸，闊五尺五寸。納梓宮於中，覆以天盤蠹網，乃用青石為壓欄，次鋪承重柏木枋二十餘條，次鋪白氈二重，次鋪竹簟，然後用青石條掩攢訖。上用香土二寸，客土六寸，然後以方磚砌地，其實土不及尺耳。南宋諸陵不起陵台，僅在其上建造殿堂三間，謂之「龜頭」，龜頭下築皇堂石藏子（即玄宮）。龜頭外繞以磚砌之階，施勾欄十七間。正面設以踏道。建築亦分上、下宮，上宮週邊竹籬，辟有四門，外籬之內有紅灰牆一道，周長六十三丈五尺，內築櫺星門、殿門及獻殿等，下宮建有前、後殿堂及神廚亭、庫室、更衣廳及陵戶駐守之所。其皇室子孫及大臣分散埋葬在杭州及紹興兩地。

南宋德祐二年（1276），元兵攻克臨安，俘恭帝趙㬎等北去，後趙㬎出

家甘州（今甘肅甘州區）白塔寺，後被害，葬地不詳。臨安失守後，群臣奉益王趙昰即位，是為端宗。端宗駕崩，葬海濱亂山之中，號永福陵。祥興二年（1279），元兵窮追不捨，至崖山，丞相陸秀夫負帝趙昺投海，後屍體漂浮，身穿龍袍，當地百姓見狀，打撈並埋葬於崖山（今廣東江門市新會區）慈元廟附近。

第四節　明清時期

明朝帝陵除追封的祖陵外，共分為三處。在十六位皇帝中，除了太祖朱元璋葬在南京鐘山南麓，惠帝朱允炆因「靖難之役」下落不明，景帝朱祁鈺葬在京郊金山外，其餘十三位皇帝均葬在京郊昌平天壽山，稱「明十三陵」。十三陵的營建歷時二百多年，占地約四十平方公里，陵區周圍群山環繞，陵皆背山而築，因山設置圍牆。

明孝陵是明朝開國皇帝朱元璋與皇后馬氏的合葬陵，坐落在南京鐘山南麓獨龍阜玩珠峰下。獨龍阜北依鐘山主峰，阜高 150 米。孝陵占地面積達 170 萬平方米，佈局宏偉，規制嚴謹，周邊泉幽林深，環境優美，是中國規模最大的帝王陵寢之一，2003 年被列入聯合國世界文化遺產名錄。

明孝陵始建於洪武十四年（1381），至永樂十一年（1413）建成，歷時三十年之久，先後徵用役工十萬。孝陵的建制，直接影響著明、清兩朝五百餘年二十多座帝陵的建築格局，在中國帝王陵寢發展史上有著特殊的地位。

明孝陵總體佈局是，由衛崗的下馬坊至文武方門全長 2400 米。周以紅牆圍繞，周長 22.5 公里。沿神道自南而北依次有：下馬坊、神烈山碑、大金門、神功聖德碑碑亭、御橋、石像生、欞星門，由此折向東北，便進入陵園。在這條正對獨龍阜的南北軸線上，依次有金水橋、文武方門、孝陵門、享殿、內紅門、大石橋、方城、明樓及寶頂等，並築有圍牆。孝陵與歷朝帝陵不同之處是，為了確保陵宮的安全，在陵區內設有外御河、內御河和寶城御河三條排水系統。下馬坊是一座二間柱的石牌坊，面闊 4.94 米，高 7.85 米，額刻「諸司官員下馬」楷體六字，告示凡進入孝陵祭祀的官員，須自此下馬步行，以示對開國皇帝朱元璋的尊崇。神烈山碑位於下馬坊東邊 36 米，嘉靖十年（1531），改鐘山為神

烈山時所立，面陰鉤淺刻「神烈山」三字，原有碑亭，現僅存四角石柱礎。再
向東 17 米處有一塊禁約碑，崇禎十四年（1641）立，碑刻禁止損壞孝陵及謁陵
的有關九條禁約。大金門位於下馬坊西北 750 米處，是孝陵的第一道正南大門。
原為黃色琉璃瓦重簷式建築，現僅存磚石牆壁，下部為石造須彌座，面闊 26.66
米，進深 8.09 米，牆壁上辟有三個券門洞，中門高 5.05 米，左右兩門高 4.25 米。
神功聖德碑及碑亭位於大金門之北 70 米處，建於永樂十一年（1413），內置明
成祖朱棣為其父朱元璋所立「神功聖德碑」。碑亭為磚石砌築，現僅存四壁，
每壁各辟寬 5 米的拱形門洞一孔，外觀酷似城堡，俗稱「四方城」。御橋位於
神功聖德碑及碑亭西北約 100 米處。神道依地形山勢建造，全長 615 米，在每
一段落的節點處列置石像生來控制空間，形成一派肅穆氣氛。石像生下鋪墊完
整的六朝磚。兩側列置石獅、石獬豸、石駱駝、石象、石麒麟、石馬。每種兩對，
一跪一立，夾道迎侍。神道西端折向正北至欞星門，全長 250 米。兩側列置石
望柱及石人。石人分文臣和武將。欞星門位於神道北 18 米處，現已重新修復。
從遺跡看，欞星門當為三開間建築。金水橋過欞星門折向東北約 275 米處，亦
稱御河橋。橋為石砌，原為五孔，現存三孔。文武方門為孝陵正門，原為五門洞，
三大二小，中間三個為拱形門洞，兩邊二個為長方形門洞。廡殿頂覆黃色琉璃
瓦。到了同治年間，將其改建為一個門洞，上嵌清石門額，陰刻楷書「明孝陵」
三字。1999 年重新修復，恢復為五門，黃瓦、朱門、紅牆，正門上方懸長方形
門額，鎏金「文武方門」四字。宣統元年（1909），在正門東側立有「特別告示」
碑，以六國文字書寫。碑亭後原有兩御亭，東側稱具服殿，西側稱宰牲亭。孝
陵門乃孝陵享殿前的中門，亦稱碑殿。原為五門洞，後毀。清時改建為一歇山
頂，三開間，紅牆小瓦建築，南北正中各開一門，亭內立碑刻五通。享殿位於
碑殿之後。原殿毀於戰火，現尚存三層漢白玉須彌座台基，通高 3.03 米，有大
型柱礎六十四個。台基四角石雕螭首，享殿基長 57.30 米，寬 26.6 米。現存地
表建築為同治十二年（1873）重建。

　　相傳，朱元璋崇仰天象，為了使自己的陵寢達到「魂歸北斗」的完美效果，
故將自己的壽域設計成「北斗星」圖形，「勺頭」為繞梅花山環行的導引神道
部分，「勺柄」為正北方向直線排列的陵寢建築部分，在「勺頭」「勺柄」上
的「七星」依次為：四方城、石望柱、欞星門、金水橋、文武坊門、享殿、寶城。
從平面結構圖上看，孝陵的「七星」排列走向與南北朝、唐及遼所繪「北斗七

星圖」毫無二致。

圖13　明太祖孝陵神道石駱駝　党明放 攝

　　明孝陵神道係永樂帝朱棣所建造，而「北斗七星圖」說純屬巧合。事實上，神道之所以彎曲，是與三國吳大帝孫權墓有關。當初修陵時，有朝臣建議將孫權墓遷走，但朱元璋因為相信風水。遂將其墓留下。神道這麼一繞，孫權墓反倒成了朱元璋墓的天然屏障和門戶。曲徑通幽，曲折藏深，無形中產生出了一種神秘感。

　　明孝陵是中國傳統建築藝術與自然地理環境相融合的優秀典範。

圖14　明太祖孝陵神道石象　党明放 攝

　　朱棣（1360–1424），朱元璋第四子。明朝第三位皇帝。洪武三年（1370），徙封燕王，鎮守北平。建文帝朱允炆與親信齊泰、黃子澄等採取一系列削藩舉措。與此同時，又在北平部署兵力，將燕王朱棣的護衛精兵調往塞外戍守，準備削除燕王。於是，建文元年（1399），朱棣起兵反抗，揮師南下，史稱「靖難之役」。戰爭歷時四年，戰亂中，建文帝下落不明，朱棣率軍攻佔南京，奪侄兒建文帝朱允炆帝位，改元永樂，史稱成祖。

　　朱棣從稱帝的那一刻起，就有了遷都的打算。永樂四年（1406），開始修建北平。翌年，皇后徐氏病故。永樂六年（1408），成祖派遣禮部尚書趙羾率欽天監陰陽訓術曾從政、術士劉玉淵及廖均卿等人遠赴北平城郊昌平縣境內卜選陵地。據說，最先選址在口外的屠家營。屠，是宰殺的意思。因皇帝姓朱，「豬」、「朱」同音，此處犯諱，不可用。後又選在了昌平西南的羊山腳下，可在不遠處有個村莊名叫狼兒峪，「豬」旁有「狼」，則隨時會有被吃的危險，也不可用。後又選中了一個名叫雁家台（今北京市門頭溝區）的地方，「雁家台」諧音是「晏駕台」，故又棄而不用。後幾經周折，終於相得黃土山為吉壤。

　　黃土山屬燕山餘脈軍都山的一支。朱棣親臨閱視，稱「甚合朕意」，遂封黃土山為天壽山。清朝地理學家梁份《帝陵圖說》卷二〈天壽山〉云：天壽山乃「北幹王氣所聚」之地，主峰雄峙陵北，千峰崔巍，層巒疊嶂，東蟒山、西虎峪環抱左右，南面有龍山、虎山遙相呼應，環山之內川原開闊。

　　永樂七年（1409），開始為明成祖朱棣營造長陵，永樂二十二年（1424），朱棣駕崩於漠北，成了第一個入葬十三陵的帝王。自成祖朱棣開始，明代十四位皇帝中，就有十三位葬在這裡。

　　十三陵有一個完全不同於歷朝帝陵的情況，那就是長陵的神道、牌坊以及石刻組合均為其他陵墓「公用」之物，一條南北長達七公里的神道蔚為壯觀。在陵區的正門外，有一座建于嘉慶十九年（1540）的石牌坊，高大雄偉，其結構為六柱五間十一樓，面闊二十九米，在六根方柱底部浮雕雲龍，頂端飾雕臥獸。陵區內，各陵形成各自獨立的陵寢，每陵都建造在各自的小山下面。隨著山川的走勢，設有繞陵牆垣一道，周長約為四十公里。大宮門之北是碑亭，碑亭位於神道中央，是一座歇山重簷、四出翹角的高大方形亭樓，亭內豎有高約七米的石碑一通，龜趺碑座，上題「大明長陵神功聖德碑」。碑陽由明仁宗朱

高熾撰制，三千多字，明初著名書法家程南雲書丹。碑陰為清代乾隆御制〈哀明陵三十韻〉。

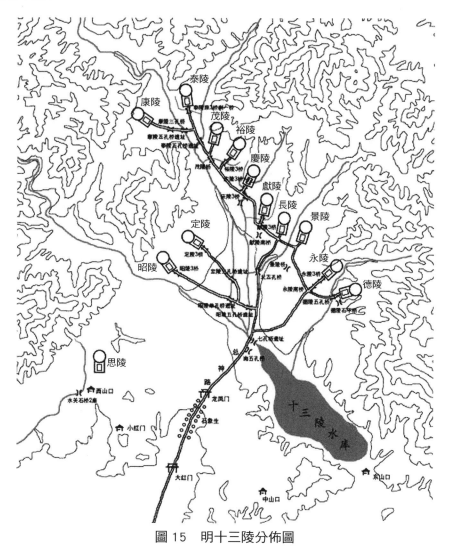

圖 15　明十三陵分佈圖

　　碑亭之北約八百米長的神道兩旁列置著大型石刻，依次為：望柱兩尊，蹲獅一對、立獅一對，蹲姿獬豸一對、立姿獬豸一對，臥姿駱駝一對、立姿駱駝一對，臥象一對、立象一對，蹲姿麒麟一對、立姿麒麟一對，臥馬一對、立馬一對，個個威武雄壯，象徵著皇帝生前朝會或大典時所設的儀仗和護衛。將軍兩對，品官兩對，功臣兩對，武大臣形象逼真、表情肅穆，栩栩如生。北接三門六柱式欞星門，頂飾龍狀異獸，也稱火焰牌坊，俗稱龍鳳門。

圖 16　明長陵神功聖德碑亭　党明放 攝

在十三陵神道的盡頭，便是長陵的祾恩門（即天門之意），朱門金釘，面闊五間，進深兩間。在祾恩門後，便是祾恩殿，是供奉皇帝和皇后神位，以及陵上祭祀活動的場所，其形制類似故宮的太和殿，面闊九間，進深五間，紅牆黃瓦重簷，六十根金絲楠木明柱承托殿頂，顯得莊重森嚴。祾恩殿后即為內紅門，門上彩繪，色調深沉肅穆。門內即院，院內建築欞星門、石案及明樓，明樓後即為圓形寶城。寶城內置宇牆，外側雉堞林立，中為馬道，類似城堡。

從長陵建築的疏密關係看，出現四個明顯的節奏變化：一、從石牌坊到大紅門，總長 1253 米，僅有三孔石橋一座，此段呈現為「疏」；二、從大紅門到龍鳳門，總長 1658 米，分佈有神功聖德碑亭、華表、望柱及十八對石像生，此段呈現為「密」；三、從龍鳳門到陵宮門，總長 4393 米，僅有七孔石橋一座，此段呈現為「疏」；四，從陵宮門到陵宮，樓殿參差、廊廡輻輳，此段呈現為「密」。整體呈現「疏－密－疏－密」的變化節奏。

再從長陵建築高低分佈看，位於神道前端的神功聖德碑亭最高，其次為大紅門、石牌坊、石像生、龍鳳門。在陵宮的建築中，祾恩殿最高，其次為祾恩門、陵門、殿后陵門、欞星門、石幾筵。最後為明樓，突兀崛起，為陵寢建築最高點。長陵整體建築呈現「高－低－高－低－高」的起伏節奏，疏密有致、高低錯落，烘托出了陵寢的莊嚴肅穆，同時給人一種強烈的藝術感染力。

明定陵是神宗朱翊鈞與孝端皇后王氏、孝靖皇后王氏的合葬陵寢，坐落在大峪山下。

于萬曆十二年（1584）破土動工，歷時六年完工，耗銀逾八百萬兩。在玄宮金剛牆的後面，有一根神秘的自來石。石長 1.60 米，上有「玄宮七座門自來石俱未驗」墨蹟。自來石是明清帝王陵寢常用的封門方式。

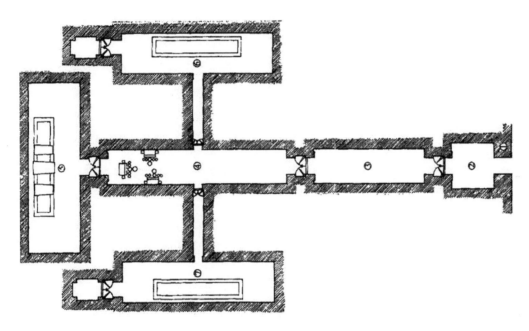

圖 17　明定陵玄宮平面圖　採自《定陵》

定陵地面建築十八萬平方米，前有寬闊院落三進，後有高大寶城一座。陵正門前方是三座漢白玉石橋。過了橋是高大的碑亭。亭周圍有祠祭署、宰牲亭、定陵監等建築物 300 餘間。再往後就是陵園最外面的圍牆——外羅城。

陵宮的總體佈局亦呈前方後圓之形。地上部分的主體建築坐落在大峪山與蟒山主峰之間的中軸線上。陵前有長方形青石板鋪就的神道，全長 3000 米，寬闊的路面上可並行三輛馬車。從七孔橋北 100 米處向西北延伸，經三孔橋和金水橋，便可直抵陵園門口處的無字碑。無字碑體積巨大，螭首龜趺，因其迥異於常見石碑，通身光潔不留一字而得名，也成為後人心中的謎。

在外羅城內，稍偏後部位為寶城。其平面近似圓形，直徑約 230 米。寶城

牆的垛口均採用打磨平整的大塊花斑石壘砌。內環磚砌宇牆，宇牆與垛口之間為鋪磚馬道。在牆的前部設有城台（又稱「方城」），城台下承石刻須彌座，上建重簷歇山頂式的明樓，樓內採用磚券頂，無木構梁架，且上下兩層簷的簷椽、飛子、望板、斗拱、額枋、平板枋及上下簷之間的榜額（刻「定陵」兩字）也全部用巨石雕刻拼砌而成，其上油飾油漆彩畫，酷似木構建築，然實無片木寸版。樓壁前、後、左、右四面各辟券門，樓內豎聖號碑一通，高 6.2 米，碑首為方形，前後刻雙龍戲珠圖，正面有篆額「大明」二字。碑身正面刻「神宗顯皇帝之陵」七個徑尺楷書大字。碑趺採用上小下大五級方臺式，其上面四級自上而下，分別雕刻雙龍戲珠、寶山、海浪等圖案。城台下部雖無券門之設，但左右各有冰盤簷式石刻門樓，由門樓進入，有礓磋道由城前上達寶城、明樓。寶城之內封土滿填，中部有三合土夯築而成的上小下大圓柱形的「寶頂」。據《明熹宗實錄》記載：天啟元年（1621）閏三月，定陵隧道回填完畢，工部曾奏請議定寶頂規制，神宗之孫熹宗下旨：「定陵寶頂規制乃皇祖親定……著照永陵丈尺培築。」但實際上，定陵寶頂比永陵還大。寶城的排水採用牆外設石刻排水螭首和牆內設排水方井的方式。

在外羅城內設有三進方形院落：第一進院落，前設單簷歇山頂式陵門一座，制如外羅城門，為陵寢第二道門，又稱重門。其左右各設有隨牆式掖門一道。院落之內無建築設施，院落之前（外羅城之內）左側建有神廚三間，右側建有神庫三間。第二進院落，前牆之間設祾恩門。其制面闊五間，通闊 26.47 米，進深兩間，通深 11.46 米，下承一層須彌座式台基。台基之上龍鳳望柱頭式的石欄杆及大小螭首設置齊備。前後還各設有三出踏跺式臺階。第三進院落，在前牆間建有祾恩殿。其形制為重簷頂，面闊七間，通闊 50.6 米，進深五間，通深 28.1 米，下承須彌座式台基一層，圍欄雕飾同祾恩門。台基前部出有月臺。月臺前設三出踏跺式臺階，左右各設一出。殿有後門，中出踏跺設有御路石雕，上刻龍鳳戲珠及海水江牙圖。祾恩殿左右各設隨牆式掖門一座。院內沿中軸線設有兩柱牌樓門（欞星門）一座、石幾筵一套。牌樓門的兩柱作出頭式，白石雕成，截面為方形，頂部雕坐龍，前後飭以石抱鼓。石幾筵，由石供案和石供器組成。石供案作須彌座式，石供器由一座香爐、兩座燭臺、兩座花瓶組成。

迄今為止，明定陵是主動考古發掘的第一座帝王陵寢。

在明十三陵中，明樓的高低和面寬，各自有別，聖碑大小也各有差異：如長陵樓高 20.06 米，樓壁面寬 18.06 米，聖號碑高 5.79 米；獻陵樓高 17.35 米，樓壁面寬 16.21 米，聖號碑高 5.99 米等。寶城的高低、馬道的寬窄、城垛的高低、宇牆的高低也多有殊異：如長陵寶城高 7.15 米，馬道寬 2 米，城垛高 1.5 米，宇牆高 0.95 米；獻陵寶城高 5.46 米，馬道寬 1.65 米，城垛高 1.25 米，宇牆高 0.7 米；景陵寶城高 6.45 米，馬道寬 2.51 米，城垛高 1.5 米，宇牆高 0.75 米等等。

天壽山諸陵的分佈，充分體現了宗法禮制，根據主從關係，尊者居主脈，卑者居從脈布列。在長陵左側，分佈著景、永、德三陵，右側則為獻、慶、裕、茂、泰、康六陵。在長陵右前方，則有昭、定二陵。

明朝皇帝與皇后同穴而葬，而嬪妃大多則埋葬在東、西井中，有的或另起陵寢。在明十三陵中，前十二座帝陵都建有各自的神功聖德碑亭。除長陵外，其餘十一座帝陵的神功聖德碑上都沒刻文字，類似于唐乾陵的無字碑。

在十三陵陵區設有專門的駐陵管理機構。內官有天壽山守備太監，統轄各陵神宮監官，各陵神宮監下設掌印太監，另有僉書、司香等員若干。

陵區以植松柏為主。在神道及陵宮，除松柏外，尚有橡樹。在行宮和衙署，則植以國槐。

清朝是滿洲人建立起來的中國歷史上最後一個封建王朝，歷十一帝二百六十八年。

清朝陵墓區分為三處：一為盛京三陵，一為清東陵，一為清西陵。清陵石刻均列置於神道兩側。以孝陵為例，在長達 5600 米的神道上，自南而北，依次為：

石牌坊一座，屬於禮制性的建築物，由六根石柱和五座石雕廡殿式大屋頂及六座石雕廡殿式小屋頂組成，高 12.35 米，寬 31.35 米。中間面闊 5.05 米，在兩柱四周刻有雲龍戲珠浮雕圖案。次間面闊 4.4 米，在西次間的西石柱及東次間的東石柱的四周均雕一隻龍首牛鼻鳳尾異獸，或稱「摩羯龍」。稍間面闊 3.7 米，在西稍間西柱及東稍間東柱的四周均雕雙獅戲珠浮雕圖案。在明間夾柱石頂上，雕有四隻臥姿麒麟；在次間和稍間夾柱石上雕有八隻臥姿獅子。牌坊有斗拱、飛頭、椽檁、吻獸、筒瓦、梓框、額枋、花板等，地面漫鋪條石。

在古人的觀念中，虛幻的天人世界被想像為具有九重宮門的處所。東漢徐嶽《數術記遺》云：「九宮算，五行參數，猶如循環。」北周甄鸞注云：「九宮者，即二四為肩，六八為足，左三右七，戴九履一，五居中央。」從方位上看，三居東方，七居西方，九居南方，一居北方，五居中央。二、四、六、八則分別居於西南、東南、西北及東北四隅。

《淮南子》卷十五〈兵略訓〉載：「夫圓者，天也；方者，地也。大圓而無端，故不可得而觀；地方而無垠，故莫能窺其門。」故帝陵金券地面為方形，四周砌平水牆，符合「方者地也」的理念；頂以青白石砌成拱券，象徵「圓者天也」的理念。在天覆地載中營造出來的帝陵內景，更加突顯了帝王所謂的「父天母地」的崇高地位。

按照「事死如事生」的禮制原則，清陵地宮的佈局基本上依帝王生前所在紫禁城皇宮的佈局建造。建造規制為九券四門式。所謂「九券」，指前後有隧道券、閃當券、罩門券、頭道門洞券、明堂券、二道門洞券、穿堂券及金券。在九券中，金券一道至關重要，據現有考古發掘資料，裕陵、昌陵、定陵、惠陵及崇陵均屬於此。慕陵由於刻意求儉，地宮為五券二門。五券即：隧道券、罩門券、門洞券、梓券及金券。類同皇后陵寢地宮的構造。

裕陵地宮九券四門的券頂、牆壁及門對等處，刻有藏文經 29464 字，梵文經 647 字。據檔案記載，僅由喇嘛寫經文及用工雕刻，前後費時三年多，耗銀一萬多兩。除此而外，還有佛像四十餘座，在每座佛像身後，都飾有形似龕座的光背。在頭道門洞券的東西兩壁，有東方持國天王、西方廣目天王、南方增長天王及北方多聞天王雕像。在穿堂券的兩壁，各有五隻精刻的花瓶，瓶內均插蓮花一朵，花朵托著明鏡、琵琶、波羅、香料及衣物，稱「五欲供」。在八扇石門上均雕有高約 1.5 米菩薩。

清祖陵坐落在滿洲赫圖阿拉（今遼寧新賓滿族自治縣永陵鎮）啟運山南麓，是清太祖努爾哈赤遠祖肇祖元皇帝孟特穆、曾祖興祖直皇帝福滿、祖父景祖翼皇帝覺昌安、父親顯祖宣皇帝塔克世等六位祖先的永陵，與位於遼寧瀋陽市東努爾哈赤福陵、遼寧瀋陽市北皇太極昭陵，合稱「大清關外三陵」。

清永陵坐北朝南，神道貫穿，居中當陽，中軸不偏。啟運山南麓背風朝陽，在聚風藏氣的龍脈正穴之前營造寶鼎正殿。其九大特點是：柵欄門，四祖碑亭，

石雕坐龍，彩陶龍壁，磚砌燎爐，單牆方城，單簷城門，「日」「月」龍吻（將「明」字分開置於大脊兩端，則有破明〈朝〉之意），君臣共陵。十大缺陷是：一缺石像生，二缺石柱，三缺石牌坊，四缺神道碑，五缺方城角樓，六缺陵寢門，七缺石五供，八缺大明樓，九缺啞巴院，十缺大地宮。

作為「盛京三陵」之一的清太祖努爾哈赤福陵，前臨渾河，背依天柱山，地勢北高南低，殿宇凌雲，巍峨壯觀。四周土紅色圍牆，中為正紅門。甬道兩旁列置石柱、石人、石虎、石馬及石駱駝等。皇太極的昭陵坐落在遼寧瀋陽市隆業山，規模最大，係人工堆造而成。

清朝承繼古制，凡皇后先于皇帝而薨，尚未葬埋者，可與皇帝合葬一陵。如果皇后晚于皇帝而薨，不得合葬，則需在帝陵附近另建皇后陵墓。

清陵建築佈局為：石牌坊、大紅門、神功聖德碑亭、石像生、龍鳳門及東西配殿、明樓、寶頂等。大紅門以廡殿頂形勢建造，神功聖德碑亭一如明陵，為重簷歇山式建築。寶頂仿照明孝陵及長陵等，為圓形。凡立有神功聖德碑的，其上皆有文字。道光的情況比較特殊，《欽定大清會典事例》卷九百四十三載，因道光敗於鴉片戰爭，深感喪權辱國，無顏面對列祖列宗，遺詔自稱：「在朕則何敢上批件擬鴻規，妄稱顯號？而亦實無可稱述之處，徒增後人之譏評，朕不取也。」明確表示在自己的陵寢中取消這一建築。從此，定、惠、崇諸陵皆不建置此碑。

孝陵及泰陵分別為清東陵和清西陵的首座帝陵。關於孝陵，清人昭槤《嘯亭雜錄》卷一載：

> 章皇帝嘗校獵遵化，至今孝陵處，停轡四顧曰：「此山王氣蔥郁非常，可以為朕壽宮。」因自取佩韘擲之，諭侍臣曰：「韘落處定為佳穴，即可因此起工。」後有善青烏者，視丘驚曰：「雖命我輩足遍海內求之，不克得此吉壤也！此所以奠我國家萬年之業也。」

清亡後，趙爾巽《清史稿》也沿用上述說法。清孝陵陵址確為順治生前親自選定。乾隆曾作〈恭謁孝陵詩〉：「松柏守宮闕，星辰侍禮儀；鼎湖親卜吉，昌瑞萬年基。」詩下有乾隆自注：「昌瑞山乃我世祖行圍至此親定者，初未用堪輿家也。」也對孝陵選址做了印證。

還有一例比較特殊。嘉慶曾親口說，他本人的萬年吉地是由太上皇乾隆選定的，《清仁宗實錄》卷一七載：「易州太平峪係皇考賜朕之地。」

清孝陵正南朝對一山，名金星山，清代《遵化州志》卷一云：

> 特起一峰，豐而不肥，形如覆鐘，端崎正南，有執笏朝天之勢，形家目如金星，夜間有仙燈行列數對冉冉而下，由紅門御路來朝，朔望祀日更多，防守官兵夜嘗見焉。

清陵陵院分前後兩部分，前為方形院落，後為圓形院落，頂部為龜頭狀。隆恩門面闊五間，進深兩間。東西配殿，前有走廊，面闊均為五間，進深均為三間。陵寢門，又稱三座門，或琉璃花門。二柱門位於陵寢門之北，為樓牌式建築。五供祭台，有三塊青白石合稱的須彌座。在五供之後，有月牙河一條，其上有平橋一座。方城為臺式建築，有基座，為長方形，東西南三面為雉堞，北面為宇牆。啞巴院，位於寶頂與方城之間，院落呈北直南弧之月牙狀，或稱月牙城。在東西地面上各有一個六星溝漏。寶頂，即墳墓，寶頂之下為地宮。自宣宗慕陵開始，一改前代帝陵規制，首先取消了歌功頌德的聖德神功碑亭，改隆恩殿重簷歇山式為單簷歇山式，撤隆恩殿月臺四周的望柱和欄板，並在月臺東側置四棱石幢一尊，西側置日晷一座。王其亨《清代帝陵制度沿革》記載：

> （慕陵）方城一座，見方四丈八尺，城身高一丈四尺四寸五分。月檯面寬五丈二尺，進深五尺、明高五尺。隧道口長八丈一尺七寸五分，面寬一丈八尺。馬尾礓磜面寬四丈八尺，進深一丈四尺。重簷明樓面寬一丈九尺七寸，周圍廊深五尺，下簷柱高一丈四尺二寸；台明高九寸，台明至（方城）垛口五尺一寸。寶城進深十三丈八尺，面寬十一丈六尺，城身高一丈一尺四寸五分。清朝帝陵的營建例由工部屯田司負責。工部設營繕、虞衡、都水、屯田四清吏司，其中「屯田掌修陵寢大工，辦王公、百官墳塋制度。大祭祀供薪炭，百司歲給亦如之。

清陵的營建，多以宗室王公領銜監修。據文獻記載，孝陵工程由賜進士出身、工部營繕司主事段昌祚監督，雷世顯負責招募匠人及工役。景陵前期工程由康熙第八子允禩監修，後期工程則改由康熙第十七子允禮及工部尚書兼戶部

尚書孫渣齊協同監修。泰陵工程由雍正十七弟果秦王允禮、恒親王雲祺領銜監修，以內大臣常明、尚書海望、查克丹、禮部侍郎留保、德爾敏承修，續派侍講學士塞爾敦、朝陽等先後總理工程事務。定陵前期工程由怡親王載垣、鄭親王端華領銜監修，大學士彭蘊章、協辦大學士伯葰、尚書瑞麟、全慶、侍郎基溥等承修。

咸豐八年（1858），因戊午科場案發，伯葰被殺。咸豐十一年（1861），在「辛酉政變」中，載垣、端華被令自盡。後期工程則由定郡王載銓領銜監修。以大學士周祖培、吏部尚書全慶為承修大臣。惠陵工程由醇親王奕譞領銜監修，魁齡、榮祿、翁同龢為承修大臣。崇陵工程由貝勒載洵領銜監修，慶親王奕劻總司稽查。普祥峪萬年吉地由道光第五子惇親王奕誴領銜監修。普陀峪萬年吉地由醇親王奕譞監修。裕陵工程無宗室王公監修，以吏部尚書果毅公訥親、兵部尚書哈達哈、戶部尚書海望、戶部左侍郎三和、右侍郎阿里袞、都察院左副都御史德爾敏六人為承修大臣。昌陵由戶部尚書范宜恒、吏部尚書德明、禮部左侍郎鐵保、工部左侍郎成德、趙佑、總管內務府大臣蘊布，以及汪承霈、額勒布、福敏泰監造。寶華峪萬年吉地由大學士戴均元、尚書英和、侍郎阿克當阿總理事務。

在清陵浩大的工程建築中，用量最大的是楠木。楠木主要生長在南方「深林窮壑，人跡罕到」之處，採集異常艱辛。木材水運比較便捷，但「深澗急灘，溪流迂折」，頗費周折，往往需歷數月，方至工地。方國華《裕陵楠木採辦考略》載，木材須「徑二尺五寸，長三丈五尺者，每日用抬扛夫八十八工」。木板須「長三尺五寸，寬一尺，厚七寸者，每日用抬扛夫十五工」。興建泰陵時，採辦楠木5430餘件。興建裕陵時，採辦楠木5883件。同時，還需採集大量的杉木、柏木及鐵梨木等。除此之外，就是石料，包括漢白玉石、紫花石、青白石、青砂石及豆渣石。漢白玉石采自房山縣大石窩，紫花石，又名豆瓣石，產地河南，青白石采自薊縣盤山，豆渣石主要采自昌平州、薊縣盤山及遵化州鯰魚關。

關於石料的采運，《大清會典事例》卷八百七十七記載，雍正元年（1723），議准規格及價格：大石窩青白石，折闊厚一尺，長一丈至四丈五尺，每丈銀二兩七錢；五丈至五丈九尺，每丈銀四兩五錢；十丈至十九丈五尺，每丈銀七兩；二十丈至三十九丈九尺，每丈銀九兩；四十丈至五十丈一尺以上，每丈銀十四兩；

折闊厚一尺，長一丈西山漢白玉石，每丈銀五兩七錢；馬鞍山青砂石、盤山青白石、鯰魚關豆渣石，每丈銀二兩七錢。運送石料一律按日付費，每馬每日付銀二兩一錢。

　　清陵所用磚料主要是城磚和金磚，稱澄漿磚。城磚採自山東臨清，金磚采自江蘇蘇州的御窯。順治四年（1647）題准：臨清城磚，每塊給銀二分七厘。按例則由過往臨清閘口的船隻捎帶，每船捎帶四十五塊。凡官、民船隻至大津、通州的，每梁頭（案：清代對運輸船只徵稅的名目）一尺，帶磚二十塊，稱之為「長載」。不到天津的船隻，免帶城磚，但每梁頭一尺，須繳運價銀一錢七分。蘇州的金磚，須按一正一副燒造。順治十四年（1657），一尺金磚，每塊工料銀五錢八分八毫，一尺七寸金磚，四錢八分二厘七毫；一尺七寸副金磚，二錢七分七厘；蘇州府二尺副金磚，每塊工料銀三錢三分三厘八毫八絲。江寧等六府二尺副金磚工料銀四錢三分七厘三毫二絲。康熙十八年（1679）重新議定，金磚按正十副三燒造。其次是琉璃磚瓦，燒制地址在京城琉璃廠。光緒五年（1879），改歸西山窯燒制。琉璃件主要有鴟吻、垂脊、筒瓦、版瓦等。關於琉璃件料的運送，按四十件一車，每車每十里給銀六分。

圖18　清道光慕陵　党明放 攝

　　在清陵中，道光的慕陵規制最為簡約，既無方城、明樓、地宮，又無聖德神功碑、石柱、石像生等，但整個工程品質堅固。隆恩殿用金絲楠木，不施彩繪，以蠟塗搪，精美異常。在整個天花板上，浮雕龍頭俯視，眾龍吞雲吐霧，栩栩如生，走進殿內仿佛置身於「萬龍聚會、龍口噴香」的藝術境界。圍牆不掛灰、不塗紅，磨磚對縫，乾擺灌漿。牆頂亦以黃琉璃瓦覆蓋，灰黃相映。陵牆隨山勢起伏，把殿亭、寶頂環抱在內，顯得清明、肅穆。尤其龍鳳門前二棵枝葉繁茂、

造型獨特的迎客松，為慕陵增添了詩一般的韻味。一棵主幹微斜，枝葉向上呈圓形，邊緣翻卷，形似彩盤，猶如侍女頂盤祭奠；另一棵彎腰頷首，彬彬有禮，象在恭謙地迎接來客。

　　雍正泰陵坐落在河北易縣泰寧山太平峪。陵址選定後，于雍正七年（1730）十二月初二降旨：「一應所需工料等項，俱著動用內庫銀兩辦理。規模制度，務從儉樸。其石像等件所需石工浩繁，頗勞人力，不必建設，著該部遵行。」陳寶蓉《清西陵縱橫》書中披露，實際情形是：在一百五十二里的周界上打立紅椿時，強令將十九處村莊夷為平地。拆毀瓦房七十三間，石板房十四間，草房一千三百三十六間，草棚四百六十一間，佔用山場二百處，砍伐民眾樹木六千一百五十四顆，強行圈用民地超過六十三頃。圈用寺廟香火糧地三頃三十二畝多，等等。據乾隆二年（1737）統計，營建泰陵時，共採辦楠木和杉木九千九百一十四根，當泰陵竣工後，尚餘楠木四百一十根，遂被運至東陵，以備建造它陵之用。

圖19　清雍正泰陵　党明放 攝

坐落在泰陵之西太平峪的昌陵乃嘉慶陵寢。嘉慶六年（1801），昌陵監工大臣盛住等人提請將昌陵方城改為青白石券洞。嘉慶指責此舉不過是「欲為浮銷地步，靡費錢糧」。令將盛住交部議處，將隨聲附和的汪承霈、額勒布等人交部察議。《清仁宗實錄》卷一二二載，嘉慶八年（1803）十月二十一日，也就是在將孝淑皇后奉安昌陵地宮之後的第四天，嘉慶「以萬年吉地工程堅固巨集整，賞監工大臣盛住雙眼花翎，侍郎范建豐花翎，餘賞賚加銜議敘有差」。可惜好景不長，嘉慶十三年（1808），嘉慶派遣皇二子綿寧前往太平峪逐層詳察昌陵，發現品質問題。嘉慶獲知後，又派遣長麟等人勘查，結果如上所奏。嘉慶命其重修。《清仁宗實錄》卷一九九載：「所有承修地宮內外，及穿堂以內各工者，著列為一等罪。承修方城、二柱門、琉璃花門、配殿、宮門、朝房、神廚庫各工者，著列為二等罪。承修明樓、大殿、碑亭不如式者，著列為三等罪。」道光元年（1821）六月，道光皇帝命建昌陵聖德神功碑，至道光十一年（1831），昌陵聖德神功碑建成。

圖 20　清嘉慶昌陵　党明放 攝

乾隆年間，駐紮在清東陵的總兵布蘭泰，及清末鎮守西陵的泰寧鎮總兵陳增榮，二人心血來潮，分別為東西陵各八處景觀命名。清東陵八景為：湯泉浴日、龍門躍鯉、雙泉映帶、七井連輝、拊石喧饕、鯰魚來游、黃崖晚照、將軍古石。清西陵八景為：荊關紫氣、拒馬奔濤、易水寒流、雲蒙疊翠、峨眉晚鐘、奇峰夕照、福山捧日、華蓋煙嵐。東西陵八景相映成趣，後經大肆渲染，並得以相傳。

光緒三十四年（1908）十二月初二，愛新覺羅・溥儀即位，翌年改元宣統，

「宣統」寓意「宣宗之統緒」，指親緣血統來自道光。即位後的宣統，便在清西陵陵區開始了聲勢浩大的陵寢營建工程。1911 年辛亥革命爆發，2 月 12 日，被袁世凱逼迫頒佈退位詔書，宣統被迫遜位，陵建工程也隨之廢止。抗日戰爭時期，充當日本扶持的偽滿洲國「皇帝」，年號康得。抗戰勝利後被定為戰犯，經毛澤東特赦，成為中華人民共和國公民，1964年，調到全國政協文史資料研究委員會任資料專員，並擔任第四屆中國人民政治協商會議全國委員會委員和中央文史研究館館員。1967 年 10 月 17日，溥儀因病逝世，火化後，骨灰安放八寶山。同年，溥儀在臺灣的後裔

圖 21　清宣統皇帝畫像

為其上了廟號「憲宗」及諡號「配天同運法古紹統粹文敬孚寬睿正穆體仁立孝襄皇帝」。1995 年，溥儀遺孀李淑賢將其骨灰遷至河北易縣清西陵光緒崇陵附近的華龍皇家陵園。

第四章　陵墓形制

新石器時代的中晚期，逐漸出現了石棺、石槨、木棺、木槨等葬具。所謂槨，是指套在棺材外面的葬具。段玉裁注《説文》云：「周於棺，如城之有郭也。」棺外之槨有從一重到多重之分。

戰國中晚期之前，所有墓葬都採用土坑豎穴。河南安陽殷墟的商王墓室呈巨大的「□」型、「亞」字型（四條墓道），或「中」字型（兩條墓道）。而王室成員的墓室則有「中」字型（兩條墓道），或「甲」字型（一條墓道）。戰國中晚期之後，王陵除與商代王陵相似外，又在兩邊開設引棺入墓的墓道。

第一節　黃腸題湊

所謂「黃腸」，是指堆壘在棺槨外的柏木，木色呈黃色，如黃腸一般。所謂「題湊」，是指將小方木的一頭聚齊向內，再按照一定的規格壘砌而成的墓葬結構，亦稱槨室。三國魏蘇林在注釋《漢書・霍光傳》中「黃腸題湊」云：「以柏木黃心致壘棺外，故曰黃腸；木頭皆內向，故曰題湊。」《後漢書・禮儀志》大喪條下劉昭轉引《漢書音義》云：「題，頭也。湊，以頭向內，所以為固也。」

「題湊」是一種葬式，最早出現在春秋時期。鄭玄注《禮記・喪大

記》云：「天子之殯，居棺以龍，攢木題湊象椁。」在當時，題湊為天子葬制，諸侯不得享用。

　　「黃腸題湊」之名最初見於《漢書·霍光傳》：「光薨，上及皇太后親臨光喪，太中大夫任宣與侍御史五人持節護喪事。中二千石治莫府塚上。賜金錢、繒絮、繡被百領，衣五十篋，璧珠璣玉衣，梓宮、便房、黃腸題湊各一具，樅木外藏椁十五具。」根據漢代的禮制，黃腸題湊與梓宮、便房、外藏椁、金縷玉衣等同屬帝王陵墓中的重要組成部分，被視為最高級別的特殊葬制。《呂氏春秋·節喪》云：「題湊之室，棺椁數襲，積石積炭，以環其外。」《群書政要》引東漢崔寔〈政論〉云：「送終之家亦無法度，至用櫲梓黃腸，多藏寶貨，烹牛作倡，高墳大寢。蓋漢天子之椁，以柏黃腸為裏而表以石。」

圖 22　黃腸題湊墓葬　吳家林 攝

　　北京大葆台漢墓，是一座工程浩大的純木結構的地下宮殿，有東、西兩座墓葬，分稱一號墓和二號墓。一號墓由外藏和內藏組成，墓室內有梓宮、便房和黃腸題湊，三棺二椁。在外椁與內回廊之間有一個寬 0.9 米的三面貫通的空間。外椁長 5.08 米，寬 3.44 米，厚 0.24 米，復原高 2.70 米；門寬 2.92 米，高 2.2 米，厚 0.12 米。內椁長 3.82 米，寬 2.34 米，板厚 0.22 米，復原高 2.04 米；門寬 1.92 米，高 1.62 米，厚 0.10 米。內外椁均為長方形，雙扇對開，均外髹黑漆，內塗朱漆。據《北京大葆台漢墓》記載，內外椁的單體部件，從開料、拼合到刷漆，

都是先在墓坑外製作，然後再在墓坑內進行組裝。

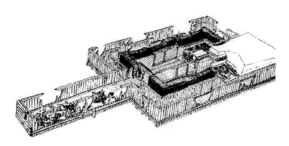

圖 23　北京大葆台一號墓室結構示意圖　採自《北京考古四十年》

　　一號墓室內黃腸題湊係用一萬五千多根柏木橫向疊排而成，頂端用壓邊木加固，高達三米，直抵墓室頂部，南、北兩壁順向縱鋪，東、西兩壁橫鋪，每壁均為三十層，在南壁的正中辟有一門，與甬道相接。在四角交接處，南北壁的黃腸木端頭垂直頂靠在東西壁黃腸木上。棺槨置於後室正中。在墓室外，還有殉葬車馬及一柄漁陽鐵斧。關於墓主的身份，一說是燕王，一說是廣陽王劉建。二號墓當為其妻墓。

　　西漢晚期的高郵天山一號墓葬，其黃腸題湊的構築方式因其形制複雜，導致與題湊原型不同：框平面呈近似方形，南北長 13.5 米，東西寬 11.2 米，高 4.1–4.5 米。四周用去楠木 857 根。每根長約 0.94 米，寬厚均為 0.4 米。在題湊的南北兩端均設門道，門外用短題湊木封閉，使墓室儼然如方城。題湊之外，東西各有側廊（即外藏槨），東側廊長 22.51 米，寬 1.3–1.62 米不等，高 1.6 米，內以間柱分隔為八間。西側廊長 21.24 米，寬 1.55–1.62 米，高 1.6 米，內以間柱分隔為七間，放置車馬、儀仗及灶、井模型。在題湊內與中槨之間，東西各築五間廂房，內槨分前、後兩室，前室，即便房，放置漆坐、漆案等。後室，即梓宮，放置棺具。需要指出的是，在這 857 根木料上，除塗有一層黃色顏料外，還在兩端橫截面中心部位鑲嵌有方形小木塊。對於此種現象，尤振堯在〈「黃腸題湊」葬制的探論〉中認為：在題湊木上加塗黃色顏料，恐怕是與楠木代替柏木有關。而鑲嵌小方木，恐怕是與「繡牆題湊」有關。

　　《後漢書·禮儀志下》載：「東園匠、考工令奏東園補祕器，表裡洞赤。廣文畫日、月、鳥、龜、龍、虎、連璧、偃月，牙檜梓宮如故事。」出於多方面的考慮，漢代宮廷還設立了專門製造棺槨的機構和官員。凡宗室成員、勳臣

都可以得到皇帝賜賞的棺槨。元康四年（前 62），西漢權臣張安世病逝，漢宣帝劉詢賜予印綬，「賜塋杜東，將作穿復土，起塚祠堂。」詔令動用軍隊的戰車和士兵為其送葬，諡曰敬侯。地節二年（前 68）三月，西漢權臣霍光病逝，《漢書》卷六十八〈霍光傳〉載：其妻「太夫人顯改光時所自造塋制而侈大之。起三出闕，築神道，北臨昭靈，南出承恩，盛飾祠室，輦閣通屬永巷，而幽良人婢妾守之。廣治第室，作乘輿輦，加畫繡茵馮，黃金塗，韋絮薦輪，侍婢以五采絲挽顯，遊戲第中。」漢宣帝偕皇太后親臨霍府祭悼，並為其「發三河卒穿複土，起塚祠堂。」詔令以帝王之儀陪葬茂陵；賞賜玉衣、梓宮、便房、黃腸題湊等葬具，以縕輬車，黃屋送葬，諡曰宣成；劃撥三百民戶奉侍墓園，設置陵令負責守墓和祭祀等事務。

漢哀帝朝寵臣董賢、漢順帝朝乘氏侯梁商，逝世後，皇帝親臨致哀。尤其是梁商，順帝賞賜東園朱壽器、銀鏤、黃腸、玉匣、什物等二十八種，錢二百萬，布兩千匹。順烈皇后也送上了私房錢五百萬，布一萬匹。諡曰忠侯。出殯時，皇帝皇后親送至宣陽亭，佇立瞻望靈車遠去。

長沙象鼻嘴長沙王吳著墓，壘黃腸題湊，共用柏木 908 根，四壁均與外槨板呈垂直方向排堆，後牆壁壘砌六層，其餘三壁各為四層，高度為 1.85 米，被砌成一個「凸」字形。

圖 24　長沙王吳著墓　吳凡 攝

　　除用柏木、楠木外，也有用石材替代木材作題湊的，謂之黃腸石。《後漢書‧禮儀志下》載：「方石治黃腸題湊便房如禮。」據《河北定縣北莊漢墓發掘報告》記載，在河北定縣一座東漢諸侯王墓中出土黃腸石 400 多塊，石塊大多為方形，長和寬各為 1 米左右，厚為 0.25 米。其中有 174 塊石面上有銘刻或墨書文字，內容為奉獻石材的縣名、石工的姓氏、籍貫，以及石料的規格等。在磚構墓室的外側，以黃腸石壘成題湊，再在磚室上面平鋪石塊三層。

　　邙山是東漢帝陵的所在地，位於河南洛陽市北，海拔 300 餘米，係秦嶺餘脈，崤山支脈。邙山帝王陵主要有：東周王陵八座、東漢帝陵五座、曹魏帝陵兩座、西晉皇陵五座、北魏皇陵六座、後唐帝陵一座、南明帝陵一座；另有蜀漢後主劉禪、東吳後主孫皓、南陳後主陳叔寶、百濟國王扶余義慈、後蜀後主孟昶、吳越國王錢俶、南唐後主李煜帝陵七座。還有四十餘座東周、東漢、曹魏、唐、後樑、後唐、後晉、北宋等朝代帝王陵分佈在邙山周邊的洛陽盆地內，與邙山帝王陵合計八十餘座，可見密度之大。

　　邙山除了數量巨大的帝王陵外，還葬有許多歷朝歷代的名人，著名的有：商代伊尹、伯夷、叔齊，東周萇弘、蘇秦、張儀，秦相呂不韋，西漢賈誼，赤眉軍樊崇，東漢竺法蘭、攝摩騰、班超、董宣，曹魏曹休，西晉石崇，北魏爾朱榮，唐代杜甫、王之渙、孟郊、狄仁傑、劉幽求、薛懷義、顏真卿，北宋石守信，明代福王、王鐸等。另有白居易、邵雍、二程、文彥博、范仲淹、姚崇、張說、褚遂良等葬在邙山周邊的洛陽盆地。

　　在中華人民共和國成立前，邙山出土的黃腸石甚多。郭玉堂〈洛陽出土石刻時地記〉載：

> 漢黃腸石，刻永建、陽嘉等年號，出土處在洛陽城東北三十里的邙山嶺上的耀店村、後溝村、三十里鋪、象莊村一帶。

　　永建、陽嘉均為東漢順帝劉保的年號，由此可見，這些黃腸石皆出自東漢順帝年間。在今河南博物館、偃師博物館中，就收藏有很多東漢時期墓葬的黃腸石。

第二節　陵旁興邑

陵邑，是指為奉侍帝王陵園所設置的邑地，屬於特殊的行政區域。凡遷徙來陵邑的定居者，謂之「奉山陵」。

陵邑制度肇始于秦始皇陵。秦王嬴政十六年（前231）置麗邑。秦麗邑古城位於秦始皇陵園北，即今新豐劉家寨村。秦麗邑南北長約1000米，東西寬約500米，管轄範圍東至鄭縣，西至芷陽，南至驪山，北至渭河。秦始皇帝三十五年（前212），也就是在置陵邑十九年之後，始皇帝嬴政又遷三萬戶於麗邑。每戶以五人計，總人口為十五萬。晚唐時期，以才穎著稱的吏部郎中曹鄴發思古之幽情，留下了〈始皇陵下作〉詩篇：「千金買魚燈，泉下照狐兔。行人上陵過，卻吊扶蘇墓。累累壙中物，多於養生具。若使山可移，應將秦國去。舜歿雖在前，今猶未封樹。」詩中有褒有貶，有贊有歎，表示雖經過秦始皇陵但不屑一看，反而願意去憑弔剛毅勇武、為人寬仁的公子扶蘇。

西漢時期，陵邑的建置與縣平級。故有「陵縣」之稱。設置陵邑，除了安排陵戶奉守陵園外，主要目的還是為了削弱地方諸侯和豪強的潛在勢力，強化中央集權。《漢書》卷二十八下〈地理志下〉載：

> 漢興，立都長安，徙齊諸田，楚昭、屈、景及諸功臣家于長陵。後世世徙吏二千石、高訾富人及豪桀並兼之家于諸陵，蓋亦以強幹弱支，非獨為奉山園也。

顏師古注：「訾，讀與貲同。高訾，言多財也。」在長安城外及咸陽原上的十一座漢陵中，先後設置了高祖長陵邑、惠帝安陵邑、景帝陽陵邑、武帝茂陵邑、昭帝平陵邑，史稱「五陵邑」。一說興置陵邑九座，即：高祖長陵邑、惠帝安陵邑、文帝霸陵邑、景帝陽陵邑、武帝茂陵邑、昭帝平陵邑、宣帝杜陵邑，以及高祖薄太后的南陵邑和武帝趙婕妤的雲陵邑。至漢元帝渭陵，不再徙民立邑。

長陵邑城址位於今陝西咸陽市韓家灣鎮怡魏村，居高祖陵及呂后陵之南，僅一牆之隔。平面呈長方形，南北長2200米，東西寬1245米，牆厚7–9米不等。長陵邑之內設有官署、市場和里居。據《漢書》卷二十八上〈地理志上〉記載：「長陵，高帝置。戶五萬五十七，口十七萬九千四百六十九。」長陵邑

的人口主要是從齊、楚之地遷徙而來，其中的大族有昭氏、屈氏、景氏、懷氏、田氏五姓。高祖九年（前 198），就有十萬人從關東而來，就其人口密度而言，超越了都城長安。據史書記載，漢武帝曾親往長陵邑內的小市尋找自己異父同母的姐姐。清人白綸〈長陵天朗〉詩云：「高聳長陵逐鹿雄，長陵如在碭山中。明煙不覺趨蹌下，想見當年賦大風。」清代王士禎遊長陵詩云：「日照長陵小市東，依然蹤跡逐飛蓬。未央宮闕悲歌裡，鄠杜鶯花淚眼中。已見銅人辭漢月，空留石馬臥秋風。多情最是咸陽草，暮靄和煙歲歲同。」通過這首吊古抒懷詩，可以想見當年邑中的繁華景象。作者面對長陵飛蓬、秋風石馬，聯想到秦漢諸代的興亡史。

　　朝廷規定，凡遷徙到長陵邑的居民，不僅可以享受到政治上的殊譽，而且在經濟上還能得到中央政府的「與利田宅」。到西漢末年，長陵邑人口「十不存一」，至東漢光和年間（178–183），「領戶不盈四千」。進入三國時代，這座曾經萬般榮耀、盛極一時的城邑遭到徹底的廢棄。

　　安陵邑，位於安陵之北五里處，是咸陽原上西漢帝陵設置的第二個陵邑，位於陵墓之北約 900 米處。安陵邑為一偏向西北 12°的「T」字型，即由北大南小兩個長方形城池南北相連構成。陵邑城址平面略呈「凸」字形，四面築牆，東西長 1548 米，南北寬 445 米，牆厚 9 米，夯層厚 5–8 釐米。在東、北牆中央闢有城門，南門即位陵園的北門。居民多從楚國遷來。大族主要有爰氏、班氏、籍氏、閌氏等。其中，籍孺、閌孺曾為高祖劉邦和惠帝劉盈的佞臣，「與上臥起，公卿皆因關說。」以至於他們的服飾都為朝官效仿。《長安志》卷十三〈關中記〉載：「徙關東倡優樂人五千戶以為陵邑。善為啁戲。故俗稱女啁陵也。」就是說，在安陵邑中，有五千戶人家是藝人。

　　陽陵邑位於陽陵之東二里處。《史記》卷十一〈孝景本紀〉載：景帝前元五年（前 152）夏，「募徙陽陵，予錢二十萬」。徙民主要來自關東，大戶人家主要有田氏、爰氏、周氏、張氏、酈氏、奚氏、秘氏及單父氏等。陽陵邑東西長 4500 米，南北寬 1000–3000 米。考古探明：陽陵邑東西向有主街道十一條，寬度在 9–50 米之間；南北向街道三十一條，形成了百餘個棋盤式的里坊。城裡有密集的漢代建築遺址、官署區、民居區和制陶作坊區，有鑄造錢幣的遺址和兒童墓地等。景帝和武帝時期，時有達官顯貴徙居陽陵邑。現已出土秦漢時期

的封泥 700 餘件，出土各類文物逾 5000 件。

茂陵邑位於茂陵陵園東北二里處，即今陝西興平市南位鎮道常村東窰匠溝之西。遺址東西長 1500 米，南北寬 700 米。文獻記載茂陵故城「周長三里」，這麼小，推測絕非西漢當時的茂陵城。茂陵建成後，武帝劉徹曾於建元二年（前139）、元朔二年（前 127）、太始元年（前 96）先後三次徙民於此。第一次為了動員吏民遷徙，每家賜錢二十萬，賜田兩頃。在這些徙民中，一類是從巨鹿、邯鄲兩地來的官吏，品級為「吏二千石」；另一類是當地的土豪。在當時，居茂陵邑的首要條件是必須有足夠量的家資。如元朔二年（前 127），民間游傑郭解請求遷徙茂陵邑，終因家資不足，欲徙不能，欲罷不忍，後來得到諸公的饋贈，才如願以償。

《漢書》卷二十八〈地理志上〉載：「茂陵，武帝置。戶六萬一千八十七，口二十七萬七千二百七十七。」比當時首都長安城的人口還超出三萬多。

相傳，茂陵邑中有「為天下高訾」的摯氏，有「資產巨億」的馬氏，有家童多達千人的袁氏等。在陵邑中，也有以種種奇特手段發家致富的，如焦氏、賈氏。他們眼界寬闊，頭腦靈活，曾投資千萬之巨，採買囤積營建陵墓所需的木炭和葦草，以牟取暴利。適逢漢昭帝暴亡，急需營造陵寢之物，焦、賈二人便趁機大發橫財。

圖 25　漢武帝畫像
採自明人王圻《三才圖會》

因茂陵邑具有比較特殊的地位，故而導致陵邑內豪強們在政治上不知不覺地擁有了絕對的強勢。如，大司農田延年為籌措建陵經費上書：「商賈或豫收方上不詳器物，冀其疾用，欲以求利，非民臣所當為。請沒入縣官。」被觸怒的列強土豪們便「出錢求延年罪」。田延年在修建昭帝墓壙時，租賃民間車輛，貪污三千萬錢的事也被焦、賈兩家揭發。儘管田延年有擁戴之功，儘管有大將軍霍光、太僕杜延年及御史大夫田廣明等朝臣向宣帝求情，然均無濟於事，最終，宣帝賜田延年自刎，才算平息了這場政治風波。

在茂陵邑，遷徙而來的袁廣漢可謂富商大賈。《西京雜記》卷三〈袁廣漢

園林之侈〉載：茂林富人袁廣漢，藏鏹巨萬，家僮八九百人。於北邙山下築園，東西四里，南北五里，激流水注其內。構石為山，高十餘丈，連延數里。養白鸚鵡、紫鴛鴦、氂牛、青兕，奇獸怪禽，委積其間。積沙為洲嶼，激水為波潮，其中致江鷗海鷗，孕雛產鷇，延漫林池。奇樹異草，靡不具植。屋皆徘徊連屬，重閣修廊，行之，移晷不能徧也。廣漢後有罪誅，沒入為官園，鳥獸草木，皆移植上林苑中。此條詳細記述了我國第一個私家園林的建置佈局狀況。鏹，本為穿錢的繩子，引申為成串的銅錢。貨殖私庭，藏錢數萬。袁廣漢後以罪被誅，武帝將其所造園林沒收充公，凡園中鳥獸草木，皆移于漢武帝所建上林苑中。

　　董仲舒（前 179– 前 104），西漢著名思想家、經學家，年老歸居茂陵邑，每遇軍國重大之事，武帝劉徹都會派遣廷尉張湯或其他官員專程赴茂陵邑董府徵求他的意見。董仲舒死後，葬于京師長安西郊下馬陵。有一次，武帝經過董的墓地，還特地下馬致哀。

　　平陵邑位於漢昭帝平陵之東，東西約 1500 米，南北約 2000 米，其範圍東至今北上照村，西至平陵，南至渭惠渠，北至龐村一帶。「王氏一門」銅鼎就出土于龐村一帶。《史記》卷八十五〈呂不韋傳〉載，「武、昭、宣三陵皆三萬戶。」以每戶五人計算，則每陵人口約十五萬。

　　當時的平陵邑屬於全國重要城市之一。在政治、文化和經濟等方面佔有主導的地位。西漢晚期，在宣帝劉詢、元帝劉奭、成帝劉驁、哀帝劉欣及平帝劉衎當政的七十八年間，共有丞相二十一位，其中魏相（宣帝朝）、王嘉（哀帝朝）、平當（哀帝朝）、平晏（平當之子，平帝朝）皆出自平陵邑。平陵邑學者雲集，文化氣氛濃郁，朱雲、韋賢、張山拊、鄭寬中、士孫張、吳章、塗惲等著名士人皆家居平陵邑。東漢時期，如魯恭、魯丕、竇武、蘇竟、何敞等大儒也都出自平陵邑。在經濟方面，平陵邑的石氏、羅哀均在長安或巴蜀經營大宗生意，年獲利千餘萬。尤其是如氏、苴氏，家資雄厚，被譽為天下高訾。

　　曹魏黃初元年（220），改平陵邑為始平縣，西晉泰始二年（266），設始

平郡，領始平、槐里、戶縣、武功四縣。前秦苻堅當政時，劃始平縣歸茂陵縣，平陵城逐漸被廢棄。

第三節　因山為陵

　　因山為陵，又稱鑿石為塚，是指在山崖上開鑿出墓穴。起源于漢武帝霸陵。位於河北滿城陵山的中山靖王劉勝及其妻竇綰墓葬仿照其祖父霸陵治崖墓，是我國目前保存最完整、規模最大的「因山為陵」墓葬。墓道及墓室鑿山而成，呈弧形。在平面佈局上，兩墓大同小異，分為墓道、甬道、南耳室、北耳室、中室和後室六個部分。墓室中分別修建了木結構瓦房和石板房，形成了一座功能齊備的豪華山中宮殿。

　　在陝西關中唐十八座帝王陵墓中，除高祖李淵獻陵、敬宗李湛莊陵、武宗李炎端陵及懿宗李漼靖陵外，其餘十四座帝陵皆因山為陵。

　　唐太宗昭陵位於陝西禮泉縣城東北的九嵕山主峰。九嵕山地處渭河之北，涇河之南，海拔 1200 多米，九梁拱舉，一峰獨秀，奇石參差，蒼鷹翱翔。南與太白、終南諸峰遙相對峙，東連仲山，西接武將山，東西兩側山巒起伏，溝壑縱橫，嵐浮翠湧，愈加襯托出主峰的高聳回絕。從南向北望去，山體兩側岩層伸展，呈簸箕形狀，山峰呈圓錐形，大有「刺破青天」之勢。從東南向西北望去，卻成三峰聚會，活似一個筆架。相傳此山為大禹治水時所用筆的支架。再從西南向東北望去，山峰又呈覆斗狀，很像日本的富士山。加上渭水縈帶其前，涇水環繞其後，愈加顯示出山勢的雄偉壯觀。據《唐會要》卷二十〈陵議〉載，貞觀十八年（644），太宗李世民對侍臣說：

> 昔漢家皆先造山陵，既達始終，身複親見，又省子孫經營，不煩費人工，我深以此為是。古者因山為墳，此誠便事，我看九嵕山孤聳回繞，因而傍鑿，可置山陵處，朕實有終焉之理。

　　據說，漢武帝生前也看中了九嵕山這塊風水寶地，但遭到了太中大夫東方朔的強烈反對。東方朔對武帝說，卜選陵址主要看三個方面：一是龍，即地脈之行止；二是砂，即山與周圍環境的朝迎關係；三是水，即看水流形態與山形

的關係。九嵕山中峰高，兩邊低，中峰乃帝峰，三峰高低不等，主前、後帝王弱勢。另外，九嵕山后有涇水，此水割斷了九嵕山的龍脈，大的方面，會引發江山易手，小的方面，會導致國運不興。武帝聽後，只好作罷。

貞觀十年（636）六月二十一日，年僅三十六歲的文德皇后長孫氏薨于長安太極宮立政殿。唐太宗遵長孫氏「請因山而葬」遺願，命人在九嵕山南腰開鑿石室，是年十一月初四，安厝長孫皇后于昭陵石室。

昭陵從埏道到地宮 75 丈，約合 230 米，前後安門五道，象徵金、木、水、火、土。地宮佈局猶如大明宮，中間為寢室，設置如紫宸殿。東廂為承歡殿、長安殿、大福殿、拾翠殿、三清殿及承香殿等；西廂為太和殿、清思殿、洛堂殿、珠鏡殿及宣徽殿等。開挖大池於紫宸殿后，象徵大明宮太液池。大池四周有珊瑚樹、翡翠山、黃金橋及白玉船等，池中散有白銀魚。各殿設排石桌、石椅、石人，內置黃金蜜橘，白玉蘋果，翡翠桃李、珍珠葡萄等，真可謂富麗堂皇。

圖 27　九嵕山南麓安厝長孫皇后的石室　党明放 攝

據相關資料記載，昭陵墓道共用石頭三千塊，每塊重達兩噸，且石與石之間相互鉚扣，使其固為一體。清人周垣曾作〈望九嵕昭陵〉，其中描述道：「石色寒雲人跡遠，松陰斜日鳥飛還。明良相象君臣際，陵谷依然天地間。」

在唐十四座因山為陵的帝陵中，因地理環境，以及山形地貌的迴異，高大

的陵體則產生出不同的視覺衝擊，大自然的鬼斧神工所造就的山陵奇特地貌，在人們腦海裡產生諸多浮想：

當你站在昭陵東北角向南眺望，九嵕山酷似一隻體型碩大的臥虎，虎頭朝向東南，貼於地面，虎的眼睛和鼻翼輪廓清晰，栩栩如生，前腿平伸于東北方向，後腿微屈，虎臀高高隆起，給人以一種雄健有力的感覺，尾巴平迤於西北方向，又給人一種悠悠然而自得的美妙感覺。

而當你站在咸陽原上向梁山眺望，乾陵宛如一位出浴的美人，靜靜地仰臥在茫茫蒼穹之下：梁山主峰是其頭顱，主峰之北的碧綠松林是其飄逸的秀髮，司馬道是其玉頸，陵寢之天然門戶——東西對峙的山峰，似其渾圓挺秀的雙乳，微凸的腹部和自然舒展的雙腿則於朦朧之中伸向廣袤無垠的八百里秦川，彌漫在陵區的淡淡山嵐則給這座古陵增添了曠遠神秘的色彩。

圖 28　唐乾陵遠眺　吳家林 攝

中宗李顯葬于陝西富平縣境內鳳凰山定陵。鳳凰山是由三個東西排列的墨玉色石灰岩山峰組成。在山峰之北，圍繞著一道半圓形的山梁，東西兩端各連一峰，中峰從山梁正中伸出，恰似鳳凰頭，左右兩峰東西對峙，猶如鳳凰展開的兩翼，從南往北遠眺，整個山形猶如一隻美麗的鳳凰，在浩瀚無垠的原野上展翅翱翔。

肅宗李亨建陵，位於陝西禮泉縣武將山南麓，周圍溝壑縱橫，北襯群山起伏疊嶂，形勢壯闊，南望沃野廣袤，漫無邊際。東與九嵕山之昭陵遙相對峙，西與梁山之乾陵隔川相望，面臨泔河，居高臨下，氣勢壯觀。主峰海拔 981 米，挺直陡立，酷似豎起的佛指。

德宗李適崇陵位於陝西涇陽縣嵯峨山南麓，地勢高亢，氣勢雄偉，主峰海

拔 955 米，山有五峰，形似筆架。

圖 29　唐德宗崇陵　党明放 攝

　　順宗李誦豐陵位於陝西富平縣金甕山南麓，向北遠眺，山形酷似臥虎，頭西尾東，主峰恰似虎頭，左腿前伸，右腿及後腿微曲，形象逼真，造型自然。

第四節　同塋異穴

　　同塋異穴，是漢代墓葬形制之一。將一對夫妻分別葬在同一個墓園內兩個相互緊靠的墓穴中。同塋異穴起源于戰國王陵，西漢時期的帝陵繼承了這一葬制。〈關中記〉載：「高祖陵在西，呂后陵在東。漢帝、后同塋，則為合葬，不合陵也。諸陵皆如此。」根據對西漢帝陵的調查和發掘情況，西漢帝后合葬皆為同塋異穴。

　　西漢自文帝開始，皇帝和皇后陵園分開建造，人各一座。按照當時的禮制，皇帝陵在西，稱西園，皇后陵在東，稱東園。葬制之所以如此佈局，是依據王充《論衡‧四諱篇》所云：「夫西方，長老之地，尊者之位也，尊長在西，卑幼在東。」一般情況下，皇帝陵陵園邊長在 400 米以上，450 米以下，陵園牆高約為 10 米。皇后陵陵園邊長在 330 米之內。

在陵園外，有勳戚陪葬墓。陵旁設陵邑。在漢代，皇帝一般居未央宮，皇后居長樂宮，未央宮在西，長樂宮在東，兩宮均位於長安城南部，帝王陵園酷似皇城裡的未央宮，皇后陵園酷似皇城裡的長樂宮。但也有例外，如惠帝安陵、武帝茂陵及元帝渭陵，皇后陵均在皇帝陵之西。

北宋時期，由於后妃政治地位的不斷提高，除宋宣宗永安陵是夫妻合葬外，其他帝王陵園內皇后單獨起陵，但在規制上，則遠遠遜于皇帝陵，舊有「帝陵百畝，後陵四十」的說法。

第五節　陵旁置寺

永固陵是北魏文成帝文明皇后馮氏的陵墓，位於山西大同市鎮川鄉西寺兒梁山南部。永固陵採取墓、寺結合的佈局，頗具佛教色彩。馮太后一生篤信佛教，此設計可能出於馮太后本人意願。寺院平面呈方形，四周廣植松柏。永固陵開創了陵、寺相結合的陵寢制度。

而專門為皇陵建置寺院，則始于東漢明帝劉莊。據北魏楊衒之《洛陽伽藍記》記載：「明帝崩，起祇洹於陵上。自此以後，百姓塚上，或作浮圖焉。」浮圖，亦作浮屠，梵文 Buddha 的音譯，是對佛或佛教徒的稱呼，又稱佛教建築，後專指高塔。

光業寺，位於河北隆堯縣魏莊鄉，為唐祖陵附屬建築物，興建于唐高宗總章（668–669）年間。寺內原建有寶塔、珠台、前湖、仙館、佛星宮宇、靈帝觀樓、銀函藏經樓以及塑像和壁畫等。後屢興屢廢，寺院遺址今成耕田。唯有開元十三年（725）所刻〈大唐帝陵光業寺大佛堂之碑〉現存於隆堯縣碑刻館。據碑文記載：「光業寺者，蓋開元八代祖宣皇帝、七代祖光皇帝陵園之福田也。」福田，佛教用語，謂可生福德之田。猶如農夫耕田，便有收穫，則稱佛、僧、父母、悲苦者為福田。

瑤台寺，《釋氏稽古略》引《辨證錄》載：唐貞觀五年（631），李世民在陝西武功縣城南慶善宮為其母穆太后建造慈德寺外，又在陝西禮泉縣九嵕山西南九公里處為長孫皇后建造了瑤台寺，並敕令玄琬法師在德業寺為皇后寫佛藏經。某年，昭陵下宮失火，焚毀嚴重。貞元十四年（798），德宗遂將昭陵下

宮遷至瑤台寺旁。根據宋人李好文《長安志圖》中對〈唐昭陵圖〉的標示，在昭陵周邊，除皇家陵寺——瑤台寺外，還分佈有百城寺、舍衛寺、升平寺、香積寺、菩提寺、惠昭寺、安樂寺、知勝寺、寶國寺、證聖寺、澄心寺等多座寺院，但不知其中還有哪些屬於昭陵陵寺？

　　北宋時期，帝王陵寢區域內都設有皇家寺院，作為帝王陵寢建築的有機組成部分。寺院大多位於陵區的西北部。宋人李攸《宋朝事實》卷一載：

> 永安陵、永昌陵、永熙陵，以上係永昌禪院；永定陵係永定禪院；永昭陵、永厚陵，以上係昭孝禪院；永裕陵、永泰陵，以上係寧神禪院。

　　永昌禪院是專為宋宣祖趙弘殷、宋太宗趙匡胤、宋太宗趙光義「誦經薦福」之所，故又稱三陵永昌院。建置年代在宋太祖太平興國元年（976）之後。永定禪院位於河南鞏義市芝田鎮後泉溝村西，始建于乾興元年（1022）四月，當地人稱丁香寺。距永定陵上宮約1000米。現地面殘存四件幡杆夾石，兩兩成組，通體光滑。昭孝禪院位於今河南鞏義市康店鎮寺溝村，始建于宋神宗熙寧初年，東南距英宗永厚陵3000米。徽宗政和年間改名壽聖寺，復改昭孝禪院。後遭兵災，明初遷移至山麓。寧神寺院位於河南鞏義市芝田鎮八陵村西，始建于宋哲宗元祐初年，東南距永裕陵上宮約1300米，南距永泰陵上宮約850米。自徽宗崇寧元年（1102）以後，又追奉宋哲宗永泰陵，為永裕、永泰二陵的「薦福之所」。寺院二僧，贈紫衣予一僧。

第六節　前朝後寢

　　明朝朱元璋在南京紫金山南麓獨龍阜玩珠峰下為自己建造孝陵時，既繼承了唐宋及唐宋之前帝陵「依山為陵」、「封土為陵」的陵寢制度，又改「方墳」為「圜丘」。圜丘，古時祭天的壇。《周禮》云：「冬至日，於地上之圜丘奏之。」《爾雅》：「土之高者曰丘，取自然之丘圜者，象天圜。」並按照皇宮「前方後圓」的格局建築，所謂前方，指方形院落，後圓，指圓形寶城。陵園平面佈局由前朝的方形改為長方形，從而開創了「前朝後寢」的三進院落制陵寢建築格局。

　　明孝陵，沿中軸線縱向排列的寶頂、明樓及享殿作為一種新的陵寢佈局形式出現了。其次，取消寢宮建築，擴大祭殿建築設施，廢除宮人侍奉墓主靈魂起居飲食的舊制。

圖 30　明太祖孝陵　党明放 攝

　　明孝陵方城用巨型條石砌成，東西長 75.26 米，南北寬 30.94 米，前高 16.25 米，後高 8.13 米，底部為須彌座。正中為一拱門，中通圓拱形隧道。由五十四級臺階而上出隧道。明樓位於方城之上，為重簷歇山頂，上覆黃色琉璃瓦，東西長 39.45 米，南北寬 18.47 米，南面開三個拱門，其餘三面各開一個拱門。每扇門上的門釘為九行，每行九顆，以彰顯九五之尊。寶頂近似圓形大土丘，直徑約 400 米，亦稱寶城，是帝后寢宮所在地。周圍砌有磚牆。寶城厚實堅固，依山勢起伏，下砌巨石，上用明磚壘築，厚約 1 米。

　　「前方後圓」的陵寢規制所突出的就是皇權政治，所體現的就是封建禮制。此規制一直規範著明清兩代五百餘年二十多座帝陵的建築格局。

第五章　陵墓建築

帝陵建築，是中國古代建築的重要組成部分。古人普遍重視喪葬禮儀。因此，任何時代的統治階級都會對陵墓、陵寢、陵園進行精心構建，並在漫長的歷史進程中，產生了舉世罕見的帝后墓群，且在歷史演變過程中，陵墓建築逐漸與書法、繪畫、雕刻等諸多藝術融合，成為反映多種藝術成就的綜合體。

第一節　兩漢時期

西漢時期的墓葬流行壁畫，一般會在墓門內的門額和主室中的立柱、梁額、隔牆、後壁及頂部繪製。

畫像石墓出現在西漢晚期，分佈在全國各地。一般分為全石建築及磚石混合建築兩種。無論是哪種建築，都會在墓室設置一條中軸線，並在此線上分佈前、中、後三室。墓室的門楣、門檻、立柱、過梁等部位都雕刻畫像，有浮雕，有線雕；形制上有「回」字形，有「品」字形，還有「卜」字形。

畫像磚是建築墓室時選用的一種一邊印有花紋的長方形或方形的小磚，花紋面朝向墓內。畫像磚所表現的體裁和內容非常廣泛，有勞作場面，有生活場景，有燕樂，有觀伎，有出行，還有歌舞百戲及神話故事，等等。1954 年，在山東臨沂縣北寨村發掘了一座東漢晚期漢畫像石墓，墓室全部使用石材砌成，

長8.7米，寬7.55米，有三個主室、四個耳室和一個東後側室，占地88.2平方米。而畫像總面積達442平方米，主要分佈在墓門和前、中、後三室。戰爭圖畫在墓門的門額上，是兩軍於橋上對陣的場面。在前室和中室的橫額上，畫有祭祀弔唁場面。在中室四壁，刻有「完璧歸趙」、「荊軻刺秦」等十八幅歷史故事。後室主要刻畫家居生活場面。另外，在墓室各處還有大量的東王公、西王母等神話傳說及仙禽神獸畫像。

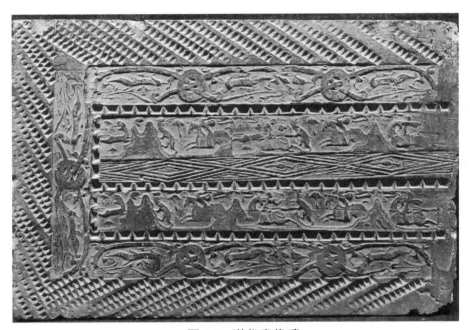

圖 31　漢代畫像磚

　　1996年，在陝西神木縣大保當鎮發掘了二十六座東漢墓，在其中的十三座墓內發現畫像石逾六十塊。在絕大多數畫像石上都塗有桃紅、朱紅及白、紫、褐三色，墨線勾繪，煥然一新。

第二節　魏晉南北朝時期

　　魏晉南北朝時期，由於戰亂迭起，政局分裂，社會秩序紊亂，盜墓之風甚囂塵上。西漢劉向〈諫成帝營陵寢疏〉云：「其葬愈厚，丘隴彌高，宮廟甚麗，發掘必速。」所以，埋金藏玉之厚葬帝陵便成為盜墓者頻頻光顧的首選對象，往往遭遇「珠柙離玉體，珍寶見剽虜」的後果。為了避免遭此厄運，魏太祖曹

操遺令：「殮以時服，葬於鄴之西岡，與
西門豹祠相近。無藏金玉珍寶。」《輿地
紀勝》稱：「曹操歿後，恐人發其塚，乃
設疑塚七十二。」黃初元年（220），葬
曹操于高陵（今河北省臨漳縣、磁縣一
帶），不起墳丘，不建寢殿。為亂人耳
目，傳其置七十二疑塚。唐雲明等〈磁縣
講武城七十二疑塚調查〉記載：「據縣誌
記載，為三國時曹操置之，民國以來經人
盜掘，方知這些土塚大部分為北齊、北魏
王公要人之墓。但這些記載是否與事實相
符，目前尚難知道，只有待以後的發掘來
證實。」在調查中，發現有一墓塚前有石
碑，推知乃北齊忠武王高肅墓。由此可以

圖 32　魏太祖曹操畫像

看出，曹操疑塚實際上是北朝的古墓群，確切數字是一百三十四座。

　　在四川成都武侯祠劉備寢殿，原懸掛有清人完顏崇實所撰楹聯，頗耐人尋
味。聯云：「一抔土尚巍然，問他銅雀荒台，何處尋漳河疑塚；三足鼎今安在？
剩此石麟古道，令人想漢代官儀。」上聯的大意是說，劉備的墳墓至今尚在，
而在漳河邊上的銅雀台旁，怎麼能找到曹操的假墓呢？

　　魏文帝曹丕鑒於漢氏諸陵被盜掘之慘狀，竭力廢除秦漢以來的陵寢制度。
《三國志》卷二〈魏書‧文帝紀〉記載，黃初三年（222），曹丕選都城洛陽的
首陽山東麓為其陵寢之所，以「古不墓祭，皆設於廟」為由，下詔毀去先帝高
陵上的所有殿屋，使「車馬還廄，衣服藏府」，並留下終制：「自古及今，未
有不亡之國，亦無不掘之墓也。喪亂以來，漢氏諸陵無不發掘，乃至燒取玉匣
金縷，骸骨並盡，是焚如之刑，豈不重痛哉！禍由乎厚葬封樹。『桑、霍為我
戒』，不亦明乎？其皇后及貴人以下，不隨王之國者，有終沒皆葬澗西，前又
以表其處矣。蓋舜葬蒼梧，二妃不從，延陵葬子，遠在嬴、博，魂而有靈，無
不亡也，一澗之閑，不足為遠。若違今詔，妄有所變改造施，吾為戮屍地下，
戮而重戮，死而重死。臣子為蔑死君父，不忠不孝，使死者有知，將不福汝。
其以此詔藏之宗廟，副在尚書、秘書、三府。」遺令「壽陵因山為體，無為封樹，

無立寢殿，造園邑，通神道。夫葬也者，藏也，欲人之不得見也。骨無痛癢之知，塚非棲神之宅，禮不墓祭，欲存亡之不黷也，為棺槨足以朽骨，衣衾足以朽肉而已。故吾營此丘墟不食之地，欲使易代之後不知其處」。

黃初七年（226），曹丕四十而駕崩，《三國志》卷二〈魏書·文帝紀〉記載：「葬首陽山，自殯及葬，皆以終制從事。」魏明帝曹叡，生前雖崇尚奢華，但在喪事上卻提倡薄葬，以至於「未遽營陵之制也」。由於曹氏父子的薄葬言行，竟然達到了上行下效的積極作用。曹操第三子陳思王曹植、第十一子中山恭王曹袞皆遵遺令，依父兄終制。又據《三國志》卷五《魏書·后妃傳》記載，文帝皇后郭氏的外甥孟武欲厚葬其母，郭皇后知道後連忙制止說：「自喪亂以來，墳墓無不發掘，皆由厚葬也；首陽陵可以為法。」

西晉是中國歷史上繼三國之後的統一王朝，歷四帝五十二年。是魏晉南北朝長期分裂時期中的短暫統一。兩晉帝陵承襲曹魏之風，因山為陵，喪埋從簡。《晉書》卷一〈宣帝紀〉載，嘉平三年（251），晉宣帝司馬懿駕崩，生前預作終制：「于首陽山為土葬，不墳不樹，作〈顧命〉篇，斂以時服，不設明器。後終者不得合葬。」晉景帝司馬師駕崩，其「喪事制度，又依宣帝故事」。晉文帝司馬昭的皇后王氏及晉武帝皇后楊氏薨，皆承前制，實行薄葬。又據《晉書》卷四〈惠帝紀〉記載，永平元年（291），惠帝司馬衷廢除東漢時期所創立之上陵禮，詔令：「子弟及郡官並不得謁陵。」也算是在帝王陵寢制度上的一次改革。

將帥之才奸雄之志
得政專權見利忘義

司馬懿

圖 33　晉宣帝司馬懿畫像

東晉是由西晉皇族司馬睿南遷後建立起來的王朝。屬於門閥士族政治，與北方的五胡十六國並存，曆十一帝一百零四年。太寧三年（325）八月，明帝司馬紹遺命：「不幸之日，斂以時服，一遵先度，務從簡約，勞眾崇飾，皆勿為也。」

咸康七年（341）三月，年僅二十一歲的恭皇后杜氏病薨，埋葬後，成帝司馬衍詔令：「今山陵之事，一從節儉，陵中唯潔掃而已，不得施塗車芻靈。」

　　元熙二年（420），在位僅一年半的恭帝司馬德文遭到臣子劉裕的逼迫禪位，被廢為零陵王，遷秣陽（今湖北荊門縣），正朔、車駕、衣服等俱依晉例，劉裕派遣冠軍將軍劉遵考帶兵監管，翌年被殺。選墓坑于富貴山（今江蘇南京巿玄武區）南麓峽谷之中，曰沖平陵，埋葬後，填土使之與兩旁山梁齊平。太妃卒，合葬於陵，備物一如晉典。據《建康實錄》記載，東晉諸帝除穆帝永平陵外，墓葬多不起墳。永平陵高一丈六尺，也僅有西漢諸陵的八分之一。

　　東晉之後，在當時的十六國中，以石勒為始主的後趙國力最為強盛。石勒（274–333），字世龍，上党郡武鄉縣（今山西省榆社縣）人，羯族部落首領石周曷朱之子，年六十駕崩，在位十五年，是中國歷史上唯一的一位奴隸皇帝。以匈奴、鮮卑、羯、羌、氏為主的少數民族君主入居中原後，其墓葬方式多採用「潛埋」。《晉書》卷一百零四〈石勒載記上〉載，建興元年（313），後趙明帝石勒生母王氏去世，石勒將母「潛窆山谷，莫詳其所。既而備九命之禮，虛葬于襄國城南」。石勒臨終前曾遺言，「三日而葬，內外百僚既葬除服……斂以時服，載以常車，無藏金寶，無內器玩……」《晉書》卷一百零五〈石勒載記下〉載，後趙建平四年（333），石勒駕崩後，「夜瘞山谷，莫知其所，備文物虛葬，號高平陵，偽諡明皇帝，廟號高祖。」《太平寰宇記》引《郡國志》云：「勒屍別在渠山葬之。夜為十餘棺分道出埋，以惑百姓。」石虎死後，同樣是潛埋虛葬，「自別于深山」埋之。由此可見，潛埋虛葬是石趙諸王及王室喪制的成規。《十六國春秋‧南燕錄》載，太上元年（405），南燕獻武帝慕容德駕崩，「為十餘棺，夜分出四門，潛瘞山谷，莫知其屍所在，虛葬于東陽陵。」

第三節　唐宋時期

　　在唐朝，帝王陵寢的營建是全國政治生活中的一件大事。與其他朝代一樣，除朝廷置有專門的建設機構外，一般情況下，繼位皇帝首先會在繼位之初，詔命朝廷品秩較高的大臣全面負責陵寢建設工程的進展，謂之山陵使。據文獻記載，部分負責唐陵建設的朝臣如下：

唐高祖李淵獻陵位於陝西三原縣徐木鄉永和村東北徐木原。唐稱萬壽原。堆土成陵。《舊唐書》卷一〈高祖本紀〉載，貞觀九年（635）五月，李淵下詔：「既殯之後，皇帝宜於別所視軍國大事。其服輕重，悉從漢制，以日易月。陵園制度，務從儉約。」是年是月初六，李淵駕崩于長安城太安宮垂拱前殿，太宗李世民以司空高士廉在萬壽原營山陵，司空房玄齡護山陵。是年十月二十七日，葬高祖于獻陵。一百六十四年後，即貞元十四年（798），德宗遣左諫議大夫、同平章事崔損充修奉八陵使，給獻陵造屋三百七十八間。

唐太宗李世民昭陵位於陝西禮泉縣九嵕山。為李世民生前所選陵寢。九嵕山主峰海拔 1224.9 米，高聳挺拔，氣勢雄偉，兩側溝壑縱橫，貞觀十一年（637）二月，頒〈九嵕山卜陵詔〉，太宗李世民以太尉長孫無忌為山陵使、中書令崔敦禮為山陵鹵簿、司空閻立德共同營護山陵，開始了大規模的營建工程。貞觀二十三年（649）五月二十六日，唐太宗駕崩于終南山翠微宮含風殿，八月十八日，葬太宗於昭陵。一百五十年後，即貞元十四年（798），德宗遣左諫議大夫、同平章事崔損充修奉八陵使，給昭陵造屋三百七十八間。

唐高宗李治乾陵位於雍州好畤縣（今陝西乾縣）梁山。梁山海拔 1047.5 米，東有豹谷，西有漠谷。南接平壤，北連丘陵，孤峰特起，俊秀挺拔。時高宗車駕洛陽，病危時說：「蒼生雖喜，我命危篤。天地神祇若延吾一兩月命，得還長安，死亦無恨。」弘道元年（683）十二月二十七日晚，高宗李治駕崩於東都洛陽真觀殿，《舊唐書》卷五〈高宗本紀〉載：宣遺詔：「七日而殯，皇太子即位于柩前。園陵制度，務以節儉。軍國事有不決者，取天后處分。」太子李顯于柩前即位，是為中宗。執政兩月餘，被太后廢為廬陵王。又扶豫王李旦即位，是為睿宗。太后臨朝稱制，乙太常博士韋叔夏、太常博士裴守貞及中書舍人賈太隱為山陵禮儀使，高宗叔父司徒霍王定州刺史李元軌及侍中劉齊賢知山陵，攝司空、吏部尚書攝司空韋待價及將作大匠韋泰真共同護營山陵。文明元年（684）五月十五日，睿宗李旦護送高宗靈駕西返長安，八月十一日，葬高宗於乾陵。一百一十四年後，即貞元十四年（798），德宗遣左諫議大夫、同平章事崔損充修奉八陵使，給乾陵造屋三百七十八間。

唐睿宗李旦橋陵位於京兆同州蒲城縣（今陝西蒲城縣坡頭鎮安王村）豐山。豐山又稱金幟山，海拔 751 米。山勢聳峻，飛峰險勢，挺拔中多見峻秀。開元

四年（716）六月二十日（一說十九日），睿宗駕崩于長安大明宮百福殿。玄宗以將作少監李商隱監營、御史大夫李傑護作。同年十月二十八日，葬睿宗於橋陵。八十二年後，即貞元十四年（798），德宗遣左諫議大夫、同平章事崔損充修奉八陵使，給橋陵造屋一百四十間。

唐玄宗泰陵位於京兆同州奉先縣（今陝西蒲城縣）東北十五公里處的金粟山。金粟山海拔 852 米，因有碎石若金粟然。開元十七年（729）十一月初十，玄宗親拜五陵。《舊唐書》卷九〈玄宗本紀下〉載，玄宗至橋陵，「見金粟山崗有龍盤鳳翥之勢，復近先塋，謂侍臣曰：吾千秋後宜葬此地，得奉先陵，不忘孝敬矣。」寶應元年（762）四月初五，太上皇李隆基駕崩于長安城太極宮神龍殿，皇孫代宗李豫以京兆尹兼御史大夫嚴武為橋道使營建泰陵，廣德元年（763）三月十八日，葬玄宗於泰陵。三十五年後，即貞元十四年（798），德宗遣左諫議大夫、同平章事崔損充修奉八陵使，給泰陵造屋三百七十八間。而《舊唐書》卷一百三十六〈崔損傳〉記為五百七十間。

唐肅宗建陵位於京兆醴泉縣（今陝西禮泉縣建陵鎮石馬嶺村）武將山。武將山海拔 981 米，主峰像豎起的佛指，南望沃野廣袤，北襯群山起伏疊嶂，東與九嵕山昭陵遙相對峙，西與梁山乾陵隔川相望，居高臨下，氣勢壯觀。寶應元年（762）四月十八日，肅宗駕崩於長安大明宮長生殿，與玄宗駕崩相隔十三天。代宗李豫以中書侍郎兼御史大夫裴冕為山陵使、以京兆尹兼御史大夫嚴武為橋道使。寶應二年（763）三月二十七日，葬肅宗於建陵。

唐代宗李豫元陵位於京兆富平縣（今陝西富平縣莊里鎮陵裡村）檀山。檀山海拔 851 米。東北距唐文宗章陵三公里，西南距唐中宗定陵五公里。大曆十四年（779）五月二十日，代宗病危，急詔太子李適監國，急命邠寧節度使（駐邠州）郭子儀入京攝政。當晚駕崩于長安紫宸內殿，太子李適於樞前即位，是為德宗。德宗以司徒兼中書令、靈州大都督、汾陽郡王郭子儀為攝塚宰，充山陵使。是年十月十三日，葬代宗於元陵。十九年後，即貞元十四年（798），德宗遣左諫議大夫同平章事崔損充修奉八陵使，給元陵造屋三十間。

唐德宗李適崇陵位於京兆雲陽縣（今陝西涇陽縣將路鄉蒙家溝）嵯峨山。嵯峨山，古稱荊山，又名慈山，主峰海拔 955 米。地勢高亢，氣勢宏偉，為關中名山之一。山有五峰，形似筆架，故名筆架山。主峰海拔 955 米，登上峰巔，

涇、渭、黃諸河盡收眼底。貞元二十一年（805）正月二十三日，德宗駕崩于長安大明宮會寧殿。二十六日，太子李誦帶病於太極殿即位，是為順宗。順宗以司空杜佑為山陵使、工部尚書李涵為山陵副使、門下侍郎杜黃裳為禮儀使、李庸為禮儀副使、李扞為按行山陵地副使、鄭雲達為鹵簿使共同護營山陵。八月初四，順宗在宦官俱文珍等逼迫下退位，在位不足七個月。八月初九，宦官擁立李純于長安大明宮宣政殿即位，是為憲宗，改元元和。是年十月十四日，憲宗葬德宗於崇陵。

　　唐順宗李誦豐陵位於京兆富平縣（今陝西富平縣曹村鎮陵前村）金甕山。金甕山海拔851米，山勢雄偉，恰似臥虎，俗稱虎頭山。山之東、南部地勢平緩。西、北部層巒疊嶂。元和元年（806）正月十九日，順宗駕崩于長安興慶宮咸寧殿。憲宗以宰相杜佑攝山陵使，工部尚書李涵為山陵副使、門下侍郎杜黃裳為禮儀使共同護營山陵。七月，葬順宗于豐陵。

　　唐憲宗李純景陵位於京兆同州奉先縣（今陝西蒲城縣三合鄉義壟村）金幟山。金幟山海拔872米，山勢高聳，直入青冥，猶如一面旗幟懸掛在空中。山的東、南面地勢平緩，西面深溝壑，北面群巒蜿蜒。元和十五年（820）正月二十七日夜，宦官陳弘志、王守澄潛入長安大明宮中和殿，殺害憲宗，偽稱皇帝誤服丹石，毒發暴崩，矯詔擁立庸弱無能的李恒繼位，是為穆宗。穆宗以中書侍郎令狐楚為山陵使、以戶部尚書柳公綽為山陵副使、以吏部尚書韓臯為禮儀使、以京兆尹崔元略為橋道使、京兆府戶曹參軍韋正牧、奉先縣令于翬以及翰林陰陽官共同營建山陵。是年十月二十六日，葬憲宗于景陵。

　　唐穆宗李恒光陵位於京兆同州奉先縣（今陝西蒲城縣翔村鄉光陵村）堯山西麓。堯山，又名浮山，海拔1091米，山之南、東南及北部地勢平緩，東北部山巒重疊。長慶四年（824）正月二十二日，穆宗駕崩于長安城大明宮清思殿，翌日，皇太子李湛于太極殿前即位，是為敬宗。敬宗以中書侍郎牛僧孺為禮儀使。以及橋道使、儀仗使、監修使等協助山陵使營護山陵。並由神策六軍士兵以及奉先（今蒲城縣）、櫟陽（今臨潼縣）、美原（今三原縣）、高陵（今高陵縣）、富平（今富平縣）五縣的百姓承擔完成。

　　唐敬宗李湛莊陵位於京兆三原縣（今陝西三原縣陵前鎮柴家窯村東）荊原上。係唐代第二座堆土為陵的陵寢。寶應二年（826）十二月初八晚，敬宗外出

打夜狐，還宮之後，又與宦官劉克明、田務澄、許文端以及擊球軍將蘇佐明、王嘉憲、石定寬等二十八人飲酒，敬宗酒酣耳熱，入室更衣。被劉克明、蘇佐明等同謀殺害，年僅十七歲。樞密使王守澄與翰林學士韋處厚等趁機擁立江王李涵（後改名李昂）即位，是為文宗，文宗以中書侍郎牛僧孺為禮儀使，協助宰相裴度為山陵使營護山陵。太和元年（827）七月十三日，葬敬宗于莊陵。

唐武宗李炎端陵位於京兆三原縣（今陝西三原縣徐木鄉桃溝村東北）徐木原西側，此地海拔 540 米，係關中唐十八陵中第三座堆土成陵的帝王陵墓。會昌六年（846）三月二十三日，武宗病崩于長安大明宮內殿，二十六日，李忱以皇叔身份于皇侄李炎柩前即位，是為宣宗。宣宗以司空、門下侍郎李德裕為山陵使護營山陵。是年八月初三，皇叔宣宗李忱葬皇侄武宗李炎於端陵。

唐懿宗李漼簡陵位於京兆富平縣（今陝西富平縣莊里鎮東窯里村村北）紫金山中峰南麓。鹹通十四年（873）七月十六日，左神策護軍中尉劉行深、右神策護軍中尉韓文約等趁懿宗病危之機，矯詔立年僅十二歲的普王李儼為皇太子，並改名李儇，「權勾當軍國政事」。七月十九日，懿宗駕崩于長安城大明宮咸寧殿。翌日，皇太子李儇于懿宗柩前即位，是為僖宗。僖宗尊懿宗生前遺詔：以司空、門下侍郎、平章事韋保衡攝塚宰支持營建簡陵。乾符元年（874）二月初五，葬懿宗于簡陵。

據《長安志》記載，在關中唐十八陵中，因受山形地貌的影響，不同時期的帝陵封域各不相同。自大而小，依次為：太宗李世民昭陵、宣宗李忱貞陵，封域均為一百二十里；高宗李治乾陵封域為八十里；玄宗李隆基泰陵封域為七十六里；其餘如中宗李顯定陵、睿宗李旦橋陵、肅宗李亨建陵、代宗李豫元陵、德宗李適崇陵、順宗李誦豐陵、憲宗李純景陵、穆宗李恒光陵、敬宗李湛莊陵、文宗李昂章陵、武宗李炎端陵、懿宗李漼簡陵、僖宗李儇靖陵十三座封域皆為四十里；高祖李淵獻陵封域僅為二十里。

唐陵坐北向南，其整體建築自南而北主要有：鵲台、下宮、乳台、神道、石刻、闕樓、門闕、廡殿、獻殿、宮殿等。

乾陵所在的梁山，初稱涼山，是一座從黃土台原上平拔而起的圓錐形石灰岩石山，北倚群峰，南臨廣壤，東望九嵕山，西接翠屏。豹穀環其東，漠穀繞其西。梁山崢嶸峭拔，地勢險要，為東西通衢之咽喉、古代兵家必爭之地，史

學家稱其為「秦地之上游，北門之鎖鑰」。

　　梁山峰頂上現有一塊渾圓似璞的巨石，據說是當年古公亶父逾梁山時坐過，被後世稱為「丟石」，故有「昔太王一逾而奠八百載宏基」之讚語。《元和郡縣圖志·奉天縣》卷一云：「古公亶父逾梁山止於岐下，及秦立梁山宮，皆此山也。」《三輔黃圖》卷一云：「梁山宮，始皇幸梁山，在好畤。」《括地志》云：「梁山宮俗名望宮山，在雍州好畤縣西十二里，北去梁山九里。」《三秦記輯注》云：「梁山宮城皆文石，名織錦城。」漢武帝劉徹在此獵獲白麟。據今人何清谷先生考證，梁山宮的主要宮殿位於今漠穀東岸，梁山大嶺東南，乾縣城東好畤村之西。

圖 34　陝西乾縣梁山　党明放 攝

　　梁山係岐山支脈，為乾縣境內各山之祖脈，山脊長約18公里，寬約1公里，山石崔嵬蒼潤，素有「金嶺」之稱。唐初歸好畤縣管轄，天授元年（690），析好畤、禮泉、始平、武功、永壽五縣部分轄區置奉天縣，意為供奉天子陵寢。城因陵而設，築城為「龜」形，意取長治久安。乾寧二年（895），更名乾州。民國二年（1913）改州為縣。〈乾縣新志〉云：「梁山橫亙於縣北，為境內各

山之祖脈，東與九嵕山比峻，北同五峰山相映，南與太白終南遙拱。」

　　相傳，武后臨朝，曾派袁天綱和李淳風為卜陵使，分頭去為高宗秘選陵寢之地，期限以一月為度。臨行前，武后賜給李淳風銅錢一枚，賜給袁天綱鳳簪一支，說道：李淳風若選中吉壤，可將此錢埋入地下。結果，李淳風跑了兩個多月，在梁山的龍穴之處埋下了這枚銅錢。而袁天綱經過一個多月的尋找，也在梁山的吉壤處插下了這支鳳簪。後來，武則天派人去驗證他們二人所選吉壤是否一致，結果挖開一看，袁天綱的鳳簪正好插在李淳風的銅錢方孔之中。從此，民間傳說袁天綱是天罡星中智慧之星下凡。

　　此外，坊間還流傳著另外一種說法：高宗即位不久，就派自己的舅父、太尉兼檢校中書令長孫無忌和專管天文曆法的太史令李淳風為自己選擇陵地。有一天，他們二人巡視到梁山，只見此山三峰高聳，主峰上摩煙霄，東隔烏水，與九嵕山相望，西有漆水，與婁敬山相連。烏、漆二水彙聚山前抱合，形成水垣，圍住地中龍氣，實乃「龍脈聖地」。

　　長孫無忌和李淳風回京稟報高宗。袁天綱知道後，表示極力反對：梁山從外表上看是一塊風水寶地，但細看有許多不足之處：其一，梁山雖然東西兩面環水，能圍住龍氣，但與太宗龍脈隔斷，假如老百姓選祖塋於此，是可以興盛三代，但作為帝王山陵，恐三代後江山有危。大唐龍脈從昆侖山分出一支過黃河，入關中，以岐山向東蔓延至九嵕山、嵯峨山、鳳凰山、豐山、堯山、金粟山，今太宗歸葬之九嵕山為龍首。陛下絕對不可越居龍首之前，況梁山在周代乃龍脈之尾，尾氣必衰，主陛下治國無力。其二，梁山北峰居高，前有兩峰似女乳狀，整個山形遠觀似少婦仰躺。陛下選陵于此，恐後必為女人所控。其三，梁山主峰直秀，屬木格，南

圖 35　長孫無忌畫像

二峰圓利，屬金格。三峰雖然挺拔，但遠看方平，為土相。金克木，土生金，整座山形龍氣助金，地宮營建於主峰之下，主陛下必為金格之人所控。依臣愚見，萬萬不可建陵於此！

高宗聽了袁天綱的高談闊論後，猶豫不決，遂退朝不議。早有武則天親信密報武氏，武氏聽了興高采烈，她暗自思忖：小時候聽父親說，袁天綱在為我相面時說我將來能做女皇，如此看來要應驗了。晚上，就不失時機地給高宗吹了一陣枕邊風，第二天早朝時，高宗傳出聖旨，定梁山為陵址。袁天綱一聽，仰天長歎：「代唐者，必武昭儀。」袁天綱為防不測，便掛冠而去，雲遊四方。

梁山三峰鼎立，北峰雄偉峭拔，聳入煙霄，海拔 1047.9 米，相對高度約 300 米，是乾陵玄宮所在。南二峰稍低，且東西對峙，為陵寢之天然門戶。頂端又各有一座天然形成的土闕，其形狀宛若女人的兩個乳頭，故稱乳峰，當地人稱乳頭山。南北主軸線長達 4900 米。

弘道元年（683）十二月初四晚，高宗李治駕崩。初八，武則天命攝司空、吏部尚書韋待價為山陵修作使，以戶部郎中、朝散大夫韋泰真為將作大匠，共同護營乾陵工程。《新唐書》卷一百七〈陳子昂傳〉載：

> 山陵穿複，必資徒役，率膢弊之眾，興數萬之軍，調發近畿，督扶稚老，鏟山輦石，驅以就功……

乾陵修成後，武則天又命侍中劉齊賢和霍王元軌知山陵葬事，文明元年（684）八月十一日，為高宗舉行了隆重的葬禮儀式。從高宗駕崩到埋葬，歷時二百七十三天。埋葬高宗後，乾陵營建工程仍在繼續進行。地面上的寢殿建築及大型石雕都是在武則天時期逐漸建造和樹立的。整個陵園宮闕林立，重城森嚴，完全符合武則天的心願。

乾陵仿唐長安城格局營建，分內、外城垣兩重。內城，又稱皇城。內城基本呈方形，城牆總長 5918 米。南北城牆基本一致，東西城牆稍有出入。四周城基夯土寬度 2.10–2.50 米，地表夯土厚 0.75–1.35 米，層厚 0.10–0.12 米，殘高 0.50–2.50 米。東城基：南起今沈家池村，向北經東華門村再稍向西北延伸至 824 米處止，全長 1582 米。南城基：東起今沈家池村北，往西經今石馬道村、黃巢溝上坡嶺（當地村民稱棒槌嶺）向西南延伸，全長 1450 米。西城基：由今

西華門村向南，經過西華門、下溝（何家溝）上坡到嶺上，全長 1436 米。北城
基：由今東華門村北 842 米處起，向西經後宰門村，再向西至 708 米處止，全
長 1450 米。東西南北四面正中各辟一門，分別以青龍、白虎、朱雀、玄武四神
命名。門址均寬約 27 米。四門建有闕樓，均為最高等級的三出闕，即一個為母
闕，兩個為子闕，土木結構，樓基和墩台均係夯築，以磚包砌。門外各置石獅
一對，北門加置六馬及石虎一對。陵前建獻殿。築闕台一對，城垣四隅建有角
樓，角樓基址現均在。周圍均遺存有殘磚、瓦片、瓦當和石渣等。

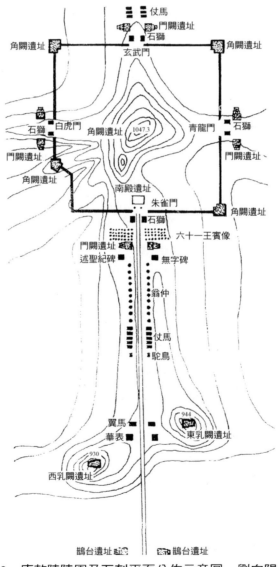

圖 36　唐乾陵陵園及石刻平面分佈示意圖　劉向陽 提供

乾陵陵園原地面主要建築有：

青龍門闕台，位於東門門址外 28 米處，兩闕相距 28 米。南闕址底長 19.30 米，殘寬 8.50 米，殘高 4 米；北闕址底長 19.50 米，寬 11.50 米，殘高 6 米。夯層厚 0.08–0.09 米。

白虎門闕台，位於西門門址外 31 米處。兩闕相距 43.50 米。南闕址底長 17 米，殘寬 6.40 米，殘高 4 米。夯層厚 0.08–0.09 米。周圍遺存有大量的殘磚、瓦片和紅燒土等。

朱雀門闕台，位於南門門址外 25 米處。北距朱雀門遺址約 650 米。如闕凌霄，可謂「表南山之巔以為闕」，顯現帝王陵園的肅穆與威嚴。東乳峰海拔 944 米，西乳峰海拔 930 米，雙峰呈東北西南走向，斜向對峙，兩者相距約 380 米。雙闕分別築於峰頂。現東闕址殘高 14.40 米，西闕址殘高 9.70 米，下部尚存基石及包砌磚。

玄武門闕台，位於北門門址外 28 米處。兩闕相距 40 米。東闕址底長 20 米，殘高 11.50 米。夯層厚 0.08–0.09 米。周圍遺存有大量的殘磚、瓦片和紅燒土等。

邀駕宮，是唐代後世帝王祭祀乾陵時的休憩處所，位於乾陵陵園第一道門西南方向約 300 米處，即今邀駕宮村。此宮西臨漠谷河。

下宮，是守陵人員和負責謁陵祭祀禮儀的宮人居住的地方，位於乾陵神道西側，即西乳峰山下。唐朝規定：「唐諸陵有署令一人，從五品上；府二人，史四人，主衣四人，主輦四人，主藥四人，典事三人，掌固二人。又有陵令一人，掌山陵，率陵戶衛之。」

獻殿，又叫寢宮，是後世帝王子孫上陵祭祀天地神祇和祖宗的場所，位於朱雀門內側，即今陵碑位置的平臺之上，係宮殿式建築，平面呈長方形，東西長 63 米，南北寬 11.80 米。現在遺址處發現石灰岩質方形柱礎 1 個，邊長 0.74 米，中間有卯眼，裸露地面 0.10 米。

遊殿，又稱上仙觀，位於梁山之巔。是一種禮制性的建築物，為虛擬靈魂的棲息之所。《舊唐書》卷十一〈代宗本紀〉載，大曆八年（773）「夏四月戊申，乾陵上仙觀天尊殿有雙鵲銜紫泥補殿之隙缺，凡十五處。」四月戊申，即四月初三。基址東西長 27.50 米，南北寬 16.50 米。另有原六十四蕃臣像廊房、

石雕長廊、無字碑和述聖紀碑碑亭等。

　　神龍元年（705）十一月二十六日，武則天崩于洛陽上陽宮。《資治通鑑》卷二百八載，武則天臨終前遺旨：「去帝號，稱則天大聖皇后。」十二月二十一日，中宗李顯為滿足母后「歸陵」遺願，欲合葬乾陵。不料卻遭到了給事中嚴善思的反對。據《資治通鑑》卷二百八〈中宗大和大聖大昭孝皇帝中〉記載：

> 太后將合葬乾陵，給事中嚴善思上疏，以為：「乾陵玄宮以石為門，鐵錮其縫，今啟其門，必須鑴鑿。神明之道，體尚幽玄，動眾加功，恐多驚黷。況合葬非古，漢時諸陵，皇后多不合陵，魏、晉已降，始有合者。望於乾陵之傍更擇吉地為陵，若神道有知，幽涂自當通會；若其無知，合之何益！」

　　嚴善思的意思是說，若尊者先葬，卑者就不宜驚動尊者而後葬入。則天太后卑于天皇大帝，今若開陵合葬，即以卑動尊，恐驚龍脈。而寬厚仁慈的中宗最終還是命人重啟玄宮隧道，于神龍二年（706）五月十八日，將武則天合葬乾陵。從此，乾陵實際成為中國古代帝王陵墓中唯一一座一陵葬兩帝的陵園。之後的中宗、睿宗朝，又將兩位太子、三位王公、四位公主、八位大臣陪葬乾陵。乾陵的整個營建工程經武則天、中宗及睿宗朝初期，歷時 57 年之久。

　　據專家推測，乾陵墓室由墓道、過洞、天井、前後通道及左右宮殿組成。

　　玄宮位於梁山主峰南麓的中腰部，拔地 104 米。此處地形如出水蓮花，案似高樓鳳闕，內外明堂開亮，左右弼輔森嚴，拱顧周旋，雲秀朝宗。墓室開鑿在古生代奧陶紀灰岩山體中。據陝西省文管會 1960 年勘探，通向墓室的隧道呈斜坡形，全長 63.10 米，南寬北窄，最寬處 4 米，最窄處僅 2.80 米。勘探資料表明，在隧道砌石上有夯土，土層厚 2.80 米，夯層厚 0.16–0.23 米。夯土由黑、黃褐土和石灰混合而成，並夾雜有少量的殘磚、瓦片、石灰及小石渣等。石條排列整齊，但由於祔葬武則天時重新開啟玄宮隧道的緣故，導致刻字編號紊亂，有的石條與石條的凹槽之間已經殘破，也沒有嵌鐵栓板，只是填滿了石灰。

　　弘道元年（683），高宗駕崩。皇太子李顯即位，將高宗棺槨放入乾陵玄宮後，用不同規格的石條自南而北順坡層疊扣砌，然後密封，共 39 層，從平面

看，每層用石條 410 塊。最長者 1.08 米，最寬者 0.60 米，最厚者 0.45 米，最薄者僅 0.10–0.15 米。在其中的 110 塊石條表面上刻有 363 個字，並在字的筆劃內塗有紅色，用以記載石條的方位，比如：萊常口、常惠、常黃、常則、高便才、焦才、王積、合一、合三、元二、左二、開一、六十四、六十五、左五、一百二十九、日、月、星辰等。為固定疊砌的石條不致移動，在左右相鄰的石條上鑿有燕尾形凹槽，兩槽尾部相對，其間嵌以長 0.18–0.27 米、厚 0.055–0.08 米、重 9–10.5 公斤的燕尾型細腰

圖 37　唐高宗李治畫像

鐵栓板，在上下相鄰的石條間鑿孔以鐵棍相穿，縫隙再用錫鐵漿液澆注。再在隧道石條的上面用石塊、石灰及黃褐及紅褐二色的夯土打成，使之同整個山體渾然一體。

另外，在隧道中腰偏南兩側的牆壁上殘存有石灰和壁畫痕跡。北端的石壁上有「□中古社至」、和「渭南居上□」等墨筆字樣。《舊唐書》卷一百九十一〈嚴善思列傳〉載：「乾陵玄闕，其門以石閉塞，其石縫隙，鑄鐵以固其中。」

傳說，武則天篡權後，為了使乾陵地宮更加華麗，曾命所有官員在三個月內，每人奉獻夜明珠一顆，否則官降三級。一時間，舉國上下掀起了一股尋找夜明珠的狂潮。三個月期限已到，戶部竟然收到了三十萬顆。後來，武則天聽說吐蕃有很多夜明珠，遂派使臣前去索要，意想不到的是遭到吐蕃的拒絕，武則天一怒之下，詔命薛仁貴領兵三十萬出擊吐蕃，結果吐蕃大敗，被迫獻出了五萬顆夜明珠。

為了突出對歷史文物的保護和研究，重展東方第一封建帝王陵園的雄姿，1985 年 1 月，國家投資一百五十萬元，歷時兩年，建成了一條奧妙無窮的登陵石階路。

乾陵臺階路從陵前村東西路起步，全長 578 米，比舉世聞名的南京中山陵

的石階還長出 75 米，寬 11 米，落差 86.2 米。用 32000 塊規格為 80×40×20 釐米的富平墨玉石料砌成 526 級臺階和 18 座平臺。下為起步平臺，以石欄杆座繞其一周，面積 5635 平方米，雄關高崹，遠看酷似一座團城。上為石柱平臺，建有雙層欄杆座繞其兩側。南接御道，北銜神道，穿東西乳峰中間，與自然山勢融為一體，為乾陵平添了一處靚麗景觀。

北宋皇陵位於河南鄭州鞏義市。除徽、欽二帝被金兵擄去死于黑龍江五國城外，其餘七位皇帝及趙匡胤之父均葬于鞏義，通稱「七帝八陵」。《宋史》卷一百二十二〈山陵〉載，在北宋八陵中，永安陵的陵寢制度：「皇堂下深五十七尺，高三十九尺，陵台三層，正方，下層每面長九十尺。南神門至乳台，乳台至鵲台皆九十五步。乳台高二十五尺，鵲台增四尺。神牆高九尺五寸，環四百六十步，各置神門、角闕。」陵台為覆斗形，規定「下層每面長九十尺」，按宋一尺等於 0.32 米計算，陵台邊長為 28.8 米。所謂「陵台三層」，是指陵台夯土層自下而上，內收兩階，加上頂部平面，總體呈三層臺階狀。北宋之所以將帝陵陵台夯成「三層」形狀，具有「山陵」寓意。而在陵台表面「塗丹」，似為北宋帝陵所首創。

北宋帝陵陵園為正方形，邊長 230 米。神牆四面正中各開一門，謂之神門。四門外各置石獅一對。除南神門的石獅為走姿外，其餘三神門為蹲獅。同時還明確規定：親王一品，墳高一丈八尺，墓地方九十步；三品官墳高一丈四尺，墓地方七十步。

南宋王朝共傳九帝一百五十二年，前六帝葬於浙江紹興皋埠鎮牌口村攢宮山下，俗稱「宋六陵」。

淳熙十四年（1187）十月，宋高宗駕崩，陵號永思。據周因《思陵錄》記載：

> 下宮之制，殿門三間，四椽，每間闊一丈四尺；深二丈。前後殿各三間，六椽，其深三丈，每間闊一丈四尺；東西兩廊一十八間，四椽，其深一丈六尺，每間闊一丈一尺；殿門東西皆有挾屋一間，六椽，各闊一丈六尺，其深三丈，又有欞星門、神遊亭、換衣廳。

南宋帝王墓均為暫厝，而非正式埋葬，諸陵有皇堂之名，而無玄宮之實，只是將棺材安置於比較淺的墓穴裡。南宋諸后攢宮與帝攢宮相同，只是規制較

小。如，顯仁皇后韋氏的石藏裡明長一丈四尺八寸八分，闊一丈三寸，深九尺。慶元三年（1197），憲聖慈烈皇后吳氏薨後，依高宗皇帝石藏裡明長一丈六尺二寸，闊一丈六寸，深九尺。

第六章　陵墓隨葬

　　早在舊石器時代晚期，就有在死者身旁隨葬器物的習俗。隨葬物謂之「明器」、「冥器」、「盟器」。《禮記·檀弓下》云：「其曰明器，神明之也。塗車芻靈，自古有之，明器之道也。」在男性墓葬中，多有石斧、石刀、石鏟等生產工具或生活用具，在女性墓葬中，多有石紡車之類的生活用具或裝飾品。新石器時代，普遍葬以陶制器皿，器形有鼎、鬶、瓶、壺、罐、盆、杯、尊、碗、缽、盂等，荀子《禮論》云：「喪禮者，以生者飾死者也，大象其生以送其死也。故事死如生，視亡如存，始終一也。」

第一節　夏商周時期

　　夏朝自禹至桀，歷十四代十七王四百餘年。商朝是一個祭政一體的國家，自湯至紂，歷十七代三十一王六百餘年。周朝是繼夏商之後最後的一個世襲奴隸制王朝，傳三十二代三十七王七百九十一年。周朝又分西周與東周。西周由周武王姬發創立，定都鎬京（今陝西西安長安區）。周平王姬宜臼元年（前770）東遷，定都雒邑（今河南洛陽）。其中東周又分為春秋時期和戰國時期。

　　夏商周奉行隆喪厚葬，王室及貴族墓葬中的隨葬品種類繁多，包括青銅器、玉器、漆器及骨角器等。青銅器有死者生前使用過的酒器、食器、車馬器及兵器等。在食器中，鼎和簋居多，說明這兩種食器在生活中占重要位置有關。《周

禮‧天宮‧亨人》：「亨人掌共鼎鑊，以給水、火之齊。」意思是，負責烹飪的人掌管著烹煮器鼎和鑊，掌握烹調時的水量和火候。

《孔子家語‧致思》云：「從車百乘，積粟萬鐘，累茵而坐，列鼎而食。」

「列鼎而食」，鼎是古代的烹煮器，一般為三足兩耳，形容王公貴族生活上的奢侈。隨著社會的發展，凡與「鼎」字沾邊的，皆有美好之意，如：鼎命，謂帝王之位；鼎席，指三公、宰相職位；鼎臣，猶朝廷重臣；鼎族，猶顯赫世族；鼎貴，猶顯赫尊貴之人；鼎姓，指大姓豪族；鼎甲，指科舉制度中第一甲狀元、榜眼、探花；鼎力，指三方並峙如鼎足分立；鼎盛，謂興盛之時；鼎祚，猶言國祚；鼎運，猶言國運；鼎彝，指古代宗廟中上刻銘功紀德文字的禮器。

圖 38　商獸面紋鹿耳四足青銅甗

圖 39　後母戊大方鼎

夏商周以鼎為國之重器，鼎在國在，國滅則鼎遷。簋，侈口，圓足，方座，或帶蓋。有無耳、兩耳、四耳之分。原本用於盛放稻穀、高粱之類的器物，後被用於祭祀和宴享。鼎和簋，都被稱為「禮器」。按照周朝禮制規定，天子用九鼎，諸侯用七鼎，卿大夫用五鼎，士用三鼎或一鼎。據《儀禮‧聘禮》、《儀禮‧公食大夫》記載，九鼎所盛肉食有牛、羊、豕、魚、臘、膚、

鮮魚、鮮臘、腸胃九種，稱之為「大牢」，或「太牢」。七鼎所盛肉食有牛、羊、豕、魚、臘、腸胃、膚七種，亦謂「大牢」。五鼎所盛肉食有羊、豕、魚、臘、膚五種，稱之為「少牢」，三鼎所盛肉食，《儀禮・士喪禮》謂豕、魚、臘，《儀禮・有司徹》謂羊、豕、魚，亦稱「少牢」。一鼎所盛肉食為豕，即小豬。簋與鼎配合使用，鼎用奇數，簋用偶數，如，九鼎用八簋，七鼎用六簋，五鼎用四簋，三鼎用二簋。但從實際考古發掘出土的文物看，並沒有如文獻所記載的那樣嚴格。

　　為了體現生前的排場，商周王室或貴族會在墓葬周邊另設坑穴，用於埋葬車馬，被稱為「車馬坑」。通常情況下，埋葬車馬的數量視死者身份而定，如河南浚縣西周晚期衛侯墓的車馬坑殉馬 72 匹，車 12 輛，堪稱地下長龍。

　　婦好是商朝第二十三代王武丁的配偶妣辛。武丁中期，妣癸亡故，才立妣辛婦好為正妻。其墓坐落在河南安陽小屯村西北，亦稱殷墟 5 號墓。1976 年春，經中國科學院考古研究所發掘，該墓南北長 5.6 米，東西寬 4 米，深 8 米。墓上建有被甲骨卜辭稱為「母辛宗」的享堂。

圖 40　銅圈足觥　婦好墓出土

墓內有二層台和腰坑。東、西兩壁各有一長條形壁龕。葬具為木棺木槨。槨長 5 米，寬 3.5 米，高 1.3 米。婦好墓共出土青銅器、玉器、寶石器、象牙器、骨器、蚌器等不同材質的隨葬品 1928 件，其中青銅器 468 件，以禮器和武器為主。禮器類有炊器、食器、酒器、水器等，多成對成組。以「婦好」銘文的鴞尊、盉、小方鼎各 1 對，成組的如圓鼎 12 件，每組 6 件，銅鬥 8 件，每組 4 件。司母辛銘文的有大方鼎、四足觥各 1 對。其他銘文的，有成對的方壺、方尊、圓罍等，且多配有 10 觚、10 爵。刻有銘文的銅禮器共 190 件，其中鑄「婦好」銘文的有 109 件，佔有銘文銅器的半數以上，且多大型重器和造型新穎別致的器物，如鴞尊、圈足觥，造型美觀，花紋繁縟。三聯甗、偶方彝等皆為首次問世。玉器 750 餘件，有琮、璧、璜等禮器，有作儀仗用的戈、鉞、矛等。骨角器 560

多件，另有海貝 6800 多枚，裝飾品 420 多件，多佩戴玉飾和鑲嵌玉飾，少數為觀賞品。玉飾除玉石人外，尚有神話傳說的龍、鳳、怪鳥獸等，其餘則為虎、熊、象、猴、鹿、馬、牛、羊、兔、鵝、鸚鵡等，也有魚、蛙和昆蟲類。品種幾乎涵蓋了過去殷墟中出土的所有青銅器種類。

婦好墓以及宏大的規模和豐富的隨葬品，代表商代墓葬的最高規制，對商朝後期的歷史考古研究具有重要的學術價值。

春秋戰國時期，舊的禮制遭到極大的破壞，人們對青銅器重要性的認識逐漸淡漠。但在實際考古中發現，戰國早期，青銅器與樂器依然是主要的隨葬品。如 1978 年 3 月發掘的湖北隨縣（今湖北隨州市）擂鼓墩戰國早期曾侯乙墓。其墓穴開鑿在紅礫岩中，呈「卜」字形，為多邊形岩坑豎穴木槨墓。無墓道，南北向。墓坑南北長 16.5 米，東西寬 21 米，深 13 米，面積為 220 平方米。墓中出土有禮器、樂器、金器、玉器、漆器、兵器、車馬器及竹簡等 15400 餘件，僅青銅器就多達 6239 件。其中編鐘一套 65 口，是迄今發現的最完整、最宏大的一套青銅編鐘。其中一口是戰國楚昭王之子楚惠王熊章贈送的鎛，稱「楚王熊章鎛鐘」。該鐘通高 92.5 釐米，重 134.8 公斤，腔體呈扁橢圓形，與另外六十四口鐘最大的區別在於鐘口平整，鐘體頂部為蟠龍式複式鈕，由上下兩對蟠龍對稱組成。上面一對蟠龍形狀較小，引頸對銜，下麵一對蟠龍形體較大，回首卷尾，形象惟妙惟肖，生動傳神。鉦兩側以淺浮雕龍紋為襯，每一部分鑄有五個圓泡形飾，圓泡凸面上亦浮雕龍紋。鉦間鑄有「隹（惟）王五十又六祀，返自西陽，楚王熊章，作曾侯乙宗彝，奠之于西陽，其永持用享」31 字銘文，大意為：楚惠王五十六年（前 433），曾侯乙薨的噩耗傳來，楚惠王在西陽遙祭。楚惠王為了報答曾侯乙先祖的救父之恩，特意為他鑄造了這口精美的鎛鐘，供其永享。

編鐘分為八組，共三層，懸掛在銅木結構的鐘架上。鐘架全長 10.79 米，高 2.73 米，由六個佩劍的青銅武士和幾根圓柱承托著。上中下三層編鐘，形制各異。最下一層為十二口長乳甬鐘和一口鎛鐘，分成兩組懸掛，其中九口懸掛在倒趴著的虎形獸上面；中間一層三十三件，分三組懸掛，有短口甬鐘一組十一件，無口甬鐘一組十二件，長口甬鐘一組十件；最上一層十九件，稱「揭鐘」。橫向看，從左到右編鐘依次增大；縱向看，由上而下依次增大。懸掛方

式亦不相同，上層為插掛，以插銷入鐘鈕；中層為鈎掛，掛鈎為框架鈎和焊鈎兩種；下層環掛，掛鈎分趴虎套環和雙杆套環兩種。65口編鐘的總重量達3.5噸，其中，最大者通長153.4釐米，重203.6公斤。在鐘、架、鈎上共有銘文3755字，內容為編號、記事、標音及樂律理論。甬鐘刻有記事銘文，均為「曾侯乙乍時」五字，標明編鐘為曾侯乙所擁有和享用。

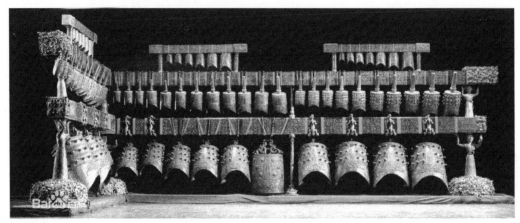

圖41　編鐘　曾侯乙墓出土

在曾侯乙墓中的青銅禮器中，有鑊鼎二尊、升鼎九尊、飼鼎九尊、簋八件、簠四件、大尊缶一對、聯座壺一對、冰鑒一對、尊盤兩件及盥缶四件等。這些禮器分別使用了渾鑄、分鑄、錫焊、銅焊、鑲嵌、鉚接、熔模等青銅器製作工藝。其中的蟠螭紋青銅尊盤的透空附件係採用先進的失蠟法鑄造。失蠟法是一種古老的鑄造工藝，通常採用容易融化材料如黃蠟、動物油等製成器物的蠟模，再在蠟模的表面澆淋泥漿，以形成泥殼，然後再在泥殼表面塗上耐火材料，使之硬化做成鑄型。然後烘烤模型，使蠟油充分融化流出，形成型腔，最後，再將金屬溶液澆入型腔，即可得到光潔精密的鑄件。整個青銅器尊盤上的圖案由十九種變體蟠螭紋構成十種花紋單元，再按照一定的層次排列。

此外，曾侯乙墓還出土有四龍曾徽、十六節龍鳳玉掛飾、鹿角立鶴、雲紋金盞、金杯、金帶鈎，以及鼓、瑟、笙、排簫等大量樂器。兵器有銳殳七件，晉殳十四件以及戟、戈、矛、弓、盾、甲胄、箭鏃等，另有漆器二百二十多件。隨葬品數量之巨，設計之巧，造型之奇，色彩之豔，紋飾之美，製作之良令人歎為觀止。

　　1972 年在雲南江川縣李家山古墓群 24 號墓坑中發掘出一件戰國時古滇國放置祭品的青銅牛虎銅案，高 43cm，長 76cm，其造型由二牛一虎組合而成，以一頭體壯的大牛為主體，四足為案足，呈反弓的牛背作橢圓形的案盤面，一隻猛虎撲于牛尾，四爪緊蹬上牛身咬住牛尾，虎視眈眈於案盤面。大牛腹下站立著一頭悠然自得的小牛，首尾稍露出大牛腹外，有大牛犧牲自己保護小牛的寓意。銅案中的大牛頸肌豐碩，兩角前伸，給人以重心前移和搖搖欲墜之感，但其尾端的老虎後仰，其後墜力使案身保持了平衡。大牛腹下橫置的小牛，增強了案身的穩定感。此銅案構思新穎，造型奇特，既有中原地區四足案的特徵，又具有濃郁的雲南地方特點和民族風格，極具藝術觀賞價值，是中國青銅藝術品的傑作，更為我國古代文化之稀世珍品。

圖 42　牛虎銅案　雲南江川李家山 24 號墓出土

第二節　秦漢時期

　　秦始皇陵是中國古代帝王陵寢厚葬的典範。陵園占地 56.25 平方公里，迄今為止，已經發現各類陪葬墓、坑六百多處，引發世界高度關注。

　　《史記》卷六〈秦始皇本紀〉載：「始皇初即位，穿治酈山，及並天下，天下徒送詣七十餘萬人，穿三泉，下銅而致槨，宮觀百官，奇器珍怪徙藏滿之。令匠作機弩矢，有所穿近者輒射之。以水銀為百川江河大海，機相灌輸，上具天文，下具地理。以人魚膏為燭，度不滅者久之。」當時，秦國約有兩千多萬

人口，而能勞役者有二百餘萬，約占全國人口的十分之一。而參加修築始皇陵
和阿房宮者竟高達七十萬，約占全國勞役者的三分之一。《漢舊議》云：始皇
「使丞相李斯將天下刑人隸徒七十二萬作陵，鑿以章程。」七十二萬刑人隸徒，
這是何等的驚人！據傳說，在驪山腳下，還築有專門指揮出工幹活的擊鼓坪，
從而也造成了誠如《漢書》卷二十四上〈食貨志〉所言：「男子力耕不足糧餉，
女子紡績不足衣服。竭天下之資財以奉其政，猶未足以淡其欲也。海內愁怨，
遂用潰畔。」班固《漢書》卷三十六〈楚元王傳〉載：「秦始皇帝葬于驪山之阿，
下錮三泉，上崇山墳，其高五十餘丈，周回五里餘；石槨為遊館，人膏為燈燭，
水銀為江海，黃金為鳧雁。珍寶之臧，機械之變，棺槨之麗，宮館之盛，不可
勝原。又多殺官人，生薶工匠，計以萬數。天下苦其役而反之，驪山之作未成，
而周章百萬之師至其下矣。項籍燔其宮室營宇，往者咸見發掘。其後牧兒亡羊，
羊入其鑿，牧者持火照求羊，失火燒其臧槨。自古至今，葬未有盛如始皇者也，
數年之間，外被項籍之災，內罹牧豎之禍，豈不哀哉！」

　　秦始皇陵始建于秦王政元年（前246），竣工于秦二世二年（前208），歷
時三十八年。

圖 43　秦始皇陵一號從葬坑　陳雪華 攝

地下軍團——秦始皇兵馬俑陪葬坑位於陵東 1500 米的西楊村南，由四個兵馬俑坑組成，屬於陶泥製成的兵馬殉葬品，也是秦國正式廢止人殉制度的佐證。先後有二百多位外國元首和政府首腦參觀訪問，成為中國古代輝煌文明的一張金字名片，被譽為世界十大古墓稀世珍寶之一。

秦始皇兵馬俑坑坐西向東，三坑呈「品」字形排列。俑坑是地下坑道式的土木結構建築，坑深約 5 米，中間有土牆相隔。牆的兩邊排列木質立柱，柱上置橫木，橫木和土隔牆上密集地搭蓋棚木，棚木上鋪一層葦席，再覆蓋黃土，從而構成坑頂，坑頂高出當時地表約 2 米。俑坑底部墁鋪青磚。陶俑、陶馬放進俑坑後，用立木封堵四周的門道，門道內用夯土填實，形成了一座封閉式的地下建築。

在秦始皇陵外城以東及陵城以內，分佈著大大小小的陪葬坑約二百餘處，主要有兵馬俑坑、石鎧甲坑、銅車馬坑、馬廄坑、珍禽異獸坑，及百戲俑坑等。在馬廄坑出土的陶器上刻有「大廄」、「中廄」、「小廄」、「左廄」、「右廄」等字樣，以及高約 0.70 米的跪坐俑，神態自然，造型優美。

石鎧甲坑位於秦始皇陵東南約 200 米處，平面呈長方形，東西長 120 米，南北寬 128 米，共清理出了石鎧甲 87 領、石頭盔 43 頂、石馬韁 3 組、石冑 43 領，以及一些鎧甲所用的青石片等。根據甲片特徵，又刻分為魚鱗甲、箚甲和特大型甲。

動物坑位於秦始皇陵外城垣東北角約 750 米處。葬坑係土木結構，呈「甲」字形，主室南北長 23.50 米，東西寬 10 米，深度為 6 米。

從已發掘清理情況看，共有兵馬俑坑四個：一號坑為右軍，二號坑為左軍，三號坑為指揮部，四號坑因時局發生動亂而沒來得及建成。其中一號坑為坑道式土木建築，東西長 230 米，南北寬 62 米，深 4.50–6.50 米，總面積 14360 平方米。在東西兩端，各有斜坡門道五個。坑道內有十道寬 2.5 米的夯土隔牆，在隔牆之上駕著粗木梁，鋪以蘆席，上敷泥土。這是一個以步兵和車兵相結合的長方形兵陣，陣前有 210 個身著短褐、手持弓箭的武士俑，組成三列橫隊，陣中陶俑、陶馬 6000 餘件，戰車 40 餘乘。武士與戰車之間，共列三十八路縱隊，每路約 180 武士俑。目前已經出土陶俑 1087 件，木質戰車 8 乘，陶馬 32 匹。從 2009 年開始，經對兵馬俑一號坑的第三次發掘，在 400 平方米的發掘面積中，已發

現 200 餘件陶俑，其中多件帶有彩繪。二號坑位於一號坑東北 20 米處，平面呈「曲尺」形，東西長 124 米，南北寬 98 米，深約 5 米，總面積約 6000 平方米。此坑的軍陣由弩兵陣、車兵陣、騎兵與車兵混合編陣及步兵與車兵混合編陣組成。在坑的東北角，是一個由立射俑和跪射俑組成的方形軍陣。出土木車遺跡 11 乘，陶馬 67 匹，陶質鞍馬 29 匹，武士俑 224 件，以及一批青銅車馬器和兵器。三號坑位於一號坑西北，平面呈「凹」字形，東西長 17.60 米，南北寬 21.40 米，深 5.20–5.40 米，面積 520 平方米。出土陶俑 68 件，陶馬 4 匹，木質戰車 1 乘（僅存殘跡）及 30 餘件青銅兵器。四號坑東西長 48 米，南北寬 96 米，深 4.80 米，面積 4680 平方米，有泥無俑。

從兵馬俑身份上區分，主要是軍吏及士兵兩大類。軍吏又有低級、中級、高級之別。一般士兵不戴冠，而軍吏戴冠，普通軍吏的冠與將軍的冠又不相同，甚至鎧甲也有區別。其中的兵俑包括步兵、騎兵、車兵三類。根據實戰需要，不同兵種的武士裝備各異。而坑中最多的是武士俑，絕大部分手執青銅兵器，有弓、弩、箭鏃、鈹、矛、戈、殳、劍、彎刀和鈹等，身著鎧甲，胸前有彩線挽成的結穗。有車士、立射俑、跪射俑等。軍吏頭戴長冠，數量多於武士。秦俑的臉型、身材、表情、眉毛、眼睛和年齡等都有著很大的差異。葉至善先生曾以詞讚頌兵馬俑：

> 秦王按劍，視山東險阻，膝如幾席。叱吒雷霆軍百萬，勢猛山崩河決。六國披靡，諸侯授首，四海歸於一。寰區大定，功岱頂高勒。誰想赫赫軍容，二千餘載，再現驪山側。陣列六千兵馬俑，伍整行嚴神奕。擐甲執戈，頓蹄並轡，車向森嚴立。但鳴鼓，一時雕塑都活。

銅車馬坑位於秦始皇陵封土西側約 20 米處，坑平面呈「巾」字形，長和寬均為 55 米，總面積 3025 平方米，係土木建築結構。兩乘車出自同一木槨中，一前一後，均為單轅雙輪四馬。前車稱立車、戎車或高車，通長 2.25 米，高 1.52 米，轅長 1.83 米，輿廣 0.74 米，進深 0.485 米，重 1061 公斤。馭手站立輿內，輿內立傘。後車通長 317 釐米，高 106.2 釐米，平面呈「凸」字形，重 1241 公斤，四周立有箱板，左、右、前方各開一窗，上覆魚背形弓橑，弓橑上覆蓋著橢圓形的拱形車蓋。

圖 44 秦始皇陵一號銅車馬 陳雪華 攝

此兩乘銅車馬結構極為複雜，以後面的車為例，大小零部件有 3462 件，其中包括金質裝飾 737 件，銀質裝飾 983 件，最大部件是龜背形的車蓋，長達 246 釐米，面積達 2.5 平方米。最小部件不足 0.5 平方釐米。馬為最大的鑄件，重達 230 公斤。最輕者為轡繩的銷釘，不足 1 克。

兵馬俑的製作工藝比較複雜，一般是按照人、馬的不同部位分別用陶模翻出胎型，然後進行套合、粘接，再雕刻出五官、鬚髮、鎧甲等細部紋飾。

2000 年，秦始皇陵考古隊在秦始皇陵封土周圍探明了秦朝的地下深層排水系統。東段為阻水設施，西段為排水設施。這是很值得關注的一個方面。

漢朝崇奉厚葬，所謂生不極養，死乃崇喪。王充《論衡》卷二十三〈薄葬第六十七〉云：「謂死如生，閔死獨葬，魂孤無副，丘墓閉藏，穀物乏匱，故作偶人以侍屍柩。多藏食物，以歆精魂。」桓寬《鹽鐵論》卷六〈散不足第二十九〉云：

> 今富者繡牆題湊，中者梓棺梗槨，貧者畫荒衣袍，繒囊緹橐……今生不能致其愛敬，死以奢侈相高，雖無哀戚之心，而厚葬重幣者則

稱以為孝，顯名立於世，光榮著于俗，故黎民相慕效，至於髮屋賣業。

西漢歷十一帝二百三十一年，除文帝霸陵和宣帝杜陵坐落在長安城西南的渭水南岸外，其餘九座帝陵均位於渭水北岸的咸陽原上。自東而西分別為：景帝陽陵、高祖長陵、惠帝安陵、哀帝義陵、元帝渭陵、平帝康陵、成帝延陵個、昭帝平陵及武帝茂陵，稱「渭北九陵」。

霸陵是漢文帝劉恒的陵寢，坐落在漢長安城未央宮東南五十七公里白鹿原東北（今陝西西安市灞橋區），也是我國歷史上第一座鑿穴為玄宮的帝陵。劉恒是漢高祖劉邦的第四子，生母薄姬。高后八年（前180）八月初一，呂后駕崩，丞相陳平、太尉周勃及朱虛侯劉章等朝臣粉碎了呂氏宮廷政變，迎立劉恒為皇帝，是為文帝。漢文帝時代政治升平，人民生活安康，被稱作「文景之治」。

圖 45　漢文帝霸陵　曹紅衛 攝

薄太后南陵位於霸陵西南，西隔渭水遙望高祖長陵，故有「東望吾子，西望吾夫」之說。

在霸陵東北約 1000 米處，便是漢文帝的竇皇后陵園。陵塚位於陵園正中，殘高 19 米，周長 564 米。在陵園東側發現從葬坑多座，出土有彩繪陶俑、陶罐及馬、牛、羊骨骼。

文帝即位之初，便開始營建霸陵，詔令：「治霸陵，皆以瓦器，不得以金銀銅錫為飾，不治墳，欲為省，毋煩民。」但實際上，文帝仍將全國每年三分之一的財政收入用以修陵。據《史記》卷一百二〈張釋之列傳〉載，文帝曾與慎夫人在群臣的簇擁下，登臨霸陵北側的霸水極目遠眺。文帝命慎夫人鼓瑟，文帝和瑟而歌，慘淒悲懷，然後對群臣說，當朕百年之後，就以這裡的石頭為槨，並用紵麻、棉絮塞縫，再灌以生漆。左右隨聲應答：「好。」其實，文帝墓內多藏珍寶，之所以因山為陵，主要目的是防止陵墓被盜。

王充《論衡》卷二十一〈死偽第六十三〉載：

> 亡新改葬元帝傅後，發其棺，取玉柙印璽，送定陶，以民禮葬之。發棺時，臭憧於天，洛陽丞臨棺，聞臭而死。又改葬定陶共王丁後，火從藏中出，燒殺吏士數百人。夫改葬禮卑，又損奪珍物，二恨怨，故為臭出火，以中傷人。

亡新：王莽新朝滅亡後，後人對其的貶稱。元帝傅後：漢元帝的妃子，漢哀帝的祖母。元始五年（5），王莽執政，以薄禮改葬傅太后和哀帝之母丁後。玉柙：玉制的匣子。印璽：指傅太后的印。定陶：古縣名，在今山東定陶西北，漢成帝徙封其異母兄弟劉康于此。哀帝是漢成帝的侄子，因成帝無子，他被推舉為帝。他的父親劉康原封為定陶共王，為傅太后親生。傅太后原來跟著兒子住在定陶，哀帝繼位後才遷居京城，死後與元帝合葬。意思是說：王莽新朝改葬漢元帝傅後，打開她的棺材，取出玉柙印璽，送回定陶，用一般百姓的禮節埋葬她。打開棺材時，臭氣沖天，洛陽丞靠近棺材，竟被臭氣熏死。又改葬定陶共王丁後，烈火從墓穴中沖出，燒死吏士幾百人。改葬用卑下的禮節，又毀壞、奪取珍貴之物，使傅後和丁後怨恨，所以放出臭氣、沖出烈火，以報復開棺的人。尤其是親臨開棺現場的洛陽丞「聞臭而死」，便是對當時統治者崇尚厚葬的莫大諷刺。

劉勝（前 165–前 113），漢景帝劉啟庶子，漢武帝劉徹異母之兄。前元三年（前 154），受封中山王。劉勝喜好酒色，生有一百二十多個子女。元鼎四年（前 113）二月病逝，在王位四十三年，諡靖，史稱「中山靖王」。中山靖王劉勝及其妻竇綰墓位於河北保定城西北的滿城區陵山，坐西向東。劉勝墓長約 51.7 米，最寬處約 37.5 米，最高處約 6.8 米，空間約 2700 立方米。竇綰墓位

於劉勝墓之北，墓室建築規模之大、氣魄之
宏偉、開鑿之工整，均超過劉勝墓。兩墓平
面佈局則大同小異。竇綰墓全長 49.7 米，最
寬處 65 米，最高處 7.9 米，空間達 3000 立
方米。外口在兩道磚牆之間灌以鐵水封閉，
比劉勝墓更為堅固嚴密。其庫房和車馬房亦
比劉勝墓大。兩墓隨葬品豪華奢侈，共出土
金器、銀器、銅器、鐵器、玉器、石器、陶
器、漆器、絲織品等隨葬物品一萬餘件，其
中包括「金縷玉衣」、「長信宮燈」、「錯
金博山爐」及「朱雀銜環杯」等珍貴器物，
曾赴歐、亞、美等三十多個國家和地區展出，
備受中外人士的讚譽。

圖 46　長信宮燈
中山靖王劉勝墓出土

　　劉勝嗜酒，在其墓室中就放置了幾十口盛滿酒的大陶缸。據專家初步估算，
貯存量當在 5 噸左右。

　　東漢建武時期，光武帝劉秀曾下詔：「世以厚葬為德，薄葬為鄙，至於富
貴奢僭，貧者單（殫）財，法令不能禁，禮義不能正，倉促乃知其咎。其佈告
天下，令知忠臣孝子、慈兄悌弟薄葬送終之義。」誠如桓寬《鹽鐵論》卷六〈散
不足〉所言：「富者繡牆題湊，中者梓棺梗槨。」據王充《論衡》卷二十三〈薄
葬第六十七〉：東漢時期，普遍「重死不顧生，竭財以事神，空加以送終。」
漢武帝建元二年（前 139），朝廷徵募工匠三千餘人，徭役萬餘人，在槐里縣（今
陝西省興平市）茂鄉營建茂陵，至後元二年（前 87 年）竣工，歷時五十三年。

　　《後漢書》志第六〈禮儀下〉引《舊漢議》注：茂陵「其設四通羨門，容
大車六馬，皆藏之內方，外陟車石。外方立，先閉劍戶，戶設夜龍、莫邪劍、
伏弩，設伏火。」

　　《晉書》卷六十〈索綝傳〉記載：

　　時三秦人尹桓、解武等數千家，盜發漢霸、杜二陵，多獲珍寶。帝
　　問綝曰：

「漢陵中物何乃多邪？」綝對曰：『漢天子即位一年而為陵，天下貢賦三分之，一供宗廟，一供賓客，一充山陵。』

就是說，漢武帝即位一年後，動用全國賦稅總額的三分之一作為建陵和徵集隨葬物品的費用。建陵時曾從各地徵調建築工匠、藝人三千餘人。我們知道，漢武帝在位五十四年，也就是說，為他建造茂陵就得耗費漢朝鼎盛時期的十八年賦稅，令人驚訝！後元二年（前87），漢武帝駕崩，入殮未央宮前殿。在茂陵陵墓中「多藏金銀財物，鳥獸魚鱉牛馬虎豹生禽，凡百千什物，盡瘞藏之」。墓中物品珍玩已經多到「不容復物」的地步。

玉是一種靈石，質細堅硬而有光澤，傳統認為具有驅邪避凶、滋養身心的作用。《禮記·曲禮》云：「君子無故，玉不去身。」東漢許慎《說文》稱：「玉，石之美者。有五德：潤澤以溫，仁之方也；理自外，可以知中，義之方也；其聲舒揚尊以遠聞，智之方也；不折不撓，勇之方也；銳廉而不忮，潔之方也。」

葛洪《西京雜記》卷一載：「漢帝送死皆珠襦玉匣，匣形如鎧甲，連以金縷。」梓宮內的武帝口含蟬玉，身著金縷玉匣。「匣上皆鏤為蛟龍鸞鳳龜麟之象，世謂為蛟龍玉匣。」玉匣，亦稱「玉柙」，或「玉衣」。殯葬用玉，是由春秋戰國時期在死者面部覆蓋綴玉面罩和在身上穿著綴玉衣服演變而來。漢朝皇帝或貴族玉衣裹屍，主要用於保護屍體不腐爛。劉昭《續漢書·禮儀志》載：由於等級的不同，玉衣則有金縷、銀縷和銅縷之分。依照漢朝規制，金縷玉衣係用金絲編綴，為皇帝專用；銀縷玉衣係用銀絲編綴，為諸侯王、列侯、始封貴人及公主所用；銅縷玉衣係用銅絲編綴，為大貴人、長公主及高級貴族使用。又《漢儀注》載，珠襦「以珠為襦，如鎧狀，連縫之，以黃金為縷。要（腰）已（以）下玉為箚，長一尺，（廣）二寸半，為柙，下至足，亦縫以黃金縷。」意思是說，在腰部以下的玉衣，要用長一尺、寬二寸半的玉箚來編綴。但從實際出土的玉衣看，並沒有發現這種尺寸的玉片。據考古發掘，漢武帝的玉衣全長1.88米，由2498塊大小玉片組成，耗費金絲達1100克。甚至連同外國饋贈的玉箱、玉杖，以及生前所讀經書三十卷，悉數盛入金箱，一併葬之。中山靖王劉勝玉衣長1.88米，由2498塊玉片串成；竇綰玉衣長1.72米，由2161塊玉片串成。劉勝玉衣所用金絲共1100克，竇綰玉衣所用金絲共700克。

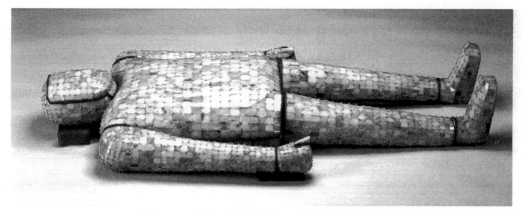

圖 47　中山王劉勝金縷玉衣　吳家林攝

　　漢朝人堅信玉能保護屍體不朽，故在墓葬中置放專門製作的玉器，稱之為「葬玉」，使用不同，則名稱各異：

　　玉含，指在死者口中所放的珠玉。「口含玉石，欲化不得。」漢朝玉含多取形於蟬的形象，寓意死者的復活。帝王駕崩後，玉含當然就是珠玉。

　　玉握，指死者手中所握璜形無孔玉器。西漢時期，是兩根小玉棍。進入東漢以後，演變成為一對玉豬，並代有相沿。

　　玉塞，用來塞閉死者的口竅，據說是為了防止精氣從屍體中飄逸出來而到處遊蕩。如果全套備齊就是九件，謂之「九竅塞」，即耳塞、口塞、鼻塞、肛門塞共六件，眼蓋、生殖器蓋等共三件。

　　漢文帝宣導薄葬。在修造霸陵時曾下詔，隨葬品不得用金、銀、銅、錫為飾，只能使用瓦器，也就是陶器。但建興年間，霸陵被盜發，盜墓者仍從墓中「多獲珍寶」。

　　綜合考古發掘資料，在長沙馬王堆一號漢墓中，除了顏色鮮豔、質地精美的絹、紗、錦、羅、綺及刺繡品外，還發現了諸多食物，作物類有小麥、稻穀、大豆、赤豆、粟、黍等；瓜果類有楊梅、甜瓜、梨、棗等；蔬菜類有芥菜、莧菜、藕、筍等；畜類有牛、羊、豬、狗、鹿、兔等；禽類有雞、鴨、鶴、鵝、鵲、雁、鴟鴞、鵪鶉、斑鳩等；調味品類有鹽、醬、蜜、糖等；另有魚類若干。

　　在西漢中期的墓葬中，青銅器，特別是青銅禮器的數量明顯減少，即便是王侯一級的墓中，也不超過全部隨葬品的一半，甚至僅達到全部隨葬器物的三

分之一。而仿製銅器的陶質禮器在隨葬品中的數量明顯增加。到了西漢晚期，則完全以俑代替，另外，還出現了陶船器物。

西漢王朝一改先秦時期「天子七日而殯，七月而葬」的喪葬制度，開創了地方官吏為皇帝大行素縞致哀制度。據羅開玉《喪葬與中國文化》記載，漢文帝劉恒駕崩後，七日而葬，漢武帝劉徹十日而葬，東漢章帝劉炟十二日而葬。

第三節　兩晉時期

東晉是一個動盪不安的時代，政權內部四分五裂，且與北方的五胡十六國並存。東晉自元帝司馬睿至恭帝司馬德文，歷十一帝一百零三年。據唐人許嵩《建康實錄》卷八〈穆皇帝〉記載：「晉十一帝有十陵，元、明、成、哀四陵在雞籠山之陽，陰葬不起墳。康、簡文、武、安、恭五陵在鐘山之陽，亦不起墳。唯孝宗一陵在幕府山，起墳也。」六朝時期的雞籠山主峰，位於今江蘇南京市鼓樓東側，東連九華山，西接鼓樓崗，北臨玄武湖，為紫金山延伸入城的餘脈。春秋戰國時期，以其山勢渾圓，形似雞籠而得名。南朝齊武帝到鐘山射雉，至此聞雞鳴，故改雞籠山為雞鳴山。南陳後主陳叔寶，曾於雞籠山大造殿宇，用香木做樑柱門窗，清風吹過，香飄數里。他與寵妃張麗華、孔貴嬪終日在此尋歡作樂。禎明三年（589），隋軍入城，陳後主無處可逃，帶張、孔兩嬪妃躲進井內，終被隋軍所獲。三人從井內爬出時，脂粉淋漓，沾滿井欄。後以帛拭之，其石有胭脂痕，此井故被稱為胭脂井，又名辱井。元人陳孚〈胭脂井〉詩云：「淚痕滴透綠苔香，回首宮中已夕陽。萬里河山天不管，只留一井屬君王。」哀婉之意溢於言表。明初設觀象臺於山上，又名欽天山。清初，在山上重建北極閣後，民間俗稱北極閣。

幕府山是一座丘陵山脈，位於長江南岸，西起上元門，東至燕子磯，長約5500米，寬約800米，主峰高190米，橫貫南京市鼓樓和棲霞兩區。

鐘山，亦稱蔣山，即今南京東郊紫金山，係「江南四大名山」之一。其間，山、水、城、林渾然一體，自然景觀豐富優美，文化底蘊博大深厚。鐘山有諸峰，第三峰部分今稱富貴山，朱元璋明孝陵建造其上。在鐘山三大核心景區內，分佈著各類名勝古跡二百多處。

　　1972 年 4 月，南京博物院和南京大學歷史系考古組在南京大學北園的鼓樓崗南坡發掘清理了一座東晉大墓。墓葬由墓門、甬道、主墓室及右側室組成，墓葬東西長 9.9 米，南北寬 8.04 米，甬道設門槽兩道，極為罕見。而將有兩道門槽的墓葬推定為帝陵，是目前六朝考古學研究中的通識。

　　北園主墓室平面呈方形，東西長 4 米，南北寬 4.4 米。穹窿頂已經坍塌。在主墓室後偏西位置的墓室地面用長方形磚橫列豎式砌成。墓室地面呈北高南低，便於排水。

　　在被毀壞的墓葬中，仍然出土了大量的隨葬品：陶器五十八件，青瓷器三十二件，金銀銅鐵等金屬器物十件。陶器多為生活用具，有尊、盤、盆、勺、缽、壺、杯、榻、幾、燈、龍首（裝飾）、虎首（裝飾）、帳座等。在青瓷器中，有雙耳壺、四耳壺、雞首壺、盤、洗、熏、罐、杯、瓢、勺等。

　　除此而外，還出土了非常珍貴而完整的縷金飾件一組，共四件：頂部起尖呈山形的蟬紋片一件，方形獸面紋片一件，對稱的山字形片二件。在金飾件的背面，有漆紗痕跡，被專家確定為冠飾。尤其是蟬紋，參照《晉書》卷二十五〈輿服志〉的記載：「侍中、常侍則加金璫，附蟬為飾，插以貂毛，黃金為竿，侍中插左，常侍插右。」由此可見，漢晉唐時期，附蟬為漢侍中、常侍，唐散騎常侍的標誌性冠飾。附蟬紋以金璫配以貂毛，合

圖 48　晉朝重臣所佩蟬璫

稱貂蟬。應劭《漢官》云：「說者以金取堅剛，百煉不耗。蟬居高飲露，口在腋下，貂內勁捍而外溫潤。」據《晉書》卷二十五〈輿服志〉載，天子所戴通天冠，在冠前加「金博山顏」。「金博山顏」，當為山形的縷金飾件。傳為唐人閻立本在《歷代帝王圖》中所繪，魏文帝曹丕、晉武帝司馬炎、隋文帝楊堅等冠前均有山形飾紋。

　　1964 年冬，南京博物院在南京太平門內富貴山南麓東段晉恭帝墓碣之西，

清理發掘了一座東晉晚期大墓，通稱「富貴山大墓」。墓室因山而建，距地面9米處開鑿，墓坑南北長35米，東西寬7.5米，深4.3–7米不等。墓道前有排水溝，總長87.5米。封門牆呈弧形，由內向外疊砌，封門磚豎砌，甬道及墓室總長10米。甬道、墓室均為券頂，墓室呈長方形，南北長7.06米，東西寬5.18米，四壁砌磚，左右壁平直，後壁外弧。該墓出土隨葬物七十一件，其中銅器二十七件，陶器十八件，青瓷器十七件，陶俑四件。陶俑為持盾武士形象，一種圓臉，方耳，足蹬尖靴，通高52.8釐米；一種長臉，細頸，足蹬圓頭靴，通高50.2釐米。另外，還出土了飾以龍首、虎首的陶帳座四件。參照《建康實錄》卷十所記載，恭帝「葬沖平陵，在蔣山之陽，安帝同處」。推測當為晉恭帝司馬德文的沖平陵，但也不排除是安帝司馬德宗的休平陵。

東晉康帝司馬嶽駕崩，墓葬欲用寶劍及金舄二物，被人視為有違祖法，遂棄之不用。據《晉書·江逌傳》記載，穆帝司馬聃駕崩，擬用寶器隨葬，朝臣江逌進諫：「宣皇顧命終制，山陵不設明器，以貽後則。景帝奉遵遺制。逮文明皇后崩，武皇帝亦承前制，無所施設，惟脯糒之奠，瓦器而已。昔康皇帝玄宮始用寶劍、金舄，此蓋太妃罔已之情，實違先旨累世之法。今外欲以為故事，臣請述先旨，停此二物。」事終依江逌所諫而行，真乃臣直君明。

萬山磅礡看主峰。上樑端，下樑正。士大夫紛紛自為終制，遺命薄葬，從此形成一股良好的社會風氣。

圖 49　王祥臥冰求鯉

　　王祥是三國曹魏及西晉大臣，書聖王羲之的族曾祖父，曾數九寒天，臥冰求鯉，只為孝敬後母，被列為「二十四孝」之一。

　　《晉書》卷三十三〈王祥列傳〉載，年已八十五高齡的王祥於病情好轉後，著遺令訓子孫曰：

> 氣絕但洗手足，不須沐浴，勿纏屍，皆沆故衣，隨時所服。所賜山玄玉佩、衛氏玉玦、綬筍皆勿以斂。西芒上土自堅貞，勿用覽石，勿起墳壠。穿深二丈，槨取容棺。勿作前堂、布幾筵、置書箱鏡奩之具，棺前但可施床榻而已。糒、脯各一盤，玄酒一杯，為朝夕奠。家人大小不須送喪，大小祥乃設特牲。無違餘命！

　　意思是說：當我咽氣以後，只要洗洗手和腳就行了，不煩勞你們濯髮洗身，不要用綢布纏包屍體，把我的舊衣服都洗一下，將平時所穿的衣服給我穿上。皇上賜給我的山畜玉佩、衛氏玉器，係印的絲帶和盛器都不要隨葬。西芒山上土質本來堅硬而純潔，不要再用什麼磚石，不要堆起墳丘。墓穴深挖二丈，外棺只要能容納內棺即可。不要設靈堂、擺宴席、安置書箱鏡匣等器物，棺材前可放置床榻就行了。乾飯、乾肉等各置一盤，薄酒一杯，作為早晚祭奠的祭祀品。家裡大小人口都不要為我送葬，一周年祭日和兩周年祭日，再設牛豬等祭品。你們不要違背我的遺命！

　　泰始五年（269），王祥逝世，武帝司馬炎感其孝德和遺訓，詔賜東園秘器，朝服一具，衣一襲，錢三十萬，布帛百匹。

　　另外，《晉書》還分別記載了幾位時人的終制。

　　西晉開國功臣、樂陵郡公石苞終制云：「自今死亡者，皆斂以時服，不得兼重。又不得含，為愚俗所為。又不得設床帳明器也。定窆之後，復土滿坎，也不得起墳種樹。」

　　學者杜預終制云：「故遂表樹開道，為一定之制。至時皆用洛水圓石，開隧道南向，儀制取法于鄭大夫，欲以儉自完耳。棺器小斂之事，皆當稱此。」

　　著名醫學家皇甫謐《篤終論》所述其終制，尤為真切動人：

> 吾欲朝死夕葬，夕死朝葬，不設棺槨，不加纏斂，不修沐浴，不造

新服，殯含之物，一皆絕之。吾本欲露形入坑，以身親土，或恐人情染俗來久，頓革理難，今故牸粗為之制。奢不石槨，儉不露形。氣絕之後，便即時服，幅巾故衣，以簜除裏屍，麻約二頭，置屍床上。擇不毛之地，穿坑深十尺，長一丈五尺，廣六尺，坑訖，舉床就坑，去床下屍。平生之物，皆無自隨，唯齎《孝經》一卷，示不忘孝道。簜除之外，便以親土。土與地平，還其故草，使生其上，無種樹木。削除，使生跡無處，自求不知。不見可欲，則奸不生心，終始無怵惕，千載不慮患。形骸與後土同體，魂爽與元氣合靈，真篤愛之至也。若亡有前後，不得移祔。祔葬自周公來，非古制也。舜葬蒼梧，二妃不從，以為一定，何必周禮。無問師工，無信卜筮，無拘俗言，無張神坐，無十五日朝夕上食。禮不墓祭，但月朔于家設席以祭，百日而止。臨必昏明，不得以夜。制服常居，不得墓次，夫古不崇墓，智也。今之封樹，愚也。若不從此，是戮屍地下，死而重傷。魂而有靈，則冤悲沒世，長為恨鬼。王孫之子，可以為誡。死誓難違，幸無改焉。

晉武帝司馬炎曾這樣評論皇甫謐：「男子皇甫謐沈靜履素，守學好古，與流俗異趣。」

西晉時期，諸如宗室安平王司馬孚、定策滅吳的開國元勳羊祜、侍中兼諫議大夫庾峻、涼州刺史張軌及「竹林七賢」之一劉伶等人皆紛紛遺命薄葬。

第四節　南朝時期

南朝，自宋高祖武皇帝劉裕建國，經蕭齊、蕭梁、陳，先後歷經一百七十年。期間，曾出現過劉宋時期的「永嘉之治」。然而，劉宋立國僅傳八帝六十年。蕭齊立國傳七帝二十三年。蕭梁立國傳四帝五十五年。陳立國傳五帝三十二年。在這一百多年間，先後有二十四位皇帝即位，中間還時不時地加插著四王二侯的輪番上陣執掌朝政。除宋文帝劉義隆在位三十年，梁武帝蕭衍在位四十七年，陳宣帝陳頊在位十四年外，其餘皇帝平均在位不足四年。由於政局上的混亂，宗室內部的相互殘殺，導致帝統常更，廢帝頻出，也就影響到帝陵的卜選。劉宋時期的帝陵分佈在今南京市的四個區域：

（一）鐘山，今南京東郊麒麟門外麒麟鋪一帶，有宋武帝劉裕的初寧陵和宋文帝劉義隆的長寧陵；（二）岩山，今南京江寧區境內，有宋孝武帝劉駿的寧陵；（三）壇西，今南京南郊牛首山附近，宋少帝劉義符、前廢帝劉子業、後廢帝劉昱葬此；（四）幕府山，今南京市北中央門外，宋明帝劉彧的高寧陵，以及明帝生母沈太后崇寧陵在此。

宋孝武帝劉駿和宋明帝劉彧均為宋文帝之子，前者弒兄自立，荒淫無度。後者殺姪自立，盡戮宗室成員。蕭齊時期，蕭高帝蕭道成泰安陵坐落在江蘇丹陽胡橋獅子灣，齊武帝蕭賾的景安陵坐落在丹陽市荊林鄉前艾廟，齊明帝蕭鸞的興安陵坐落在丹陽市建山鄉金家村，齊和帝蕭寶融的恭安陵坐落在丹陽市胡橋鄉吳家村，梁武帝蕭衍的修陵及梁簡文帝蕭綱的莊陵均坐落在丹陽市荊林鄉三城巷，陳武帝陳霸先的萬安陵坐落在南京市江寧區上坊鎮石馬沖，陳文帝陳蒨的永寧陵坐落在南京市北郊北象山獅子沖，陳宣帝陳頊的顯寧陵坐落在南京市西南郊區西善橋油坊村。

南朝盛行薄葬。據《南史》卷三二〈張融傳〉載，南齊建武四年（497），司徒左長史、文學家、書法家張融遺命：「建白旒無旐，不設祭。令人捉麈尾登屋復魂，曰『吾生平所善，自當凌雲一笑』。三千買棺，無制新衾。左手執《孝經》《老子》，右手執小品《法華經》。妾二人哀事畢，各遣還家。」

《南史》卷三五〈顧憲之傳〉載，南朝梁武帝天監八年（509），太中大夫顧憲之臨終敕其子曰：

夫出生入死，理均晝夜。生既不知所從，死亦安識所往？延陵云：「精氣上歸於天，骨肉下歸於地，魂氣則無所不之。」良有以也。雖複茫昧難征，要若非妄。百年之期，迅若馳隙，吾今預為終制，瞑目之後，念並遵行，勿違吾志也。莊周、澹台，達生者也；王孫、士安，矯俗者也。吾進不及達，退無所矯。常謂中都之制，允理愜情，衣周於身，示不違禮，棺周於衣，足以蔽臭。入棺之物，一無所須，載以輀車，覆以粗布，為使人勿惡也。漢明帝天子之尊，猶祭以杅水脯糗；范史云列士之高，亦奠以寒水乾飯。況吾卑庸之人，其可不節哀也。喪易寧戚，自是親親之情，禮奢寧儉，差可得由吾意。不須常施靈筵，可止設香燈，使致哀者有憑耳。朔望祥忌，可權安

小床，暫施幾席，唯下素饌，勿用牲牢。

《南史》卷四九〈劉歊傳〉載，梁武帝天監十八年（519），隱士劉歊遺言：

氣絕不須復魂，盥漱而斂。以一千錢市成棺，單故裙衫，衣巾枕履。此外送往之具，棺中常物，一不得有所施。世多信李、彭之言，可謂惑矣。余以孔、釋為師，差無此惑。斂訖，載以露車，歸於舊山。隨得一地，地足為坎，坎足容棺。不須磚甓，不勞封樹，勿設祭饗，勿置幾筵。其蒸嘗繼嗣，言象所絕，事止餘身，無傷世教。

《南史》卷四九〈劉杳傳〉載，南朝梁武帝大同二年（536），著名文學家、藏書家、目錄學家劉杳臨終遺命：「殯以法服，載以露車，還葬舊墓，隨得一地，容棺而已，不得設靈筵及祭醊。」《南史》卷六九〈姚察傳〉載，隋大業二年（606），著名歷史學家、晉王侍讀、北絳郡公姚察「遺命薄葬，以松板薄棺，才可容身，土周於棺而已。葬日，止鹿車即送厝舊塋北。不須立靈，置一小床，每日設清水，六齋日設齋食，菜果任家有無，不須別經營也」。

北齊著名文學家、教育家顏之推遺命：

一日放臂，沐浴而已，不勞復魂，殮以常衣。先夫人棄背之時，屬世荒饉，家塗空迫，兄弟幼弱，棺器率薄，藏內無磚。吾當松棺二寸，衣帽已外，一不得自隨，床上唯施七星板；至如蠟弩牙、玉豚、錫人之屬，並須停省，糧罌明器，故不得營，碑誌旒旐，彌在言外。載以鱉甲車，襯土而下，平地無墳；若懼拜掃不知兆域，當築一堵低牆於左右前後，隨為私記耳。靈筵勿設枕幾，朔望祥禪，唯下白粥清水幹棗，不得有酒肉餅果之祭。親友來餽酹者，一皆拒之。

第五節　隋唐時期

2013 年 4 月 10 日，考古工作者在江蘇揚州發掘出土了隋煬帝楊廣墓，引起不小轟動，被評為 2013 年度全國十大考古新發現之一。

在揚州曹莊隋煬帝墓發現之前，全國標示的隋煬帝墓已有三處：一處在陝

西武功縣，一處在河南洛寧縣，一處在揚州市雷塘，皆係偽託。

圖 50　揚州曹莊隋煬帝陵　党明放 攝

　　曹莊隋煬帝陵位於揚州市邗江區西湖鎮司徒村曹莊組蜀岡西峰峰頂，係帝、后同塋異穴合葬墓。海拔 24.7 米。隋煬帝在位十四年。初殯于江都宮流珠堂，後葬吳公台下，後以帝禮改葬雷塘現址。清嘉慶十二年（1807），大學士阮元為其立碑，揚州知府伊秉綬隸書「隋煬帝陵」四字。

　　隋煬帝墓葬平面近正方形，東西長 49 米，南北寬 48 米。2013 年 4 月至 11 月，經考古發掘，兩座墓葬共清理出土玉器、銅器、陶器、漆器等珍貴文物 400 件（套），其中不乏罕見之物，如十三環蹀躞金玉帶，由帶扣、扣柄、孔銙及長形蛇鉈尾等組成，共 36 塊。鎏金銅輔首 4 件，直徑約 26 釐米。另有灰陶持笏文官俑、武士俑、騎馬俑等 100 多件。在蕭后墓前室，出土銅編鐘 16 件，銅編磬 20 件，另有玉璋 1 件、鳳冠 1 頂、19 足青釉辟雍瓷硯 1 件，以及陶馬、陶牛、陶羊、陶豬、陶雞、陶駱駝、雙人首蛇身俑、文官俑、武士俑等 100 餘件。

　　唐朝盛行厚葬，特別是帝王陵墓，須置「千味食品，萬般器用。」唐末及五代時期，耀州節度使溫韜帶兵盜掘昭陵，發現其隨葬品之豐厚，不異於人間。不通文墨的溫韜，對於價值連城的書畫作品看不上眼，而是將裝裱在外的綢緞全部撕了下來帶走，史載，王羲之〈蘭亭序〉曾陪葬昭陵，但令人不解的是，

在溫韜逐一登記的盜發物品中，竟無此帖。

圖 51　十三環蹀躞金玉帶　揚州曹莊隋煬帝墓出土

圖 52　陶雞　揚州曹莊隋煬帝墓出土

乾陵在中國歷史上曾遭遇數次盜掘，但終因其「堅固異常」得以保全。截至目前，也沒被考古發掘。有關地宮中的隨葬品，看到各種估算，有說隨葬金銀器用逾五百噸，這種說法顯然出奇地離譜。不過可以肯定，乾陵隨葬品在關中唐十八陵中應該是很豐厚的。

相傳，《垂拱集》係武則天仿王羲之行書書寫而成，一百卷。內容分兩大部分：一部分記敘她如何從一位才女到昭儀、到皇后，到登上皇帝寶座的過程，算是她宮廷生活的日記；另一部分是她治國方略和經驗的總結。據說，武則天臨終前，曾遺囑李顯，要把她的《垂拱集》作為陪葬品埋入乾陵。除此之外，據說還有李世民詔命閻立本為武則天畫的像，以及上官婉兒手跡等等。這些也只能留待以後揭曉了。

《舊唐書》卷十六〈穆宗本紀〉載：元和十五年（820）正月，憲宗駕崩，皇太子李恒即位，是為穆宗。五月十一日，穆宗詔令：「入景陵玄宮合供千味食，魚肉肥鮮，恐致熏穢，宜令尚藥局以香藥代食。」

玄宗朝關於明器的使用，開元二十年（732）頒佈《開元禮》：規定三品以上，明器九十事，共五十舁；五品以上，明器六十事，共三十舁；九品以上，明器四十事，共十舁。以上，明器皆以瓦木為之，四神高度不得過尺，其餘不得超過七寸。庶人明器十五事，所造明器，只准以素瓦為之，高度不得超過七寸。

玄宗開元二十九年（741）、憲宗元和六年（811）、武宗會昌元年（841）又在明器數量及高度方面進行了新的規定。以會昌元年（841）為例，三品以上，明器一百事；五品以上，明器七十事；九品以上，明器五十事；庶人明器二十五事。關於四神的高度，三品以上不得超過一尺五寸；五品以上不得超過一尺二寸；九品以上不得超過一尺；庶人不得超過七寸。

《舊唐書》卷九十五〈睿宗諸子列傳〉載：開元二十九年（741）十一月二十四日，睿宗李旦嫡長子、寧王李憲病卒，玄宗李隆基詔令陪葬橋陵之側。壙內終送之物「尚食所料水陸等味，一千餘種，每色瓶盛，安于藏內，皆是非時瓜果及馬、牛、驢、犢、獐、鹿等肉，並諸藥酒三十餘色。」並號其墓為惠陵。

圖 53　唐讓帝惠陵神道石柱殘件　党明放 攝

在憲宗元和年間（806–820）之後的墓葬中，曾出土有另外的陪葬物品，如四川前蜀王建墓中放置棺槨的地方，出土了鐵牛、鐵豬各一對。唐人劉肅在《大唐新語》卷十三中寫道：

> 平地之下，一丈二尺為土界，又一丈二尺為水界，各有龍守之。土龍六年而一暴，水龍十二年為一暴，當其隧者，神道不安，故深二丈四尺下，可設窆穸……鑄鐵為牛豕之狀像，可以御二龍。

由此可見，墓內放置鐵牛、鐵豬正是用來鎮墓辟邪的。

由於皇家的厚葬之風相繼蔓延，致使京官，甚至外官競相效仿。代宗大曆十年（775）冬十月，檢校刑部尚書兼太子太保李光進母親病卒，形成空前爭相送禮的局面，「將相致祭者凡四十四幄，窮極奢靡。城內士庶，觀者如堵」。《舊唐書》載，太極元年（712），左司郎中唐紹向中宗皇帝上疏稱：

> 臣聞王公已下送終明器等物，具標甲令，品秩高下，各有節文。近者王公百官，競為厚葬。偶人像馬，雕飾如生。徒以炫耀路人，本不因心致禮。更相扇慕，破產傾資。風俗流行，下兼士庶。若無禁制，奢侈日增。望諸王公已下送葬明器，皆依令式。並陳於墓所，木得衢路行。

高宗針對厚葬之風日漸盛行，下令對越禮厚葬者一律「嚴加捉搦」。開元二年（714）九月三十日，玄宗下制：

> 自古帝王皆以厚葬為戒，以其無益亡者，有損生業故也。近代以來，共行奢靡，遞相仿效，浸成風俗，既竭家產，多至凋敝。然則魂魄歸天，明精誠之已遠；卜宅于地，蓋思慕之所存。古者不封，未為非達。且墓為真宅，自便有房，今乃別造田園，名為下帳，又冥器等物，皆競驕侈。失禮違令，殊非所宜；戮屍暴骸，實由於此。承前雖有約束，所司曾不申明，喪葬之家，無所依准。宜令所司據品令高下，明為節制：冥器等物，仍定色數及長短大小；園宅下帳，並宜禁絕；墳墓塋域，務遵簡儉；凡諸送終之具，並不得以金銀為飾。如有違者，先決杖一百。州縣長官不能舉察，並貶授遠官。

第六節　宋元時期

北宋提倡薄葬，據《歷代名臣奏議》卷一二三〈喪禮〉載，除太祖趙匡胤及太宗趙光義是「國家山陵送往，儉於前代」外，後代皇帝便隨心所欲，不守祖規，致使厚葬之風蔓延。仁宗幼子豫王亡故，仁宗趙禎詔令厚葬。當時有數十萬役工「盛夏起墳，鑿土穿山。」所費資財高達五十萬緡（「緡」為貨幣計量單位，通常以一千文為一緡）左右，甚至弄得「三司力屈，百計收斂。」張

貴妃亡故，仁宗更是「役萬兵之眾，費百萬之財。」嘉祐六年（1061）九月，董充媛亡故。寵妃離世，仁宗傷心至極，遂「崇大後宮之喪」，其「送終之禮，太為崇重。」曾被譽為皇帝首席講官的范祖禹曾親眼看見葬仁宗入昭陵時的情景：「有緘皮匣納之方中者甚多，皆出入禁中。」由於仁宗厚葬過禮，最終致使「公私騷然」。

乾興元年（1022）二月十九日，真宗趙恒于延慶殿駕崩，十月，葬永定陵。所用明器象物「非常侈大」。宋人尹洙〈濤公行狀〉云其「自京城至陵墓，凡城門民舍擋道者一律撤毀，以過車輿象物。」元豐八年（1085）三月，神宗趙頊駕崩，葬永裕陵。永裕陵山陵崇大，「寢宮施以金珠」。

南北宋陵的隨葬品及種類基本相同，但其中的十二神等明器由掌造金銀犀玉工巧之物及彩繪裝鈿等器物的專門機構——文思院製造。從宋理宗趙昀永穆陵被盜情況看，理宗頭枕七寶摩挲伏虎枕，口銜大顆夜明珠，腳旁置放穿雲琴，棺材以馬蹄金鎮壓，棺內兩側雜陳玉、璧、圭、琮、璋等，棺底鋪金絲編織的「竹席」，其上為什錦軟墊。

元朝是蒙古人的天下，蒙古人在馬背上得天下。元朝皇帝駕崩後，慣用潛埋方式。「國制不起墳壠，葬畢，以萬馬蹂之使平，彌望平衍，人莫知者。」據《黑韃記略》載：「其墓無塚，以馬踐柔，是平如平地。」據清人孫承澤《春明夢餘錄》卷七十〈陵園〉載：

> 元人無陵，遇大喪，棺用楠木兩片，鑿空其中，類人形大小，合為棺，置遺體其中。殮用皮襖、皮帽、靴、襪，繫腰，盆盂俱用白粉皮為之。殉以金壺瓶二，盞一，碗、碟、匙、箸各一，殮訖，用黃金為箍，四條以束之，送至直北園寢之所，深埋之，用萬馬蹴平，候草青方已，使同平坡，不可複識。

葉子奇在其《草木子》也講道，蒙古皇帝駕崩後，選用兩片梡木，分別在中間鑿出人體形狀，然後將屍體放入合上。然後將梡木人形棺材塗漆，用金繩捆綁三圈，送到克魯倫河與土拉河上游的肯特山中，再挖坑埋入。墓葬不起墳丘，葬畢，再以馬匹將地表踏平，派人守衛，再在墓上宰殺一隻小駱駝。等到來年春天，當墓地上長滿青草時，即可撤去守墓人馬。想要到墓地祭祀的時候，

則以被宰殺的那頭小駱駝的母親為嚮導，如果老駱駝在某一地點躑躅悲鳴，則此處即為墓葬所在。

　　成吉思汗衣冠塚位於內蒙古鄂爾多斯市伊金霍洛旗阿騰西勒鎮東南甘德利草原包爾陶勒蓋北坡上。伊金霍洛，蒙語「聖主陵園」或「帝王陵寢」之意。

圖 54　成吉思汗衣冠塚

　　南宋寶慶三年（金正大四年，1227）七月十二日，成吉思汗在六盤山下清水縣（今屬甘肅）病逝。1956 年，正式建立成吉思汗陵。陵園建築面積為 55000 平方米，主體有三座相連接的陵宮組成。正殿高 26 米，在白色的牆體上，拱立著蒙古包式的穹廬頂，頂端用以黃白色琉璃瓦鑲砌出吉祥圖案。東西殿均高 18 米。在正殿的中央，立有一尊 5 米高的成吉思汗坐像。後殿分別供奉著成吉思汗及其三位夫人與兩位胞弟的靈柩。在東殿則供奉著成吉思汗第四子的靈柩。在東西長廊的兩側，則是成吉思汗征戰生涯的大型壁畫。

　　按照蒙古人的習俗，成吉思汗死後所進行的也採取秘葬。起初，蒙古人將其生前使用過的宮帳安放在阿爾泰山與肯特山之間的高原之上，並建了八座白色氈帳，人稱「八白室」。元朝滅亡後，陵寢幾經遷移，至清順治六年（1649），才基本在伊金霍洛旗安定下來。民國二十七年（1938），為避免遭到日本和蒙奸的破壞，陵寢先後移至甘肅榆中縣和青海湟中縣的塔爾寺安放。中華人民共

和國成立後，中央政府撥專款進行修建，1954 年迎回。後經考古發現，地宮中有兩具巨大的銀棺被密集的銅鎖包圍，專家發現銀棺竟有七層。

據文獻記載，秘葬成吉思汗及蒙元諸帝之地——起輦谷。起輦谷究竟在何處？梳理中外文獻資料，共有：克魯倫河（位於蒙古國肯特山東南麓）、不兒罕合勒敦山（位於伊金霍洛旗）、阿爾泰山三種稅法。在國內，則有《元史》說、《蒙古黃金史綱》說、《馬可‧波羅遊記》說、《史集》說、六盤山說，以及伊金霍洛旗說。

1995 年，就有美國考古學家動用衛星遙感，GPS 衛星定位及衛星圖像，詳細分析蒙古國東部地區，探尋數年，一無所獲。稍後，又有日本學者就勘查成吉思汗陵，與蒙古國簽定協議。2002 年 9 月 18 日的《光明日報》刊發了齊柳明的文章稱：「近年來，國際上再次掀起尋找成吉思汗墓地的熱潮，對此，日本八十高齡的著名考古學家江上波夫鉅資購買了蒙古草原的 TM 衛星圖像，還動用航測直升機，將肯特山與和林草原拉網式遙測勘探。」而令人遺憾的是，歷經三年，終無所獲。最後認為，成吉思汗陵墓是在中國內蒙古境內。而中國國家社會科學重大委託專案「蒙古族源與元朝帝陵綜合研究」項目組專家則「鎖定」成吉思汗陵墓在阿爾泰山。

元太祖成吉思汗之孫、元憲宗孛兒只斤‧蒙哥，1259 年死於合州（今四川合川縣）東釣魚山下，諸王用毛驢車將其屍體運回漠北安葬。為了保密，沿途凡見人輒殺勿論，被殺無辜者竟達二萬餘人。

第七節　明清時期

在明十三陵中，神宗朱翊鈞定陵是唯一一座被發掘的帝王陵墓。1955 年 10 月 15 日，時任中國科學院院長郭沫若、文化部部長沈雁冰、北京市副市長吳晗、人民日報社社長鄧拓、中國科學院第三歷史研究所所長范文瀾及全國人大常務委員會副秘書長張蘇等聯名上書國務院總理周恩來，建議發掘明長陵。在發掘明長陵之前，決定先對定陵進行試掘。當時商議的結果是，如果定陵不能順利試掘，則對獻陵試掘。翌年 5 月，試掘工作陸續展開。1957 年 6 月 17 日，國務院下發通知，根據吳晗的意見，決定增加郭沫若、沈雁冰、張蘇、齊燕銘、

范文瀾、鄧拓、鄭振鐸七人為發掘委員會委員。截至 1958 年 7 月，定陵發掘清理工作基本結束，歷時兩年零兩個月。

考古發掘發現：定陵玄宮由前、中、後、左、右石結構殿堂組成，並設三條隧道，即所謂的「五室三隧」。總面積達 1195 平方米。玄宮五室採用「九重法宮」形式格局。平面佈局分前、中、後三大殿，前、中二殿以石門相隔，前、中殿均高 7.2 米，寬 6 米，長 58 米，中間以長方形甬道相連。門上縱橫九排八十一枚乳頭狀門釘，中殿兩側辟有甬道及石門，可通向左、右配殿。配殿西牆為後殿入口處。地宮均為石拱券。中殿有三個漢白玉石寶座（靈座），寶座成品字形面東放置。中間大，兩邊小。座前各有一座黃色琉璃五供。五供前設青花雲龍紋大瓷缸各一口，缸內裝備香油，是為長明燈。左、右配殿形制相同，在漢白玉鑲邊的棺床上空空如也。後殿又稱玄堂，長 31 米，寬 9.1 米，高 9.5 米，地面為磨光花斑石。漢白玉壘成的棺床上置放著三口朱漆棺槨。中間是神宗朱翊鈞的靈柩，左、右兩邊分別是孝端和孝靖皇后。周圍有二十六隻陪葬箱子、玉石和青花瓷瓶等。

在定陵墓葬中，既有冠戴、首飾、袍服、枕被及爵、盂、盆、碗外，又有諡寶、諡冊、銘旌、儀仗等。器物有金、銀、玉、瓷等，袍服有綢、緞、絹、紗、羅、布等。神宗的翼善冠以純金工藝打造，高 0.24 米，直徑 0.175 米，重 826 克，分前屋、後山、金折角（俗稱紗帽翅）三部分。其中前屋的燈籠空花紋由 518 根 0.2 毫米細的金絲編織而成，無斷絲，無接頭，疏密一致。後山的飾件為二龍戲珠圖案，採用陽鏨工藝雕刻，龍身、龍腿等部位採用傳統的掐絲、壘絲及碼絲工藝製作。鱗片則由金絲搓擰而成的花絲焊碼成型。

圖 55　烏紗翼善冠　明定陵出土

兩位皇后的冠戴中，計有鳳冠四頂，分別為十二龍九鳳冠、九龍九鳳冠、六龍三鳳冠、三龍二鳳冠。飾品為珍珠寶石。孝端皇后的六龍三鳳冠，通高

0.355 米，冠底直徑 0.2 米。龍係全金絲製作，鳳係點翠工藝製成。冠頂飾三龍，正中一龍口銜珠寶滴，兩側龍向外作騰飛狀，在其下面有由花絲工藝製作的如意雲頭，中層為三隻翠鳳。其餘三龍則裝飾在冠後中間部位。冠的下層飾有大小不等的珠花，花心鑲嵌紅藍寶石，周圍襯以翠雲翠葉。冠背左右各有博鬢三扇，每扇均飾一金龍，整冠鑲嵌寶石一百二十八顆，其中紅寶石七十一顆，藍寶石五十七顆，珍珠五千四百四十九顆。

圖 56　十二龍九鳳冠　明定陵出土

神宗身上蓋錦被，身下鋪錦被及九層褥墊，其中一件褥墊上綴著十七枚「吉祥如意」金錢。頭戴烏紗翼善冠，身穿刺繡袞服，腰繫玉帶，下身穿黃素綾褲，足蹬紅素緞高繡靴。另有各種衣料、布匹和服飾用品達六百多件，尤以皇帝的緙絲十二章袞服龍袍和孝靖皇后的羅地灑線繡百子衣最為珍貴。

孝端皇后身上蓋緞被，身下鋪織金緞被及 4 層褥墊，其中一層褥墊上綴著一百枚「消災延壽」金錢。頭戴黑紗尖形棕帽。上身穿繡龍方補黃綢夾衣，下身穿黃色纏枝蓮花緞夾褲，足蹬黃緞鞋，腰間繫著繡雲龍紋長裙。

明定陵共出土各類器物三千多件，其中有金器、銀器、玉器、珠寶、金冠、鳳冠、袞服、冕旒、百子衣等，堪稱明代皇陵規制的代表。定陵的發掘為明史研究提供了重要的實物資料。

乾隆的裕陵從乾隆八年（1743）開始修建，一直到他駕崩，總共花費了一百八十萬兩白銀。據清代檔案記載，乾隆龐大的棺材內放置著各種珠玉寶石及金銀器玩數百件，而價值連城的寶物當推乾隆脖子上那串由一百零八顆珍珠串成的朝珠和身旁的那柄九龍寶劍。

同治十二年（1873），開始修建慈禧的定東陵，整個工程持續了將近十年。安放慈禧的棺材就經過了四十道工序，施以金飾和漆飾。根據當時隨葬入棺珍寶記錄，情況如下：棺底鋪金絲鑲珠寶錦褥，厚達七寸，鑲滿大小珍珠一萬兩千零六十四顆，紅光寶石二百零三塊，在錦褥上又覆蓋一條繡滿荷花的絲褥，在其上面鋪滿了二千四百顆五分重得圓珠，在圓珠上又鋪以曾繡佛串珠薄

褥，褥張用二分珠一千三百粒。慈禧身著金絲繡禮服，外罩繡花串珠褂，僅此兩件就用去大珍珠四百二十顆，中珍珠一千顆，小珍珠四千五百粒，寶石一千一百三十五塊。慈禧周身纏繞著九鏈串珠，頭戴珠冠，冠上嵌外國朝貢寶珠一顆，重四兩，大如雞蛋，價值白銀一萬兩。慈禧頭枕著一隻翡翠西瓜，腳蹬碧玉大蓮花，口含夜明珠。為了填補棺材內的空隙，又用了大珍珠五百顆，中珍珠五千五百顆，小珍珠一千顆以及紅寶石二千二百塊。最後，又在慈禧的身上蓋了一件網珠被，上嵌珠寶六千顆。

另據清內務府《孝欽後人檢、送衣版、賞遺念衣服冊》記載，光緒五年（1879）四月十六日，地宮修成之日，放入金花扁鐲一對，綠玉福壽三多佩一件，上拴紅碧瑤豆三件。光緒十二年（1886）三月二日，在地宮中安放紅碧瑤鑲子母綠別子一件，紅黃碧瑤葫蘆一件，東珠一顆，正珠一顆，紅碧瑤長壽佩一件。光緒十六年（1890）二月二十九日，在地宮安放正珠手串一盤，紅碧瑤佛頭塔，綠玉雙喜背雲茄珠墜角，珊瑚寶蓋、玉珊瑚杵各一件，綠玉結小正珠四顆。黃碧瑤葡萄鼠佩一件，上拴紅碧瑤豆一件。紅碧瑤葫蘆蝠師一件，上拴綠玉玩器一件。綠玉佛手別子一件，上拴紅碧瑤玩器一件。紅碧瑤雙喜佩一件，上拴綠玉一件。光緒二十八年（1902）三月十日，在地宮安放白玉靈芝天然小如意一柄，白玉透雕夔龍天干地支轉心璧佩一件，紅碧瑤一件。光緒三十四年（1908）十月十二日，在地宮安放金鑲萬壽執壺二件，共重一百九十七兩七錢一分，上鑲正珠四十顆，蓋上鑲正珠六十顆，米珠絡縷一千零六十八顆，真石墜角。金鑲珠石無疆執壺一件，共重九十一兩六錢，上鑲小紅寶石二十二件，同年十月十五日，在地宮安放金佛一尊，鑲嵌大小正珠、本珠六十一領。小正珠數珠一盤，共二百零八領。玉佛一尊。玉壽星一尊。正珠念珠一盤，計珠二百零八領，珊瑚佛頭塔，綠玉福春三多背雲，佛手、雙墜角上拴綠玉遂蓬一件，珊期古錢八件，正珠二十二領。正珠念珠一盤，計珠二百零八領，紅碧瑤佛頭塔、釵金點草，鑲大正珠，背雲茄珠、大墜角珊瑚紀念藍寶石，小登南上穿青石樸一件，小正珠四領，鍍金寶蓋，小金結六件。正珠念珠一盤，珊期佛頭塔，背雲燒紅石金，紀念三掛，藍寶石小墜角三件，加間小正珠二碩，珊瑚玩器三件，碧玉杆一件。雕珊期圓壽宇念珠一盤，計珠一百零八碩。雕綠玉團壽字佛頭塔，荷遂背雲，紅碧瑤瓜展大墜南上拴白玉八寶一份，姍瑚豆十九個。珊期念珠一盤，碧玉佛頭塔，背雲紅色，紀念三掛，紅寶石小墜庸三件，催生石玩器三件。在

慈禧生前，定東陵的地宮剛剛竣工時，許多珍貴的寶物即陸續送達地宮安放。隨葬物品名目繁多，奢華之極，令人咋舌。直到慈禧入葬，地宮才得以最終封閉。

第七章　陵墓殉葬

　　殉葬，作為一種野蠻喪俗，大約出現在西元前 3000 年至西元前 2700 年的蘇美爾王朝中葉。蘇美爾，位於今伊拉克東南部的幼發拉底河與底格里斯河下游。其中烏爾王陵有殉葬墓十六座，每座殉數十人。墓主不詳的殉人多達七十四人，其中女性六十八人。而在埃及阿卑多斯王陵的殉葬墓有五百座，薩卡拉王陵的殉葬墓超過了八百座。根據《世界上古史綱》作者的觀點，這些墓殉者大多是王室親眷、大臣、侍從及高貴婦女。

　　在我國，殉葬指為死者追求冥福，用器物、人牲或人殉的從葬。所謂「奴僕殉主，妻妾殉夫」。人殉作為古代喪葬陋習，常常會施以某種殘忍手段致活人非正常死亡。

　　人殉分自願殉葬和強迫殉葬兩種形式。中國古代婦女流行自經（俗稱上吊）、絕食等方式結束生命，印度女人則施行自焚。

第一節　殷周時期

　　殷商是實行人牲、人殉的鼎盛時期。上至殷王統治階層，下至四鄰方國，競相效尤。「人殉」，被殺者多為墓主的近親、近臣或近侍。而「人牲」，是為祭祀祖先、神靈或自然萬物而殺戮活人以為祭品，通常情況下，被殺者多為戰俘、奴隸或仇人。

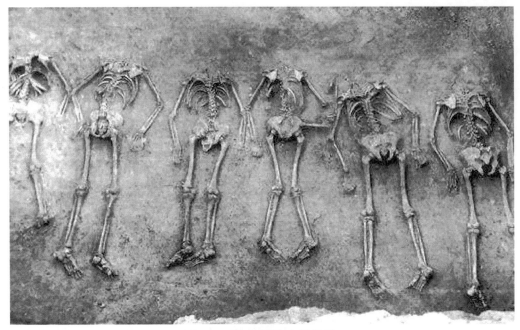

圖 57　殷商墓葬中的殺殉

　　殷商時期盛行殺殉，在王墓墓底的正中都會挖有一坑，謂之腰坑，坑內殉
葬人或狗。在古代人的觀念中，狗不嫌貧愛富，忠誠可靠，為主人看守門戶。
事實上，也是一種以狗作為厭勝辟邪的方術。但也流行人殉，在甲骨卜辭裡，
殺人祭祀的記錄比比皆是。據黃展嶽《古代人牲人殉通論》記載：

　　就時代而論，甲骨文裡有關人牲的卜辭，以殷武丁（前 1339– 前
1281）時為最多，計有甲骨六百七十三片，卜辭一千零六條。祭用
九千零二十一人，最多的一次用五百人。另有五百三十一條未計人
數。其次是廩辛、康丁、武乙、文丁（前 1240– 前 1210）時，計有
甲骨四百四十三片，卜辭六百八十八條，祭用三千二百零五人，最
多的一次用二百人，另有四百四十四條未計人數。再次是祖庚、祖
甲（前 1280– 前 1241）時，計有甲骨一百片，卜辭一百一十一條，
祭用六百二十二人，最多的一次用五十人。另有五十七條未記人數。
再其次是帝乙、帝辛（前 1209– 前 1123）時，計有甲骨九十三片，
卜辭一百一十七條，祭用一百零四人，最多的一次用三十人。另有
五十六條未記人數。所載人牲最少的是武丁以前，即盤庚、小辛、小
乙（前 1395– 前 1340）時，計有甲骨四十一片，卜辭七十條，祭用

一百人，最多的一次用二十人。另有五十七條未記人數。從盤庚遷殷（前1300）到帝辛亡國（前1046），在這八世十二王二百五十四年間，共用人牲一萬三千零五十二人，另有一千一百四十五條卜辭未記人數，如每條以一人計算，全部殺人祭祀至少當用一萬四千一百九十七人。

1976年，考古工作者在河南安陽武官村北的殷王陵區發掘了一百九十一個祭祀坑，據清理，此坑共殉葬一千一百九十八人。據發掘現狀推測，這些人並不是一次被殺戮後埋葬的，而是進行了很多次，最多的一次殺戮了三百三十九個奴隸。有的身首異處，有的被砍斷上肢，有的被砍斷下肢，有的被剁腳趾，有的被腰斬。為了防止被殺者反抗，死者在死前手足都被捆綁，多為青壯年男性，其殺戮手段令人髮指，慘不忍睹。殷王陵區專門的祭祀場所位於安陽侯家莊西北崗東區，基本都是人頭坑，亦稱「人頭葬」。排列狀況是，十坑成一排，每坑埋葬頭顱十顆。河南安陽小屯村婦好墓內殉葬十六人，其中四人位於槨頂上部的回填土中，二人在東壁龕中，一人在西壁龕中，一人在腰坑中，八人在槨內棺外。另外還殉狗六隻，除一隻在腰坑中外，餘均埋在槨頂上部。

長口子墓為西周初期墓葬，位於河南鹿邑縣東太清宮遺址之上。1997–1998年發掘，墓坑為四級二層台，槨室平面呈「亞」字形，底長8.1米，寬5.6米，深8米。墓主仰身直肢。隨葬品竟有兩千多件，其中有銘文的共五十件，其中銘「長口子」三字者為三十二件，由此可知，墓主是長口子，長是國名，口是私名，子是爵位。另外，還清理出牲人一具，殉人十三具。為南北兩條斜坡墓道的豎穴土坑木槨墓。全長49.5米，南墓道為主墓道，底部埋人牲一具，頭部向南，下肢已殘。在主墓道回填土中，埋生馬五匹。其餘的十二具殉人放置多處：其中在南墓道進入墓室的入口處埋八人，有五人仰身直肢東西排列，面部向東；有三人仰身直肢，並排，放其腳下，面部向北。共二男三女三兒童，女性年齡均在十八左右歲，似為奴僕。在西二層臺上埋一人，為十八歲左右女性。在東二層臺上埋一人，為十六歲左右女性。二者似為近身婢妾。在棺材兩側各埋一人，身旁有骨排簫、銅鐃等樂器。腰坑埋一人，男性，頭掛小貝串飾一件及玉鳥二件，似為侍衛。

東周時期，有更多的殉葬者是同墓主異穴，或異地而葬，但在墓主陵園內

或陵園附近的居多。此種殉葬方式直接影響到了王室、勳臣、嬪妃等階層，以能陪葬在諸侯陵園內為最大的榮耀。《墨子‧節葬下》載：「天子諸侯殺殉，眾者數百，寡者數十。將軍大夫殺殉，眾者數十，寡者數人。」

在陝西鳳翔縣秦都雍城內，有一處寢廟建築群遺址，長 160 多米，寬 90 多米，當為春秋中晚期。從 1981 年開始，經過長達十年的發掘清理，發現各類祭祀坑一百八十一個，其中：牛坑八十六個，羊坑五十五個，牛羊坑一個，木車坑二個，人牲坑八個，人牲羊牲坑一個，瘞埋祭肉或牲血坑二十八個。均為豎穴，南北向，東西排列，絕大部分就分佈在寢廟中庭。少數在東西兩廂的空地上。

湖北隨縣擂鼓墩一號墓係戰國早期曾侯乙墓葬，1979 年發掘清理，發現殉葬二十一人。槨室分東、西、中、北四室，主棺位於東室，在東室，另有八具殉人棺及一具狗棺。西室有十三具殉人棺，殉人棺材長 1.9–2 米，寬 0.65–0.80 米，高 0.60–0.80 米，彩繪，竹席裹屍，每棺一人，有少量的玉器、木梳及篦梳隨葬。經對殉人骨架的科學鑒定，均為二十歲左右的女性。與墓主同室的八個殉人，似為姬妾之屬，西室的十三個殉人似為樂伎。

秦公陵寢位於甘肅省禮縣永興鄉趙坪村大堡山，1994 年對園內的兩座大墓及一座車馬坑進行了發掘，在二號墓（按：推測當為秦襄公），有牲人十七具，殉人七具，墓底中央有腰坑，埋狗一隻，玉琮一件，殉人有木棺，隨身佩戴小件玉飾；在三號墓（按：推測當為秦襄公之夫人），有牲人七具，殉人一具以上。車馬坑內埋木車十二輛，馬四十八匹。

《史記》卷五〈秦本紀〉記載：秦武公二十年（前 678），「武公卒，葬雍平陽。初以人從死，從死者六十六人」。後歷德公、宣公、成公三世，殉葬數量仍然居高不下。《史記》卷五〈秦本紀〉正義引應劭云：「秦穆公與群臣飲酒酣，公曰『生共此樂，死共此哀。』於是奄息、仲行、針虎許諾。及公薨，皆從死。〈黃鳥〉詩所為作也。」秦穆公三十九年（前 621），穆公卒，葬雍縣（今陝西鳳翔縣南），從葬者達一百七十七人，其中就包括奄息、仲行、針虎三位大臣。秦人為之痛哀，遂作歌〈黃鳥〉。黃鳥，哀三良也，國人諷刺秦穆公以人從死，作詩〈黃鳥〉三章，每章十二句，詩句悱惻深沉，表達了秦人對奄息、仲行、針虎三位良吏的無限哀痛和對秦穆公的憤懣之情。

交交黃鳥，止於棘。誰從穆公？子車奄息。維此奄息，百夫之特。
臨其穴，惴惴其慄。彼蒼者天，殲我良人！如可贖兮，人百其身！

交交黃鳥，止于桑。誰從穆公？子車仲行。維此仲行，百夫之防。
臨其穴，惴惴其慄。彼蒼者天，殲我良人！如可贖兮，人百其身！

交交黃鳥，止于楚。誰從穆公？子車鍼虎。維此鍼虎，百夫之御。
臨其穴，惴惴其慄。彼蒼者天，殲我良人！如可贖兮，人百其身！

　　三位良吏墓塚在岐州雍縣（今陝西鳳翔縣南）古城內，距秦穆公墓約 500
米。

　　陝西鳳翔縣秦公一號大墓是秦景公之墓，經考古發掘，墓中發現殉葬者
180 人，其中有寵臣，有貴族，有奴隸，有的一棺一槨，有的只一棺，有的無
棺無槨，有的置於墓道，有的則被填於回土之中。

　　秦獻公嬴師隰，早年流亡魏國。秦獻公元年（前 384），嬴師隰明令「止
從死」。替代殉人的物形——俑，便應運而生，經歷了從木俑－泥俑－石俑－
陶俑，或人或馬或車或兵器等等。

　　其實，殉葬並未止住。西周貴族和諸侯的墓葬延續了殷商殺殉和人祭現象，
但與殷商不同的是出現了合葬墓。

　　2021 年 3 月 20 日，三星堆新發現 6 座祭祀坑。出土各種金面具殘片、青
銅面具殘片、青銅神樹、絲綢製品殘留物等 500 餘件。面具殘片做工考究，其
中的金屬淬煉工藝和打磨工藝，遺跡絲綢製品殘留物的紡織工藝，都遠遠超出
當時的生產水準。

第二節　秦漢魏晉時期

　　據文獻記載，修建秦始皇陵的勞役者，大部分為徵集而來的刑徒人員。秦
國刑法是輕罪重判，稍不留意，便會觸犯刑律受罰。以致形成「赭衣塞路，囹
圄成市」的局面。在秦始皇陵西南方向約 1500 米處，考古發現有刑徒墓地三處。
其中，位於趙背戶村西的墓地南北長 180 米，東西寬 45 米，面積約 8100 平方米。
墓葬分三行密集排列，東邊的一行墓作南北向，另外兩行為東西向，墓與墓之

間有的僅有 0.2 米，小坑之間隔牆僅有 0.1 米。在三十二座墓內清理挖出人骨架百餘具，其中，成年女性三人，兒童兩人，其餘均為二三十歲的青壯年。除極少數仰身直肢者外，其餘均為側身屈肢者，或俯身屈肢者，頭向不一，且坑內屍骨有的平放，有的疊壓，有的身首異處。

在整個秦朝，人殉現象非常嚴重。《史記》卷六〈秦始皇本紀〉載：始皇三十七年（前 210）九月，「葬始皇驪山……二世曰：『先帝后宮非有子者，出焉不宜。』皆令從死，死者甚眾，葬既已下，或言工匠為機，臧皆知之，臧重即泄。大事畢，已臧，閉中羨，下外羨門，盡閉工匠臧者，無復出者。」這裡的「無復出者」指兩類人：一類是秦王政後宮沒有生育的妃子，另一類是因害怕修陵的工匠洩漏陵墓中秘密而被殺的。依此記載推測，人數不會太少。這是秦二世胡亥的決定，與秦始皇沒有關係。又《漢書》卷三十六〈楚元王傳〉載：「秦始皇帝葬于驪山之阿……又多殺宮人，生薶工匠，計以萬數。」除了宮人和工匠外，還有大臣，諸如蒙恬、蒙毅，以及太子扶蘇、公子將閭昆弟三人。另有「六公子戮于杜」，「公子十二人僇死咸陽市，十公主矺死于杜」。「矺」都是秦朝死刑的類別。「僇於市」即棄市，就是在鬧市區把人殺死，「僇」同「戮」，殺戮。「矺」同「磔」，肢解肢體致人死亡。全句是指：秦二世胡亥將他的兄弟姊妹中十二位兄長殺死在咸陽鬧市，把他的十位姐妹在杜這個地方肢解而死。又《史記》卷八十七〈李斯列傳〉載，二世胡亥即位後，「公子高欲奔，恐收族，乃上書曰：『先帝無恙時，臣入則賜食，出則乘輿。御府之衣，臣得賜之；中廄之寶馬，臣得賜之。臣當從死而不能，為人子不孝，為人臣不忠。不忠者無名以立於世，臣請從死，願葬驪山之足。唯上幸哀憐之。』書上，胡亥大悅，召趙高而示之，曰：『此可謂急乎？』趙高曰：『人臣當憂死而不暇，何變之得謀！』胡亥可其書，賜錢十萬以葬。」

1976 年，在始皇陵園東牆外 350 米處發現了十七座墓葬，皆坐東向西，自北而南單行排列，在已發掘的八座墓葬中，均為帶斜坡道的「甲」字形墓，墓底皆為一棺一槨，棺底鋪墊草木灰，除了一墓棺材內放置一柄銅劍外，其餘七座墓棺各葬一人。出土時，大多骨架凌亂，或身首各異，隨葬品有比較多的陶器和少量的銅器，以及金、銀、玉飾品。經對骨架科學鑑定，為五男二女，其中年僅二十歲的女性一人，另外六人年齡均在三十歲左右。從墓葬的所處位置、死者被殺以及器物特徵判斷，這批墓葬當為被誅殺的秦始皇的公子及公主。

漢魏晉南北朝時期依然盛行人殉，一是基於封建社會三綱五常的禮教，多以妻妾的身份殉葬，二是繼續砍殺奴隸殉葬。

漢初，突發了田橫徒屬五百人從死的政治事件。田橫，秦末群雄之一，原為齊國貴族，在陳勝吳廣大澤鄉起義後，與兄田儋、田榮反秦自立，兄弟三人先後佔據齊地為王。後漢高祖劉邦統一天下，田橫不肯稱臣於漢，率五百門客逃往海島，劉邦派人招撫，田橫被迫乘船赴洛，在距洛陽三十里的屍鄉自刎。刎前曾說，現在我割下我的頭顱，快馬飛奔三十里，我的容貌還不會改變，還是能夠看一下我究竟是什麼樣子的。說完之後，持劍自刎，命兩個門客手捧他的頭顱，跟隨使者飛馳入朝，奏知劉邦。劉邦忍不住為他流下了熱淚。然後，劉邦拜田橫的兩個門客為都尉，並且派兩千名士卒，以諸侯王的喪禮安葬了田橫。安葬完田橫之後，兩個門客

圖 58　漢景帝陽陵從葬坑　陳雪華 攝

在田橫墓旁挖了個洞，然後也自刎，追隨田橫而去。劉邦聽後，大為吃驚，認為田橫的門客都是賢才。劉邦聽說田橫手下還有五百人在海島上，又派使者召他們進京。進京之後，這五百門客聽到田橫已死，他們也都自殺了。由此可見田橫兄弟確實是得到賢士擁戴的人。

在漢景帝劉啟的從葬坑中，除人殉外，還有排列密集的武士俑群，以及糧倉，牛、羊、豬、狗、雞等陶質動物和陶、鐵、銅質生活用具等。從葬坑所展現的軍旅場景，與西漢時期的「南軍」、「北軍」有一定關係。這既是西漢帝王喪葬制度在一定程度上的反映，也是西漢經濟繁榮、軍力強盛和物質生活豐裕的縮影。

漢武帝時期，董仲舒上疏「去奴婢，除專殺之威。」漢武帝之子燕王劉旦，因叛逆罪自殺，「後夫人及隨旦自殺者二十餘人」。廣陵王劉胥畏罪自殺，「八子郭昭君等二人皆自殺」。大臣霍光薨，宣帝賜葬皆如乘輿制度，有婢妾十五人從殉。

據《漢書》卷五十三〈景十三王傳〉記載：趙繆王劉元「病先令，令能為樂奴婢從死，迫脅自殺者凡十六人。」劉元因暴虐不道，結果遭到「國除」。所謂「國除」，是指封地被廢除，或因功勳而獲得的爵位被剝除。

從秦始皇到漢初田橫之徒五百人從死，掀起了中國古代人殉數量的制高點。

建安二十年（215），在合肥戰役中，曹魏名將張遼奇襲孫權，被譽為「江表之虎臣」的東吳將領陳武戰死，孫權萬分哀痛。親自哭吊，參加葬禮。據《三國志》卷五十五《吳書·程黃韓蔣周陳董甘凌徐潘丁傳》注引〈江表傳〉曰：「權命以其愛妾殉葬，復客二百家。」秦漢以後，常以木俑和陶俑代替人殉，但孫權依然殺人殉葬，其殘暴至極，為人不齒。

第三節　隋唐時期

隋唐是我國封建社會的鼎盛時期，人殉陋習偶有發生，但只限於皇室，基本趨於衰微。《隋書》卷八十〈襄城王恪妃列傳〉記載：

> 襄城王恪妃者，河東柳氏女也。父旦，循州刺史。妃姿儀端麗，年十餘，以良家子合法相，娉以為妃。未幾而恪被廢，妃修婦道，事之愈敬。煬帝嗣位，恪複徙邊，帝令使者殺之于道。恪與辭訣，妃曰：『若王死，妾誓不獨生。』於是相對慟哭。恪既死，棺斂訖，妃謂使者曰：『妾誓與楊氏同穴。若身死之後得不別埋，君之惠也。』遂撫棺號慟，自經而卒。見者莫不為之涕流。

出現這次人殉事件，其實就是皇室內部相互爭鬥的結果。

唐朝歷經二百九十餘年，所出現的人殉事件，見於文獻記載的如下：

一、《新唐書》卷七十七〈王賢妃列傳〉載，會昌六年（846）三月，武

宗李炎病重，「才人侍左右，帝熟視曰：『吾氣奄奄，情慮耗盡，顧與汝辭。』答曰：『陛下大福未艾，安語不祥？』帝曰：『脫如我言，奈何？』對曰：『陛下萬歲後，妾得以殉。』……審帝已崩，即自經幄下。當時嬪媛雖常妒才人專上者，返皆義才人，為之感慟。」又《資治通鑑》卷二百四十八〈武宗至道昭肅孝皇帝下〉載，「初，武宗疾困，顧王才人曰：『我死，汝當如何？』對曰：『願從陛下于九泉！』武宗以巾授之。武宗崩，才人即縊。」三月二十三日，李炎駕崩，王才人為其殉葬。三月二十六日，憲宗李純第十三子、武宗叔父李忱以皇太叔身份于皇侄武宗李炎柩前即位，是為宣宗。宣宗聽聞王才人殉身之事後，嘉其節，贈為賢妃，詔令葬于武宗端陵柏城之內。端陵，位於今陝西三原縣徐木鄉桃溝村東北。

二、吐蕃是藏族在青藏高原上建立起來的奴隸制政權，當吐蕃王死後，臣子或親信往往自願從死殉葬。《通典》卷一百九十〈吐蕃〉載：「其臣與君自為友，號曰共命人，其數不過五人。君死之日，共命人皆日夜縱酒，葬日，於腳下刺針，血盡乃死，便以殉葬。又有親信人，用刀當腦縫鋸。亦有將四尺木，大如指，刺兩肋下，死者十有四五，亦殉葬焉。」《舊唐書》卷一百九十六〈吐蕃上〉載：「其贊普死，以人殉葬，衣服珍玩及嘗所乘馬弓劍之類，皆悉埋之。」

三、《舊唐書》卷一百九十七〈西南蠻傳〉載：東女國「國王將葬，其大臣親屬殉死者數十人。」東女國，是隋唐時期西南部（今四川西北部及青海東南部）的一個族名，係羌族的別支，亦稱蘇伐剌東弩瞿怛羅，意為金氏，因其地產黃金得名。以女為君，以男多為外官，受命耕戰。武德年間，其國王遣使通好，每歲皆有朝貢。開元二十九年（741），其王趙曳夫遣使入朝，玄宗封為歸昌王。貞元九年（793），其王與西山等諸部首領至劍南求內附，唐末羈屬吐蕃。

四、《全唐文》卷七百十六劉元鼎〈使吐蕃經見記略〉載：長慶元年（821），吐蕃贊普赤熱巴金禮部尚書論訥羅到長安請和，穆宗詔命大理卿、御史大夫劉元鼎擔任吐蕃會盟使，劉元鼎出使吐蕃記其沿途見聞：「山多柏坡。皆邱墓，旁作屋，赭塗之，繪白虎。皆夷貴人有戰功者，生衣其皮，死以旌勇，殉死者瘞其旁。」

第四節　明清時期

　　明清時期，由於統治階層崇尚殉節，致使人殉這一惡習死灰復燃，直到清朝覆滅，猶未止息。

　　《明史》卷一百一十三〈后妃列傳〉載：「太祖崩，宮人多從死者。建文、永樂時，相繼優恤。如張鳳、李衡、趙福、張璧、汪賓諸家，皆自錦衣衛所試百戶，散騎帶刀舍人進千百戶，帶俸世襲，人謂之『太祖朝天女戶』。」意思是說，明朝開國皇帝朱元璋用宮人殉葬，使得她們的父兄們從中得到一定的好處和恩惠，原來的錦衣衛等小官可以被提拔為高級官吏，並被封為世襲職官，時稱這些人家是朱元璋

圖 59　明太祖朱元璋畫像

的朝天女戶，因為她們的女兒被活活埋入朱元璋墳墓去「朝天」了。雖然明太祖從殉宮妃為三十八人，而被優恤者僅此五家，其餘從殉宮妃則不知何籍。

　　從明太祖朱元璋到明英宗朱祁鎮近一百年間，皇帝駕崩或外藩諸王薨，都用大量的嬪妃、宮女及宮妃殉葬。國家令典規定，凡宮妃殉葬可得到追諡，官僚士大夫的妾媵殉葬可得到封諡。據明人王世貞《弇山堂別集》載，洪武七年（1374）九月，中書平章政事李思齊卒，其妾鄭氏從葬自經死，追贈淑人，諡貞烈；洪武十七年（1384）正月，安陸侯吳復卒，其妾楊氏自經死，追贈淑人，諡貞烈；燕山中護衛指揮使費愚卒，其妾朱氏自經死，追贈德人，諡貞烈；永樂二十一年（1423）正月，成安侯郭亮卒，其妾韓氏自經死，追贈淑人；宣德四年（1429）二月，中軍左都督馬聚卒，其妾陳氏自經死；左軍右都督冀傑卒，其妾王氏自經死，俱贈淑人；同年三月，陝西都指揮使王俶戰歿，其妾時氏自經死，追贈淑人，諡貞烈；宣德八年（1433）三月，忠義右衛鎮撫李壽卒，其妾趙氏自經死，追贈宜人；同年四月，大同左衛指揮使范安卒，其妾楊氏自經死，

追贈恭人；宣德九年（1434）二月，武安侯鄭亨卒，其妾張氏自經死，追贈淑人；正統六年（1441）五月，中軍都督僉事胡榮卒，其妾陳氏自經死，追贈淑人；景泰二年（1451）九月，昌平侯楊洪卒，其妾葛氏自經死，追贈淑人；景泰三年（1452）正月，豐城侯李賢卒，其妾余氏自經死，追贈淑人。宣宗以後，由於從殉妾媵的不斷增加，彰顯「尊榮」的贈諡改為表示嘉獎的賜誥。誥而無諡，遂成定制。

在民間，最常見的殉節方式就是夫死妻妾從殉，包括未婚夫死在內。死的方式，可觸棺死，可絕食死，可服毒死，也可自經死，均美其名曰：烈女、貞女、烈婦、貞婦等。程朱理學稱其為「殉節」。無論稱作什麼，都始終改變不了「人殉」泯滅人性，欺賤別人生命的本質。

據《大明會典》卷九十記載：「孝陵四十嬪妃，惟二妃葬陵之東西，餘俱從葬。」明成祖長陵十六妃，俱從葬；明仁宗朱高熾獻陵七妃，三葬金山，餘俱從葬；明宣宗景陵八妃，一葬金山，餘俱從葬。明英宗裕陵十八妃，一葬綿山，餘俱金山。明憲宗茂陵十四妃，一葬陵之西南，餘俱金山。明武宗康陵，一妃葬金山。明世宗三十妃二十六嬪，永陵惟五妃葬。

據明人黃瑜《雙槐歲抄》記載，景泰七年（1456）二月，代宗朱祁鈺駕崩，因李賢之奏，准汪妃以撫養幼女免殉。但唐氏等嬪妃「俱賜紅帛自盡，以殉葬。」

永樂二十二年（1424）七月十七日，明成祖朱棣駕崩，朝鮮《李朝世宗實錄》卷二十六記載了宮人韓氏和崔氏被賜死殉葬的慘狀：

> 使臣言：前後選獻韓氏等女，皆殉大行皇帝……及帝之崩，宮人殉葬者三十餘人。當死之日，皆餉之於庭，餉輟，俱引升堂，哭聲震殿閣。堂上置小木床，使立其上，掛繩圍於其上，以頭納其中，遂去其床，皆雉頸而死。韓氏臨死，顧謂金黑曰：「娘，吾去！娘，吾去！……」語未竟，旁有宦者去床，乃與崔氏俱死。

韓氏和崔氏是朝鮮李朝世宗李祹選送給明朝皇帝的宮妃，屬於貢品。韓氏在被賜死之前，正值仁宗朱高熾前來大堂驗視將被賜死的諸妃，崔氏泣淚乞求仁宗饒她一命，以便回國侍奉老母。不料卻遭到了仁宗無情而冷漠地拒絕。韓氏在將要被處死之前，哭喊著對金黑道：「娘，我要走了！」如此數喊，聲震

殿閣。據說，韓氏是朝鮮韓永矴的長女，深受永樂皇帝的寵愛，她的哥哥韓確因她入宮的原因而被授予鴻臚寺少卿（置員兩人，從五品，協助寺卿掌朝會、賓客及吉凶禮儀之事）。金黑，是韓氏的奶媽，因受「魚呂之亂」事件影響，奉金黑為恭人，不再遣其回國。直到宣宗宣德十年（1435）四月，才准其與其他五十三名女婢返回故國。

《明史》卷一百十三〈后妃列傳〉記載：郭嬪，名愛，字善理，鳳陽人，賢而有文，入宮二旬而卒。自知死期，書楚聲以自哀。辭曰：

> 修短有數兮，不足較也。生而如夢兮，死則覺也。先吾親而歸兮，慚予之失孝也。心悽悽而不能已兮，是則可悼也。

郭愛，這位來自民間的女子，因賢慧又有才學而被徵召入宮，不幸的是，入宮僅僅二十天，就被列入為宣宗殉葬的名單。她在絕望之際，悲憤地寫下了這首絕命辭。字裡行間充滿淒涼哀怨。可憐死時年僅十四歲，令人扼腕歎息。

據《明史》卷一百十三〈后妃列傳〉載，英宗正統元年（1436）八月，

> 追贈皇庶母惠妃何氏為貴妃，諡端靜；趙氏為賢妃，諡純靜；吳氏為惠妃，諡貞順；焦氏為淑妃，諡莊靜；曹氏為敬妃，諡莊順；徐氏為順妃，諡貞惠；袁氏為麗妃，諡恭定；諸氏為淑妃，諡貞靜；李氏為充妃，諡恭順；何氏為成妃，諡肅僖。冊文曰：茲委身而蹈義，隨龍馭以上賓，宜薦徽稱，用彰節行。

這些女子都是為宣宗殉葬的宮妃。英宗朱祁鎮出於同情，對為殉葬宣宗的宮人進行了表彰。《雙槐歲抄》載，天順八年（1464）二月二十三日，英宗駕崩，臨終前遺言：「用人殉葬，吾不忍也。此事宜自我止，後世勿復為。」此令雖沒有讓流傳幾千年的活人殉葬制度走向滅絕，但至少使其得到了遏制。故史官在《明史》卷一二〈英宗後紀〉對英宗做出了高度評價：「（英宗）前後在位二十四年，無甚稗政。至於上恭讓後諡，釋建庶人之系，罷宮妃殉葬，則盛德之事可法後世者矣。」

儘管公開脅迫殉葬受到了來自朝廷的制約，但設法製造「自願」殉葬的照樣可以通行。

在明英宗遺詔廢止人殉之前，宮妃殉葬在明朝皇宮和各王府中是普遍存在的。此後，直到明朝晚期，雖然不再有強制性的人殉，但宮嬪自盡殉夫之事在各藩王府中仍偶有發生。朝廷則例予旌表。鑒於殉葬惡習還在外藩諸王之間仍然流行，憲宗再次詔令，嚴禁貴族用人殉葬。雖然詔令嚴厲，但實際情形是令而不行，禁而不止。《明憲宗寶訓》卷二載，成化十年（1474）七月，遼王豪墭奏：『嫡長子恩鏋病故，其繼配馮氏、妾曹氏俱無所出，宜令殉葬。』上曰：『先帝上賓，顧命毋令後宮殉葬，可以為萬世法，況王府前此亦未嘗有

圖60　明憲宗朱見深畫像

用殉者，今遼王葬其子，乃欲以其婦殉之，何其戾邪！禮部其移文所司，啟王勿用殉，遷其婦別室，毋令失所。』」據吳晗《明代的殉葬制度》記載，成化二十二年（1486）六月，寧河康僖王死，宮人王氏、楊氏、張氏、段氏自經殉王，贈夫人封號。

《明史》卷一百十六〈諸王列傳〉載，崇禎十四年（1641），李自成攻陷山西中部縣，知縣朱新㷸慨然道：「此我致命之秋也。」「而己誓必死。妻盧氏，妾薛氏、馮氏，請先死。許之。有女數歲，拊其背而勉之縊。左右皆泣下。乃書表封印，使人馳送京師，冠帶望闕拜，又望拜其母，遂自經。士民葬之社壇側，以妻女祔。先是，土寇薄城，縣丞光先與戰不勝，自焚死。新㷸哭之慟，為之誄曰：『殺身成仁，雖死猶生。』至是，新㷸亦死難。」

崇禎十七年（1644）三月十九日清晨，兵部尚書張縉彥主動打開正陽門迎劉宗敏所部軍，中午時分，李自成由太監王德化引導，從德勝門入，經承天門步入內殿。此時，崇禎皇帝領著太監王承恩車駕煤山瞭望，後又返回紫禁城乾清宮，見大臣皆已逃散，絕望中的崇禎皇帝對皇后周氏說：「大事出矣，爾為天下母，宜死。」皇后笑答：「妾事陛下十八年，卒不聽一語，今日同死社稷，亦復何所恨。」話音剛落，便自縊身亡。崇禎又傳太子及二王改裝出走，復入

壽寧宮，劍削長平公主左肩，再命懿安皇后、袁貴妃等自盡，自己則往煤山自縊，史稱「甲申之變」，或稱「甲申殉難」。

崇禎死後，王承恩從殉。御史金毓峒躍入井中死，妻王氏自經死。毓峒從子振孫慘遭農民軍肢解。清人谷應泰《明史紀事本末》卷七十九載：「毓峒子曇婦陳氏，年十八，與其祖母張、母楊、嫂常，一時盡投于井。張抱孫于懷同下，侍婢四人亦從卜。」

宮人魏氏為效忠崇禎，竟率領三百多名宮女躍入紫禁城御河從死。在紫禁城外，大學士范景文等從死者數十人，加上各自的妻妾、子女、奴僕，從死者不下數百人。《明史紀事本末》卷八十記載：

圖61　大學士范景文畫像

闔門同死者：中允劉理順、新樂侯劉文炳、惠安伯張慶臻、宣城伯衛時春、駙馬鞏永固、金吾高文采是也。父與子俱死者：少司寇孟兆祥、儒生張世禧是也。母與妻子俱死者：樞部郎成德、金鉉是也。妻妾從死者：大學士范景文、左諭德馬世奇、檢討汪偉、御史陳良謨、勳丞於騰蛟是也。獨身效死者：大司農倪元璐、中丞施邦曜、廷尉凌義渠、少司馬王家彥、太常卿吳麟征、庶子周鳳翔、給諫吳甘來、御史王章、陳純德、吏部郎許直、兵馬姚成、中書宋天顯、滕之所、阮文貴、百戶王某、知事陳貞達、經歷張應選、毛維張是也。聞難餓死者：長洲諸生許琰是也。凡此諸臣者，無論道術素許，至性勃發，位列三階，榮邀一命，莫不椎心扼吭，追路相從。良以衣帶凤銘，馮生者固少；宮車晏駕，蓐蟻者益多耳！

滿洲愛新覺羅部族，其王公嗜好活人殉葬遺風。清人方拱乾《寧古塔記》記載：「男子死，必以一妾殉。當殉者必於主前定之，不容辭、不容僭也。當殉不哭，豔妝坐炕上，主婦率其下拜而享之。及時，以弓弦扣環而殞之。當不肯殉，則群起而縊之死矣。」

皇室宮妃殉葬始于清太祖愛新覺羅·努爾哈赤。明萬曆三十一年（1603）

九月二十七日，清太祖孝慈高皇后葉赫那拉‧孟古哲哲薨，身邊四婢皆從殉，另宰牛馬一百致祭。後金天命十一年（1626）八月十一日，努爾哈赤駕崩，大妃烏拉那拉‧阿巴亥以身殉葬。官修編年體史料彙編《清太祖武皇帝實錄》較為詳細地記述了阿巴亥殉身的情景：

> 後饒丰姿，然心懷嫉妒，每致帝不悅，雖有機變，終為帝之明所制。留之恐後為國亂，預遺言于諸王曰：「俟吾終，必令之殉。」諸王以帝遺言告後，後支吾不從。諸王曰：「先帝有命，雖欲不從，不可得也。」後遂服禮衣，盡以珠寶飾之，哀謂諸王曰：「吾自十二歲事先帝，豐衣美食，已二十六年，吾不忍離，故相從於地下。吾二子多爾袞、多鐸，當恩養之。」諸王泣而對曰：「二幼弟，吾等若無恩養，是忘父也。豈有不恩養之理！」於是，後於十二日辛亥辰時自盡，壽三十七，乃與帝同柩。

阿巴亥從殉，未必出於努爾哈赤的遺命，極有可能是皇太極等諸王矯詔，逼迫阿巴亥殉身，為皇太極奪取政權掃平道路。阿巴亥成為了封建專制統治下宮廷鬥爭的犧牲品。除阿巴亥殉身外，尚有德因澤、阿濟根二側妃亦殉之。從此以後，太宗皇太極、世祖福臨以及貝勒嶽托、睿親王多爾袞等都曾用宮妃或男奴殉葬。王先謙《東華錄》記載，崇德四年（1639），揚武大將軍、貝勒嶽托死，其妻福金殉葬。崇德八年（1643）八月，太宗皇太極駕崩，「京章敦達里、安達里二人願殉。敦達里，滿洲人，幼事太宗，後分隸肅親王豪格。及太宗殯天后，敦達里以幼蒙恩，不忍永離，遂以身殉⋯⋯」順治七年（1650）十二月初九，睿親王多爾袞薨于古北口外喀喇城，順治福臨聞之震悼，率王公大臣縞服東直門外五里迎多爾袞遺體。下詔追尊多爾袞為「懋德修道廣業定功安民立政誠敬義皇帝」，廟號成宗，追尊為成宗義皇帝，喪禮依帝禮。侍女吳爾庫尼殉葬。順治十七年（1660）八月十九日，順治愛妃董鄂氏病逝，順治傷感萬分，賜死太監及宮女三十人從殉。順治十八年（1661）正月初七，福臨駕崩於養心殿，妃棟鄂氏殉葬，侍衛傳達里從殉。

清王朝入主中原後，殉葬制度遭到漢族官吏的非議。據《清史稿》卷二百六十四〈朱裴列傳〉記載，康熙朝，禮科給事中朱裴鑒於滿洲俗尚殉葬惡習，疏請申禁：「泥信幽明，未有如此之甚者。夫以主命責問奴僕，或畏威而

不敢不從，或懷德而不忍不從，二者俱不可為訓。好生惡死，人之常情。捐軀輕生，非盛世所宜有。」又據王先謙《東華錄》記載，康熙十二年（1673）六月，玄燁詔令：「命禁止八旗包衣佐領下奴僕隨主殉葬。」從此，殉人惡習被康熙帝徹底禁絕。

第八章　陵墓陪葬

　　陪葬，是指王公大臣，尤其是開國勳臣死後，葬在帝陵陵區之內，或帝陵周邊附近。有的是皇帝生前詔令陪葬。一般情況下，宗室及寵臣、重臣墓愈靠近帝陵，由此逐漸向外擴展，在帝陵不同的方位形成巨大的陪葬墓群。歷朝歷代的宗室、寵臣和重臣，將能陪葬帝陵視為一種至高的榮耀。

第一節　漢唐時期

　　在漢朝帝陵周圍，分佈著規模宏大的陪葬墓區。一般情況下，允許皇親國戚、妃嬪宮人及朝臣陪葬，陪葬墓區位於帝陵的前方。在佈局上，陪葬墓有大小和遠近之別，封土又有覆斗形、圓錐形及山形之分。也准許陪葬中的達官顯貴建造陵邑和祠堂。據《陝西帝陵檔案》記載，位於陝西咸陽市北原上的漢高祖劉邦長陵，在其陵東，現存陪葬墓六十餘座，其中多為劉邦的開國元勳、文武重臣，如蕭何、曹參、張良、周勃、王陵、張耳、周亞夫、紀信、戚夫人、平原君等，唐代詩人唐彥謙〈長陵〉詩云：「長陵高闕此安劉，衲葬累累盡列侯。豐上舊居無故里，沛中原廟對荒丘。」

　　漢惠帝劉盈安陵位於陝西咸陽市秦都區韓家灣鄉白廟村。在安陵之西 270 米處為孝惠張皇后陵。張皇后，名嫣，劉盈的外甥女。呂后操縱了這門親事。據史書記載，張皇后墓「不起墳」，現地面墳塚為日後所堆，覆斗形，底部東

西長 60 米，南北寬 50 米，頂部邊長 20 米，高 12 米。在安陵陵東 900 米處為陪葬墓區，共十一座，有趙王劉如意、魯元公主、陳平、楊雄、張蒼等。分佈或兩墓並列，或數墓成群。

　　據《重修咸陽縣誌》卷一，四皓墓，在安陵旁。「四皓」即「商山四皓」，指秦漢之際隱于商於（今陝西商南縣及河南淅川縣一帶）的東園公庾宣明、甪里先生周術、綺里李吳實、夏黃公崔廣四位高人，年皆八十餘。皓，白首的意思。

　　傳說漢高祖劉邦得天下後，敦聘他們四人出山，但他們無意權位，不戀富貴，願過清閒生活。後來，呂后採用張良計策，使皇太子劉盈卑辭束帛致禮，安車迎而致之，並邀四人同遊。因而使高祖認為皇太子的羽翼漸至豐滿，遂打消了改立趙王劉如意為皇太子的念頭。四皓墓，或為衣冠塚，位於安陵之南，曾建有四皓廟，或稱四皓祠。清人鄭板橋曾作〈四皓〉詩：「雲掩商於萬仞山，漢庭一到即回還。靈芝不是凡夫采，荷得乾坤養得閒。」

圖 62　商山四皓圖　明人張路 繪

　　霸陵，漢孝文帝劉恒的陵寢，位於陝西西安市灞橋區，東北臨灞水，西南依白鹿原，當地人稱「鳳凰嘴」，是西漢長安城東南的兩座帝陵之一。至於為何選址在此，推測與漢初的昭穆制度有關。

　　陽陵是漢景帝劉啟及其皇后王氏同塋異穴的合葬陵園，位於陝西咸陽渭城

區。陪葬墓三十四座，分北區和東區。北區為景帝嬪妃墓區，東區為王侯將相等墓區。

漢武帝劉徹的茂陵位於槐里縣茂鄉（今陝西興平市南位鎮策村），在茂陵陵園東約一公里的司馬道南北兩側，就是茂陵的陪葬墓區。陪葬墓有衛青、霍去病、霍光、金日磾、陽信長公主、李夫人、上官桀、上官安及敬夫人等十二座，其中霍光墓距離茂陵約3.5公里。正所謂「武帝遺寢峙荒墟，名將佳人左右扶」。

李夫人，中山（今河北定縣）人，音樂家李延年之妹。李延年原本因犯法而遭受腐刑，負責飼養宮中的狗，因擅長音律，且能歌善舞，頗得武帝賞識。一日為武帝獻歌：「北方有佳人，絕世而獨立，一顧傾人城，再顧傾人國。寧不知傾城與傾國，佳人難再得。」加之平陽公主的推薦，其妹由此得寵，後生一子，即昌邑王劉髆，產後不久病逝，被封「李夫人」。《漢書》卷九十七〈戚李夫人傳〉載：

> 初，李夫人病篤，上自臨候之，夫人蒙被謝曰：「妾久寢病，形貌毀壞，不可以見帝，願以王及兄弟為托。」上曰：「夫人病甚，殆將不起，一見我屬托王及兄弟，豈不快哉？」夫人曰：「婦人貌不修飾，不見君父，妾不敢以燕媠見帝。」上曰：「夫人弟一見我，將加賜千金，而予兄弟尊官。」夫人曰：「所以不欲見帝者，乃欲以深托兄弟也。我以容貌之好，得從微賤愛幸於上。夫以色事人者，色衰而愛弛，愛弛則恩絕。上所以孿孿顧念我者，乃以平生容貌也。今見我毀壞，顏色非故，必畏惡吐棄我，意尚肯復追思閔錄其兄弟哉！」及夫人卒，上以後禮葬焉。

李夫人去世後，漢武帝十分思念，遂命畫師在甘泉宮為李夫人繪像，又為李夫人塑像，放在輕紗幕中。並以皇后之禮安葬，破格將其陵墓置於茂陵之西，曰英陵，或稱集仙台。經考古測量，陵墓封土底部東西長90米，南北寬120米，頂部平面為正方形，邊長約20米，封土堆高25米，占地19畝。

平陵是漢昭帝劉弗陵的陵墓，坐落在陝西咸陽秦都區雙照鎮王村南。陵塚封土呈覆斗形，底部周長2700米，高29.2米。霍光外甥女上官皇后陵位於帝陵西北665米處，封土為覆斗形，陵園為正方形，圍牆邊長380米，四面各辟一門，闕門正對墓塚。陪葬墓區位于平陵東，原有陪葬墓五十七座，現存二十三座。

杜陵為漢宣帝劉詢的陵墓，坐落在陝西西安市曲江鄉。許皇后陵，史稱「小陵」，俗稱「少陵」，位於杜陵南長安縣大兆鄉司馬村。

杜陵的陪葬墓，據《漢杜陵陵園遺址》記載有一百零七座，現地面封土六十多座。陪葬墓區有正東稍偏南與正東稍偏北之分，此與效仿長安城未央宮東闕外權臣朝拜時的禮儀有關。未央宮是長安城的核心所在，相當於秦的阿房宮，時人謂之「紫宮」，後人謂之「中宮」。

唐朝帝王陵墓陪葬制度承襲漢朝。以關中十八陵為例，文獻記載多有出入。如：

唐高祖獻陵，《唐會要》《文獻通考》《關中陵墓志》記為二十五座，《長安志》《三原縣誌》記為二十三座，考古調查為三十座。獻陵陪葬墓分佈在陵寢正東及東北，陪葬墓區東西長 4000 米，南北寬 1500 米。陪葬者有：高祖第六女房陵大長公主、高祖第十二子彭王李元則、高祖第十五子虢王李鳳、榮國公樊興等。

唐太宗昭陵，《唐會要》記為一百五十五座，《長安志》記為一百六十六座，《禮泉縣誌》記為二百零三座，考古發現一百六十七座。

《唐會要》卷二十一〈陪陵名位〉載，貞觀十一年（637）二月，李世民詔曰：

> 佐命功臣，義深舟楫，或定謀帷幄，或推身行陣，同濟艱危，克成鴻業，追念在昔，何日忘之。漢氏將相陪陵，又給東園秘器，篤終之義，恩意深厚。自今以後，功臣密戚，及德業佐時者，如有薨亡，宜賜塋地一所，及賜以秘器，使窀穸之時，喪事無闕。

同年十月，又詔曰：「諸侯列葬，周文創陳其禮……皇運之初，時逢交泰，謀臣武將等，先朝特蒙顧遇者，自今以後，身薨之日，所司宜即以聞，並於獻陵左側，賜以墓地，並給東園秘器。」貞觀二十年（646）八月，又詔曰：「周室姬公，陪于畢陌，漢廷蕭相，附彼高園……其有父祖陪陵，子孫欲來從葬者，亦宜聽許。」昭陵的陪葬墓，在形制上分為：

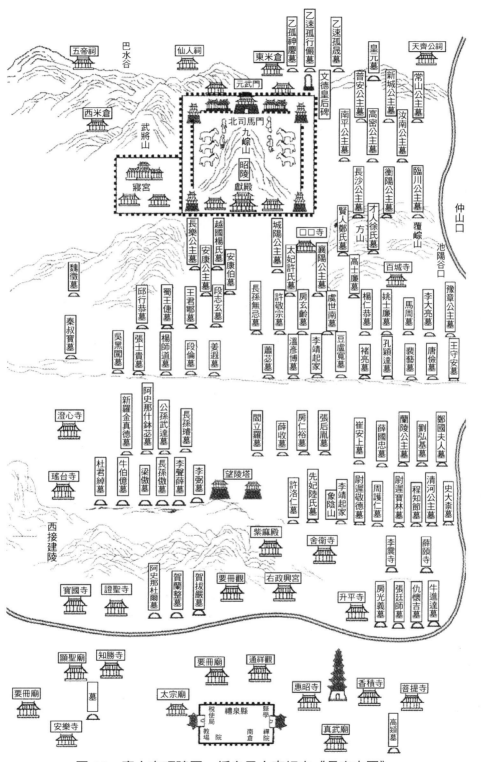

圖 63　唐太宗昭陵圖　採自元人李好文《長安志圖》

一、依山為墓者

此種墓葬形式除帝王外，朝臣、寵妃也有，如魏徵陵墓及韋貴妃墓。

魏徵秉性剛毅，知無不言，犯顏直諫，有經國之才。李世民先後拜魏徵為尚書左丞、秘書監、侍中。貞觀十年（636），房玄齡、魏徵奉命監修《隋史》《周史》《梁史》《陳史》《齊史》。其中《隋史》的序論、《梁史》《陳史》《齊史》的總論皆由魏徵親撰，時稱房玄齡、魏徵為「良史」。貞觀十三年（639），魏徵向太宗上〈諫太宗十思疏〉，提醒太宗「居安思危，戒奢以儉」、「兼聽則明，偏聽則暗。」被史家稱為「萬世師表」。魏徵染病後，太宗詔令把為自己修建殿宇的材料全部拉去為魏徵營造大屋。魏徵病重，太宗親臨其府探望。魏徵病危，太宗再次親往探視，並拜魏徵為太子太師，知門下省事如故。貞觀十七年（643）正月十七日，魏徵病逝，太宗親臨慟哭，並輟朝五日，太子舉哀于西華堂。太宗命九品以上文武百官朝集赴吊，以一品官葬禮陪葬昭陵。出殯之日，太宗登臨禁苑西樓，望喪而哭，命文武百官送出郊外，並「親制碑文並為書石」。太宗歎道：「以銅為鑑，可正衣冠；以古為鑑，可知興替；以人為鑑，可明得失。朕嘗保此三鑑，內防己過。今魏徵逝，一鑑亡矣。」鑑，即鏡子。

圖 64　魏徵陵墓　党明放 攝

魏徵墓坐落在昭陵西南約二公里的鳳凰山南麓，當地人稱「魏陵」。太宗

特許魏徵墓因山為陵，並仿帝陵規制建造。墓前墓碑，高 4.30 米，蟠首蚨座。碑文原為太宗親撰，後被太宗詔令剷除，變成了一通真正意義上的「無字碑」。現墓碑仍然立在魏徵陵墓之前，碑側圖案隱約可見。貞觀十九年（645），太宗親征高麗失敗，班師回朝後，深悔此行，便派人到魏徵陵前祭祀，詔令重立墓碑，恩禮並加，以示悔過。

韋貴妃墓位於唐太宗昭陵東冶姑嶺上。墓前原有石柱、石羊、石馬石人等，墓碑龜座。1990 年 9 月進行了考古發掘，資料表明：墓由墓道、四個過洞、四個天井、前後甬道、前後墓室和四壁龕構成，水準全長 49.38 米。墓室出土文物一百七十四件，其中一件貼金彩繪雙頭鎮墓獸屬稀世之物。

圖 65　韋貴妃墓　陳雪華 攝

一對彩繪貼金天王俑堪稱珍品，墓內壁畫從墓道至墓室，都大面積保留了下來。這些壁畫內容豐富，色彩鮮明，有威武雄健的儀衛，肅穆直立的門吏，有神情各異的給使，有亭亭玉立的侍女，有生動傳神的樂伎等。並出土墓誌銘一合，正方形，每邊寬 0.795 米，蓋篆「大唐太宗文皇帝故貴妃紀國太妃之銘」，墓誌銘撰寫者令狐德棻。

二、象山形墓

此類墓仿照漢武帝茂陵之陪葬墓——衛青墓及霍去病墓形制建造。如司

空、太子太傅、上柱國、英國公、贈太尉、揚州大都督李勣墓，墓葬封土是由三個高約十八米的大土堆呈倒「品」字形構成，占地約三千平方米。據《舊唐書》卷六十七〈李勣列傳〉載：「所築墳一準衛、霍故事，象陰山、鐵山及烏德鞬山，以旌破突厥、薛延陀之功。」《新唐書》卷九十三〈李勣列傳〉載：「起塚象陰、鐵、烏德鞬山，以旌功烈。」

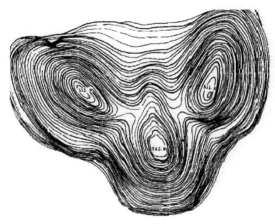

圖 66　李勣墓封土形狀圖　李浪濤 提供

在昭陵陵園，李勣墓是「為塚象山」型墓葬中規模最大、特徵最突出的一座。

　　李靖，唐初著名軍事家，京兆三原（今陝西三原縣）人。貞觀八年（634），李靖退休居家，遇吐谷渾犯邊，他請命出征，擊潰了吐谷渾軍隊。李靖班師回朝，太宗徙封衛國公，晉開府儀同三司。李靖墓位於禮泉縣煙霞鎮官廳村西北，與李勣墓規格相等。墓為三個高大積土堆組成，可惜積土堆破壞嚴重。

三、封土覆斗形

　　如長樂公主墓、新城長公主墓、城陽公主墓等；且在墓的前後左右各置一個土闕，當地民眾謂之「八抬轎」。

四、不封不樹，墓而不墳

　　如尚書左僕射、申國公高士廉墓。

五、封土為圓錐形

　　如尚書房玄齡墓、中書令溫彥博墓、左衛大將軍段志玄墓、開府儀同三司尉遲敬德墓、右武衛大將軍涼州都督鄭仁泰墓、右驍衛大將軍阿史那忠墓等。

　　由於太宗在位時三次下詔，致使以九嵕山陵山為中心，周圍形成了龐大的陪葬墓群。清人王錫祺《小方壺齋輿地叢鈔》載：「九嵕山下陪葬諸王七、嬪妃八、公主二十二、丞郎三品五十有三、功臣大將軍以下六十有四。」又，《唐會要》卷二十一〈陪陵名位〉載，在昭陵陪葬中，有侍中鄭國公魏徵、司空太

子太師英國公李勣、李世民第五女長樂公主李麗質、忠武公尉遲敬德、李世民的貴妃韋珪、李世民第十一女臨川公主李孟姜、李世民第二十一女新城長公主，以及西突厥右武衛大將軍、平州都督、竇國公史大奈，突厥右武衛大將軍、北寧州都督、懷德郡王阿史那蘇尼夫，突厥右武衛大將軍、懷化郡王李思摩等。唐太宗李世民陵寢居高臨下，俯視功臣貴戚。陪葬墓分佈於陵山之東、南、西三面，形成扇形輻射狀，「譬若拱辰」，其排列位置根據死者的身份、地位以及與皇帝的親疏關係而定，親者近，疏者遠。

唐高宗乾陵的陪葬墓，《唐會要》記為十六座，《文獻通考》記為十七座，《長安志》記為六座，《乾州志稿》記為四十一座，考古發現十七座。其中有：中宗李顯長子懿德太子李重潤墓，中宗李顯第七女永泰公主李仙蕙墓，高宗李治與武則天的次子章懷太子李賢墓，以及高宗第三子澤王李上金，高宗第四子許王李素節，章懷太子李賢次子邠王李守禮，高宗長女義陽公主，睿宗李旦次女安興公主，中宗李顯長女新都公主，中書令薛元超，特進王及善，特進劉審禮，燕國公李謹行，右僕射楊再思，右僕射劉仁軌，禮部尚書左僕射豆盧欽望，左武衛將軍高侃等。其中，懿德太子墓和永泰公主墓皆「號墓為陵」，懿德太子陵園東西長 214.5 米，南北長 256.5 米，墓前立石柱一對，石人一對，石獅一對。永泰公主陵園東西長 220 米，南北寬 363 米。唐以方為貴，墳墓形制皆為雙層臺階方形覆斗式。章懷太子「墓不稱陵」，陵園東西長 143 米，南北寬 180 米，墓前立石羊一對，墳墓雖為方形，但僅為單層臺階式土台。

唐中宗定陵，《唐會要》記為八座，《文獻通考》《長安志》《富平縣誌》均記為六座，考古發現六座。定陵陪葬墓有：中宗第三子節湣太子李重俊，中宗次女宜城公主，第三女定安公主，第四女長寧公主，第五女永壽公主，及尚書左僕射魏元忠等。

唐睿宗橋陵，《唐會要》記為八座，《文獻通考》記為九座，《長安志》記為六座，《關中陵墓志》記為十二座，《蒲城縣誌》記為十三座，考古發現六座。橋陵陪葬墓有：賢妃王芳媚、惠莊太子李撝、惠文太子李范、惠宣太子李業、睿宗第四女代國公主李華、第六女涼國公主李苑、第七女郢國公主、第八女金仙公主無上道，及彭國公雲麾將軍李思訓等。

唐玄宗泰陵，《唐會要》《長安志》《文獻通考》《關中陵墓志》等均記

為一座，考古發現一座。泰陵陪葬墓僅有一座，即內侍宦官高力士。

圖 67　高力士墓　党明放 攝

　　唐肅宗建陵，《唐會要》《長安志》《文獻通考》均記為一座，考古發現三座。建陵陪葬墓有：尚父汾陽郡王郭子儀，汧國公檢校工部尚書李懷讓等。

　　唐憲宗景陵，《唐會要》《文獻通考》均記為四座，《長安志》《關中陵墓志》均即為三座，考古發現二座。

　　唐穆宗光陵，《長安志》記為二座，《文獻通考》《關中陵墓志》記為二座，考古發現一座。

　　唐敬宗莊陵，《唐會要》《長安志》《文獻通考》記為一座，考古發現一座。

　　唐文宗章陵，《長安志》《富平縣誌》記為一座。

　　唐武宗端陵，《文獻通考》記為一座，考古發現一座。

　　唐宣宗貞陵，《文獻通考》記為一座。

　　其餘如唐代宗元陵、唐德宗崇陵、唐順宗豐陵、唐懿宗簡陵及唐僖宗靖陵皆無陪葬墓。

　　凡百官薨，陪葬墓田的大小、墳頭的高低、碑首碑座等，《大唐開元禮》

卷三有著嚴格的規定。後來，朝廷又進行了一系列的改革，《通典》卷八十六〈禮四十六〉載：

> 其墓田之制，一品，塋，先方九十步，今減至七十步；墳先高丈八尺，減至丈六尺。二品，先方八十步，今減至六十步；墳先高丈六尺，減至丈四尺。三品，先方七十步，減至五十步；墳先高丈四尺，減至丈二尺。其四品，先方六十步，減至四十步；墳先高丈二尺，減至丈一尺。五品，先方五十步，減至三十步；墳高一丈，減至九尺。六品以下，先方二十步，減至十五步；墳高八尺，減至七尺。其庶人先無文，其地七步，墳高四尺。其送葬祭盤，不許作假花果及樓閣，數不得過一牙盤。關於唐十八陵的陪葬墓，文獻記載及考古調查多有出入。

「安史之亂」後，由於國家政策及君臣關係變化等因素，陪陵制度逐漸廢弛，唐中晚期的陪葬只限于宗室皇族，從而導致陪葬陵墓數量銳減。

第二節　明清時期

在明十三陵中，除皇后祔葬帝陵外，又有皇妃、太子、太子妃及太監。其墓分佈如下：

東、西二井為明成祖朱棣的兩位皇妃的墓。東井位於德陵左饅頭山西麓，西井位於定陵右大裕山東麓。《帝陵圖說》載，東西二井為成祖殉葬者十六妃。但墓主姓氏、生平以及人數情況不詳。

皇貴妃萬氏墳，位於昭陵南蘇山東麓。成化二十三年（1487）春，萬氏以「暴疾」身亡，三月初六，葬入憲宗朱見深陵寢。

三妃墳，位於襖兒峪前，係嘉靖七年（1528）十月為世宗朱厚熜元配皇后陳氏所卜陵址，曰悼陵，工部侍郎何紹主持建造。嘉靖八年（1529）三月初一，葬陳皇后入內。隆慶元年（1567）三月，陳皇后遷祔永陵，致使悼陵玄宮虛空。萬曆九年（1581）十月，皇貴妃沈氏去世，神宗令葬入悼陵。之後，又有文妃、盧妃葬入。

　　四妃二太子墓，位於三妃墳之左51.5米。墳園墓主分別為世宗皇貴妃閻氏、王氏、貞妃馬氏、榮妃楊氏，以及哀沖太子、莊敬太子。墓塚分為前後兩排，前排兩座，分別是馬、楊二妃墓塚，後排三座，中間為閻、王二妃墓塚，左為哀沖太子，右為莊敬太子。

　　賢妃墳，位於四妃二太子墓之北250米處。墓主為世宗懷榮賢妃鄭氏，嘉靖十五年（1536）葬入。

　　位於萬貴妃墳東南750米處的銀錢山東麓，有神宗朱翊鈞的皇貴妃鄭氏、李氏、順妃李氏、昭妃劉氏、端妃周氏之墓。

　　太監王承恩墓位於崇禎帝思陵右前方。文獻記載各異，從現有情況看，王承恩墓前立碑一通，螭首龜趺，篆額「御制旌忠」，碑陽刻順治二年（1645）十月清世祖御制文，碑陰刻：「原任總督天下各鎮援兵都察京營戎政勇衛軍門、掌御馬監、司設監、巾帽局、寶和等店大庖廚印務，司禮監秉筆太監王承恩之墓。」

圖 68　太監王承恩墓　曹天旭 攝

　　清陵分東、西兩制，尊卑有別。清東陵位於河北遵化市馬蘭峪，包括前圈和後龍兩個部分，始建于順治十八年（1661），直至光緒末年告成，歷時二百

餘年。陵區內埋葬著五位皇帝、十四位皇后、一百三十六位嬪妃、一位阿哥。在風水紅牆外，還埋葬著一位皇后、兩位皇子、兩位公主。共一百六十一人。在陵區的東西兩側，還建有宗室其他成員、朝廷近臣及皇室保姆陵園。

在順治孝陵地宮，祔葬康熙生母孝章康皇后董佳氏及皇四子榮親王生母孝獻端敬皇后董鄂氏；在康熙景陵地宮，祔葬孝誠仁皇后赫舍里氏、孝昭仁皇后鈕鈷祿氏、孝懿仁皇后董佳氏、雍正生母孝恭仁皇后烏雅氏、敬敏皇貴妃章佳氏；在乾隆裕陵地宮，祔葬孝賢純皇后富察氏、孝儀純皇后魏佳氏、賢慧皇貴妃高氏、哲憫皇貴妃富察氏、淑佳皇貴妃金氏；在咸豐定陵地宮，祔葬孝德顯皇后薩克達氏；在同治惠陵地宮，祔葬孝哲毅皇后阿魯特氏。

在孝惠章皇后博爾濟吉特氏孝東陵，還葬有順治帝的七位妃子、四位福晉、十七位格格。

在康熙景陵附近，分別建有景陵皇貴妃寢園及景陵妃寢園各一座。在皇貴妃寢園內，葬有康熙悖怡皇貴、愨惠皇貴妃。在妃寢園內，葬四十九人，其中貴妃一人、妃十一人、嬪八人、貴人十人、常在九人、答應九人、阿哥一人。以上四十九人的墓塚，以左東右西之序排為七層，第一層二人，左為馬貴人，右為僖嬪；第二層四人，自左而右（下同）分別為端嬪、定妃、熙嬪、良妃；第三層五人，分別為十八阿哥、成妃、襄嬪、宜妃、平妃；第四層七人，分別為純裕勤妃、惠妃、溫僖貴妃、順懿密妃、慧妃、榮妃、宣妃；第五層十券葬九人，分別為尹貴人、謹嬪、空券、伊貴人、布貴人、新貴人、通嬪、穆嬪、色常在；第六層十一人，分別是文貴人、藍貴人、常常在、瑞常在、袁常在、貴常在、徐常在、石常在、常貴人、勒貴人、壽常在；第七層十一人，分別為尹常在、路常在、妙常在、秀答應、慶答應、靈答應、春答應、曉答應、治答應、牛答應、雙答應。陵寢官員為了防止在祭祀中出現差錯，編歌謠以助熟記：景妃園寢主位多，四十九位式如何？陵寢門內左右審，左馬貴人右僖嬪。二層端嬪定妃位，西邊熙嬪良妃對。十八阿哥三層東，緊挨成妃襄嬪宮。西邊宜妃平妃是，寶頂相連如雁翅。四層妃位更尊嚴，純惠溫順慧榮宣。五層尹貴合謹嬪，相連空券十分准。六層文藍二貴人，常瑞袁貴常在真。徐貴石常常勒貴，壽常雜券下相隨。七層尹路常在共，妙秀慶靈號答應。西邊春曉治牛雙，五位答應緊靠牆。若能熟習此位歌，園寢奉祀不難說。在裕陵妃寢園，葬有乾隆皇后、

皇貴妃、妃、嬪、貴人、常在等后妃三十六人。在惠陵妃寢園，葬有同治皇貴妃四人。

　　黃花山位於清東陵陵區西側，在山之西麓，建有六座寢園，自東而西，依次為順治第四子榮親王、康熙次子理密親王允礽、順治次子裕憲親王福全、順治第七子純靖親王隆禧、康熙長子直郡王允禔、康熙第十四子恂郡王胤禵。

　　朱華山位於黃花山西南，朱華山寢園葬乾隆七子一女。除葬端慧皇太子永璉外，其餘為悼敏皇子永琮、九阿哥、十阿哥、十三阿哥永璟、十四阿哥永璐、十六阿哥以及乾隆第八公主。在端慧皇太子寢園之西，又建有貝勒永璂的寢園。

　　在東陵陵區之外，建有保姆寢園四座，她們分別是：奉聖夫人寢園、佑聖夫人寢園、保聖夫人瓜爾佳氏寢園等。另有皇子、公主寢園，位於馬蘭峪營房村北及許家峪村西，葬道光皇二子奕綱、皇三子奕繼、端憫固倫公主。

　　清西陵位於河北易縣永寧山下，始建于雍正八年（1730），直至民國四年（1915）完工，歷時一百八十五年。陵區內埋葬著四位皇帝、九位皇后、五十七位嬪妃，以及公主、親王、阿哥等七十六人。

　　在雍正泰陵地宮，祔葬孝敬憲皇后烏拉那拉氏及敦肅皇貴妃年氏。在道光慕陵地宮，祔葬孝穆成皇后鈕鈷祿氏、孝慎成皇后佟佳氏、孝全成皇后鈕鈷祿氏。在光緒崇陵地宮，葬有孝定景皇后葉赫那拉氏。在泰陵妃寢園，葬有皇貴妃一人、妃三人、嬪一人、貴人五人、常在七人、格格四人。在昌陵妃寢園，葬嘉慶妃嬪十八人。在光緒崇陵妃寢園，葬有瑾妃他他拉氏，及其親妹妹珍妃他他拉氏。

第九章　陵墓石刻

據《水經注》載，上古時期「五帝」之一堯的陵前和其母陵前，皆有石羊和石虎。《格致鏡原》卷七引〈洞微志〉：「汴都之南百里有周公墓，前一石人，能作怪人。」又引《物原》云：「周宣王始置石鼓、石人、猊、虎、羊、馬。」但這些記載僅僅只是傳說，不足為信。

唐人封演《封氏聞見記》云：「秦漢以來帝王陵前有石麒麟、石辟邪、石象、石馬之屬，人臣墓前有石羊、石虎、石人、石柱之屬，皆所以表飾墳壟如生前之儀衛耳，國朝因山為陵。」

《西京雜記》載：「五柞宮有五柞樹，皆連三抱，上枝蔭覆數十畝。其宮西有青梧觀，觀前有三梧桐樹，樹下有石麒麟二枚，刊其脅為文字，是秦始皇驪山墓上物也。頭高一丈三尺，東邊者前左腳折，折處有赤如血。父老謂其有神，皆含血屬筋焉。」

考古資料表明，秦始皇陵所用石料皆從渭北甘泉山磨石嶺採集而來，時人謂之「覽石」。而在人臣墓前列置石刻，以實物相見，則始於西漢。

第一節　漢魏時期

截至目前，西漢諸陵尚未發現石刻遺存。

　　霍去病（前 140– 前 117），西漢名將，十八歲隨衛青出征匈奴，官至驃騎將軍，封冠軍侯。他先後六次出擊匈奴，病逝時才二十四歲。出殯之日，帝命霍去病生前所有招降者身穿黑甲，排列成隊，從長安城送葬至茂陵。

　　霍去病墓位於陝西興平市南位鎮道常村西北，西距茂陵約 1 公里。當年，漢武帝為了紀念霍去病的赫赫戰功，特為他修建了這座象徵祁連山的墓塚，並在墓前及墓上列置馬踏匈奴、躍馬、臥馬、石人、伏虎、臥象、臥牛、人與熊、怪獸吞羊、野豬、魚等大型石刻 16 件，其中「馬踏匈奴」尤為著名。這些作品或圓雕，或浮雕，或線雕，造型渾厚，粗放豪邁，簡練傳神，是現存時代最早、保存完整的成組石雕。

　　霍去病墓石刻出自官府工匠之手，採用的石料質地堅硬，俗稱「麻砂石」。

圖 69　馬踏匈奴　陳雪華 攝

　　「馬踏匈奴」，通高 1.68 米，長 1.9 米，寬 0.48 米，類似真馬體量。戰馬肌肉豐滿，長尾迤地，昂首挺立，威風凜凜，蹄下所踏為一匈奴首領，蓬髮長須，仰身于馬腹下，頭對馬嘴，雙腿上曲，手持弓箭，面目猙獰，一副垂死掙扎狀，露出死難臨頭的神情。在馬的腿、股、頭和頸部鑿刻了較深的陰線，使勇敢而忠實的戰馬躍然而出，一人一馬，靜中有動，高度地概括了霍去病戎馬征戰的豐功偉績。

　　躍馬，通高 1.5 米，長 2.4 米，寬 0.85 米，雙目圓睜，鼻孔擴張，嘴唇噏動，一副好欲嘶鳴狀。前軀奮起，整個雕刻隨形就勢，線刻與圓雕並用。

　　臥馬，通高 1.14 米，長 2.6 米，寬 0.73 米，全身平臥，前腿微屈，頭部稍偏，注目前方，軀體強壯，神態悠然。

　　伏虎，通高 0.48 米，長 2 米，寬 0.6 米，頭顱碩大，尾貼於背，選用極不規則的波浪起伏狀石料，利用石塊的自然粗糙面，運用線體相交的雕刻手法，表現虎性的威武兇猛。

　　東漢墓前列置石刻成風。據文獻記載，光武帝陵前原置石象、石虎、石

羊、石馬、石駱駝等。而在品官墓前多有石刻列置。據北魏酈道元《水經注》卷二十二記載：「漢宏（弘）農太守張伯雅墓，塋域四周，壘石為垣……庚門，表二石闕，夾對石獸于闕下。塚前有石廟，列植三碑。碑云：『德，字伯雅，河南密人也。』碑側樹兩石人，有數石柱，及諸石獸矣。舊引綏水，南入塋域，而為池沼。沼在醜地，皆蟾蜍吐水，石隍承溜。池之南，又建石樓。石廟前又翼列諸獸。」張伯雅，東漢弘農太守。弘農：古郡名，西漢元鼎三年（前114）置，治弘農縣（今河南靈寶市北）。又，《水經注》卷二十四記載：睢陽縣「城北五六里，便得漢太尉橋玄墓，塚東有廟，即曹氏孟德親酹處……塚列數碑……廟南列二石柱，柱東有二石羊，羊北二石虎。廟前東北有二石駝。駝西北有二石馬，皆高大，亦不甚凋毀」。橋玄（109–183），東漢時名臣，字公祖，梁國睢陽（今河南商丘市睢陽區）人。靈帝建寧三年（170），累遷司空，轉司徒。光和元年（178），拜太尉。素與南陽太守陳球有矛盾，及在公位，薦球為廷尉。時人雲其家無餘財，死後無以殯葬。這些石刻基本分佈在陵垣四門門外、墓旁祠廟前及墓前兩旁。從此，也開創了我國帝王陵寢前設置紀念性群雕的時代。

秦漢時期，墓誌應運而生，目前發現最早的有秦勞役墓瓦志和東漢刑徒磚志。魏晉時期，朝廷禁止在墓地立碑，銘刻只能從地面轉入地下。尤其是，曹操提倡薄葬，禁止為個人樹碑立傳，士大夫階層遂將死者的生平及歌頌文辭鐫刻於一較小的石面上隨棺埋葬，後經出土，稱之為墓誌。文辭用語押韻的稱「銘」，也稱「墓誌銘」。墓誌分上下兩層，上層刻有標題，稱作「蓋」，下層刻有墓誌銘，稱作「底」。墓誌作為一種隨葬物，在魏晉南北朝時期比較流行。墓誌大多平放在墓室中，也有放置在墓門前的，還有的置於墓道中。

河南洛陽出土的漢延平元年（106）賈武仲妻馬姜墓誌，雖不自稱為墓誌，但所記的內容已與墓誌相近。江蘇邳縣發掘的元嘉元年（151）繆宇墓後室石門上方所刻的題記，有官職姓名、死葬日期、韻語頌辭，實為後世墓誌銘之濫觴。

通常情況下，南朝帝陵石刻是三種六件，依次為石獸（其中天祿、麒麟各一）一對，石柱一對，石碑一對。王侯陵墓則為石獅一對，石柱一對，石碑一對。也有豎碑兩對的，如梁文帝蕭順之第七子、梁武帝蕭衍之弟、安成郡王蕭秀墓，以及梁文帝蕭順之第十一子、梁武帝蕭衍之弟、始興忠武王蕭憺墓便是。

在南朝帝后陵的石刻中，石獸有一個共同的規律，即帝后墓前的均帶角，

有雙角者為天祿，6 單角者為麒麟，而王侯墓前的石獸均無角，稱之為辟邪。

　　南朝神道石柱由三部分組成：上為蓮花座柱首圓蓋，上立一小石獸，狀如辟邪；中為圓形柱身，上刻瓜棱直線條紋，通常是二十四至二十八條，在柱身的上端嵌一長方形石碑，書有「墓主人某某之神道」等字樣，一為正書，一為反書。或均為正書，或均為反書。在石柱上神道碑的下方裝飾一塊大小須與石柱直徑相同的一塊方石，謂之石板。上刻怪獸三隻，在方石下再一圈繩辮形的圍帶，其下再刻一圈雙龍交首的紋飾圍帶。下為柱礎，上層雕刻含珠翼獸一對，下層為方石，四面均為動物浮雕圖案。

　　在南朝帝陵及追封的帝陵中，尚存石刻二十八件。其中，宋武帝初寧陵（在今南京麒麟門外）石獸 2 件，部分殘損。南朝齊梁帝陵分佈於今江蘇丹陽市境內。齊高帝泰安陵石獸二件，左獸頭殘缺，右獸完好無損。齊武帝景安陵石獸二件，左獸四足俱殘，右獸完好無損。齊景帝（追封）蕭道生修安陵石獸二件，分佈在神道兩側，東為天祿，西為麒麟。天祿體長 3 米，高 2.75 米，頸高 1.54 米，體圍 2.52 米，頭上有雙角，已經殘斷。麒麟體長 2.9 米，高 2.42 米，頸高 1.38 米，體圍 2.4 米，頭上有獨角，角上綴滿鱗紋。兩獸均突胸聳腰，張口瞋目，其狀如趺。兩獸頭部均略向外。天祿左足在前，麒麟右足在前，足爪下踩一小獸，獸尾曳地，天祿尾回折左，麒麟尾回折右。天祿及麒麟肋部雕雙翼，雙翼雕刻卷雲紋細鱗等。鱗上綴花一朵頷下長須呈蔓草狀。

　　齊明帝蕭鸞興安陵坐西向東，陵丘已被蕩平。現存石獸兩件，分佈在神道兩側，南側為麒麟，北側為天祿。部分被掩埋於土中。麒麟為公獸，四足殘損，體長三點零二米，殘高 2.7 米，頸高 1.35 米，體圍 2.78 米，仰首垂身，頭有獨角，已殘，頷下長須，翼狀與胸毛渾然一體，秀美多姿。脊骨隆起，雕連珠貫于麒麟首尾。

圖 70　齊明帝興安陵石麒麟圖　陳雪華 攝

　　梁文帝（追封）蕭順之建陵坐西向東，陵丘已平。陵前有石刻，列置於神道兩側。石柱一對，龜趺座一對，石獸一對，南列麒麟，北列天祿。麒麟體長 3.05

米，殘高 2 米，頸高 1.25 米，體圍 2.7
米，頭上有獨角，角已殘損。天祿體
長 3.1 米，殘高 2.3 米，頸高 1 米，體
圍 2.76 米，頭有雙角，已毀。均為牡
獸。兩獸昂首挺胸，四足俱失。麒麟
上顎殘損，頷下長須，垂至胸際。翼
飾細鱗，中飾小花五瓣，雕連珠貫于
麒麟首尾。石柱柱身瓦楞紋狀。北柱
傾圮，南柱尚存，但已裂一為二。柱

圖 71　梁文帝建陵石麒麟　陳雪華 攝

上有石額，額上有字，隸體，上書「太祖文皇帝之神道」。柱礎上圓下方，環
飾螭龍，頭有雙角，四足，口內銜珠。柱頂加覆蓮紋圓蓋，蓋上蹲一小型石獸（現
已不知所去）。北側石柱柱額反書「太祖文皇帝之神道」。柱後有碑一對，龜趺。
南朝諸陵均已不存，其形狀應與蕭梁王侯墓碑相同。

　　陳武帝霸先萬安陵（今南京江寧區）的石刻，頭上無角有鬃，像麒麟，又
像獅子。位於神道北側的石獸體長 2.5 米，高 2.57 米，頸高 1.33 米，體圍 2.43
米。南側石獸體長 2.72 米，高 2.28 米，頸高 1.05 米，體圍 2.56 米，頸部斷裂，
胸部碎裂，為當年日本侵略軍侵佔南京時打靶所致。兩獸昂首挺胸，體態雄健。

　　梁武帝蕭衍修陵位於今江蘇丹陽市開發區荊林三城巷，坐西向東，其父文
帝蕭順建陵在其北約 100 米處。陵塚早被蕩平，陵前僅存石天祿一隻，位於神
道北側，身高 2.80 米，體長 3.10 米，頸高 1.45 米，胸圍 2.35 米。昂首挺胸，欲
進而罷，頭有雙角，兩角中部起節。頷下長須飄卷，垂至胸際，體有雙翼，翼
面有雕飾，前螺紋，後翎羽，足有五爪，下踩小獸，有咄咄逼人之感。

　　在陳文帝陳蒨永寧陵，坐北向南，地表封土已平。神道有石刻，列置於神
道兩側。東為天祿，雙角，體長 3.11 米，高 3 米，西為麒麟，獨角，體長 3.19 米，
高 3.13 米。外肢前伸，頭上有角，頭大角粗，頸部幾乎消失，四肢粗壯，爪端
上翹。在雙翼前端及腰部的羽毛飾以雲氣紋。

第二節　唐宋時期

　　唐陵神道上的石刻組合，自高宗乾陵始為定制。每座帝陵除蕃酋石像外，有石柱一對、翼馬一對、鴕鳥（或朱雀）一對、仗馬及牽馬人各五對、石人十對、四門石獅各一對。部分唐陵北門尚有仗馬及牽馬人三對。

　　石柱，或稱石望柱、神道柱、表、標或碣。陵前列置石柱始于戰國時期的燕昭王陵墓。東漢前多為木制，東漢時改木為石。漢代稱「桓表」，亦稱「桓楹」，陳、宋間訛「桓」為「和」，江左云為「華表」。其制以大版貫柱四出。最早用於交通標誌，置於亭郵、浮梁、城門及宮殿之前，又可作為界標使用。李賢注《後漢書・中山簡王焉傳》云：「墓前於道建石柱以為標，謂之神道。」自南朝之後用於帝王陵墓，主要是對帝陵起到標設作用，當人們看到石柱時，就知道了帝陵神道的起點。

圖 72　唐宣宗貞陵神道西側石柱　党明放 攝

　　關於石柱的形制，漢代柱身為圓形，且有題額的垂直瓜棱紋，在其兩端各有一道繩辮紋帶，柱頂為圓雕獅頭。石獸之下為蓮花紋蓋盤。南朝與其接近，但明顯地反映出了受波斯和印度文化的影響。

　　唐自乾陵始，諸陵石柱形制相近，均由柱座、柱身、柱盤及柱頂組成。柱

身皆為八棱形狀。柱頭由石獸變為寶珠。在柱座、柱身及柱頂台盤相接處各浮雕仰、覆蓮一周，柱身各棱面改垂直瓜棱紋為線刻蔓草花紋。這些變化有可能是受到佛教文化的影響。

翼馬，即指傳說中「從西極，陟流沙」而來的「天馬」，也有學者認為是「龍馬」、「飛龍」。屈原《離騷》云：「為余駕飛龍兮，雜瑤象以為車。」相傳此馬產于馬成山，此山盛產金、玉。翼馬頭上有角，兩脅有翼，翼上刻有忍冬花紋，可憑藉翅膀而天上人間。在漢代，曾稱西域及中亞地區的良馬為

圖 73　唐肅宗建陵神道西側翼馬　陳雪華 攝

「天馬」。自晉以來，天馬被視為祥瑞的化身，以示明君盛世。陵墓前置翼馬始于唐乾陵，並於腹下雕刻雲柱。翼馬作為外交活動的紀念物，最終形成了盛唐時期文化「一體兩翼」的格局。即以中國文化為「一體」，以西方國家文化及周邊民族文化為「兩翼」。

鴕鳥，中古波斯語 ush tur murgh，即駱駝鳥。初稱大鳥、大馬爵、大雀，或鸑鳥。鴕鳥頭小眼大，頸長毛松，通高 2.70 米左右，重達 150 公斤，奔跑時速可達 60 公里。原產中、西亞和非洲氣候乾燥的沙漠地帶。地質時代，我國北方地區就有鴕鳥分佈，後因自然環境的變化，鴕鳥逐漸消失。《魏書》

圖 74　唐肅宗建陵神道西側鴕鳥　党明放 攝

卷一百〇二〈西域傳〉中記載波斯國有「鳥形如槖駝，有兩翼，飛而不能高，食草與肉，亦能噉火」。《冊府元龜》卷九百七十記其「高七尺，足如駝，有翅而能飛，行日三五百里，能噉銅鐵，夷俗呼為鴕鳥。」《山海經》卷二載：「西南三百里，曰女床之山，其陽多赤銅，其陰多石涅，其獸多虎豹犀兕。有鳥焉，其狀如翟而五彩紋，名曰鸞鳥。」鴕鳥作為異邦神鳥，有「見者天下安寧」、「至

者國家安樂」之意，是中外友好和文化交流的象徵。李白〈秋浦歌〉詩云：「秋浦錦駝鳥，人間天上稀。山雞羞淥水，不敢照搏衣。」《舊唐書》中就有關於波斯、吐火羅等國向長安進獻駝鳥的記載。永徽元年（650）五月，唐高宗曾把吐火羅國進貢的駝鳥獻於昭陵。他認為只有祥鳥才有資格供奉皇帝，充分體現出高宗對其父皇的仁愛和仁孝。

　　馬是神速和力量的象徵。仗馬是宮廷儀仗重要的組成部分。《史記》卷三十〈平准書〉載：「天用莫如龍，地用莫如馬。」就是說，行天莫如龍，行地莫如馬。《後漢書》卷二十四〈馬援列傳〉載：「馬者甲兵之本，國之大用。安寧則以別尊卑之序，有變則以濟遠近之難。昔有騏驥，一日千里，伯樂見之，昭然不惑。」商周時期，就有以活馬真車為死者殉葬的習俗，後以車馬俑取而代之。墓前最早列置石馬，當屬西漢霍去病墓。帝陵列置石馬，有可能始于東漢光武帝劉秀原陵。唐陵除獻陵外，諸陵均置仗馬及馭手，宋明清沿襲，但其仗馬數量、馬飾及馭手則有所不同。帝陵神道置仗馬象徵朝廷大朝會的儀衛。

　　《唐會要》卷七十二〈京城諸軍〉載：貞觀二十一年八月十七日，骨利幹遣使朝貢，獻良馬百匹，其中十匹尤駿。太宗奇之，各為制名，號曰十驥。其一曰騰雲白，二曰皎雪驄，三曰凝露白，四曰元光驄，五曰決波瑜，六曰飛霞驃，七曰發電赤，八曰流金騧，九曰翔麟紫，十曰奔虹赤。上乃敘其事曰：骨利幹獻馬十匹，特異常倫。觀其骨大叢粗，鬣高意闊，眼如懸鏡，頭若側磚，腿像鹿而差圓，頸比鳳而增細。後橋之下，促骨起而成峰；側轙之間，長筋密而如瓣……神道仗馬置數為十，可能與「十驥」傳說有關。

　　唐長安城歷來就有北門屯軍的傳統。北門置仗馬，猶如禁苑北門的飛騎。仗馬取數為六，似與漢魏以來「天子駕六」制度有關。杜佑《通典》卷六十四云：「昔人皇氏乘雲駕六羽，出谷口，或雲秖車也。」杜牧〈長安晴望〉詩云：「翠屏山對鳳城開，碧落搖光霽後來；回識六龍巡幸處，飛煙閑繞望春台。」

　　帝陵列置石人以北魏孝宣帝景陵和西魏文帝永陵為最早。唐陵列置石人始於乾陵，位於仗馬之北。《唐會要》卷二十五〈文武百官朝拜謁班序〉載：「文武官行立班序，通乾觀象門外序班，武次於文，至宣政門。文由東門而入，武由西門而入，至閤門亦如之。其退朝，並從宣政西門而出。」帝陵列置石人所體現的正是宮廷儀規。

圖 75　唐玄宗泰陵神道西側石人　　　　　圖 76　唐玄宗泰陵神道東側石人
　　　　党明放 攝　　　　　　　　　　　　　　党明放 攝

　　自玄宗泰陵始，唐陵的石人有文臣、武將之分：文臣頭戴高山冠，身著廣
袖大袍，手持笏板；武將頭戴鶡冠，身著褶，雙手拄劍。帝陵列置的石人有十對，
與唐朝「朝日」的禮儀相吻合，但其造型和體量存在著很大的差異。

　　帝陵列置石人取數為二十，似與當時的儀制有關。唐初，天子廟社門、宮
殿門每門各列二十四戟。玄宗開元六年（718），改天子廟社門、宮殿門每門各
列二十戟。二十當為最高皇宮儀衛。

　　獅子，古稱狻麑，或狻猊。《爾雅》云：「狻猊如虦貓，食虎豹。」並注
「即獅子也，出西域。」《穆天子傳》：「狻猊日走五百里。」獅子原產非洲

和西亞，當地人視獅子為神獸。在古代神話中，埃及曾將獅子用作聖地的守衛。據《後漢書》卷八十八〈西域傳〉記載：漢章帝章和元年（87），安息國「遣使獻師子」，安息國，即西亞帕提亞（parthia）王國，屬於伊朗古代奴隸制王國。將獅子作為貢品運送到中國。與當時佛教東傳有關。故自東漢以來，就有以獅子或獅形石獸裝飾陵寢。陵前置石獅以示皇權至上。但在流傳過程中，融合了中國傳統文化，以至於形成了一種石獅文化。其擺放位置不僅僅局限陵墓，甚至皇宮、園林、住宅、寺廟等。以滿足人們追求平安吉祥的美好願望。

自乾陵始，諸陵四門各置石獅一對，左牡右牝。牡獅卷鬣閉口，牝獅披鬣張口。石獅雄踞陵前，威視神道，給陵園增添了神聖、威嚴、凜然不可侵犯的氣氛，從而渲染帝陵的威勢和大唐帝國的強盛。

犀牛屬嘉瑞動物，曾被古人視作神獸。漢唐時期，西域、南亞和東亞地區的國家曾將犀牛作為貢品獻於中國。晉人劉欣期《交州記》云：「犀角通天，向水輒開。」郭璞注《爾雅》：「犀形似水牛，豬頭，大腹卑腳，腳有三蹄。」縱觀華夏歷史，歷代統治者無一不重視犀牛。殷周時期，以銅鑄犀牛為重器。西漢薄太后薨後，曾以活犀牛殉葬。

獬豸，也稱解廌、解豸，或直辨獸、觸邪，俗稱獨角獸，是中國傳說中的上古神獸。體形大者如牛，小者如羊，類似麒麟，全身長著濃密黝黑的毛，雙目明亮有神，額上通常長一角。考古發現，在秦代之前的文物中，獬豸通常是一角羊的造型，牛形獬豸出現在東漢之後。東漢楊孚《異物志》載：「性別曲直。見人鬥，觸不直者。聞人爭，咋不正者。」東漢王充《論衡》：「一角之羊也，性知有罪。皋陶治獄，其罪疑者，令羊觸之，有罪則觸，無罪則不觸。故皋陶敬羊。」皋陶被奉為中國司法鼻祖，決訟果敢，執法公正，遇到曲直難斷的情況，便放出獨角神羊，即獬豸，依據獬豸是否頂觸嫌疑犯來判定是否有罪。帝陵列置獬豸，具有知曲直，公平正義的含義。

作為中國傳統法律的象徵，獬豸一直受到歷朝的推崇。相傳在春秋戰國時期，楚文王曾獲一獬豸，照其形制成冠戴於頭上，於是上行下效，獬豸冠在楚國一時成為時尚。秦代執法御史也帶著這種冠，漢承秦制。到了東漢時期，皋陶像與獬豸圖成了衙門中不可缺少的飾品，廷尉、御史等都帶獬豸冠。而獬豸冠則被冠以法冠之名，法官也因此被稱為獬豸。到了清代，御史和按察使等監

察司法官員都一律戴獬豸冠，穿繡有「獬豸」圖案的補服。

圖 77　唐睿宗橋陵神道東側獬豸　陳雪華 攝

　　獬豸形象是蒙昧時代以神判法的遺跡。獬豸與法的不解之結，還可從古代「法」字的結構得到解答，古體的「法」字寫作「灋」，而「廌」即為「獬豸」，「廌法」二字合為一體，取其公正不阿之意，所以從水，取法平如水之意。清人孫楷《秦會要訂補》卷十四記載：「侍御史冠獬豸冠。」《隋書·禮儀志》載：「法冠，一名獬豸冠，鐵為柱，其上施珠兩枚，為獬豸角形。法官服之。」庾信〈正旦上司憲府〉中有「蒼鷹下獄吏，獬豸飾刑官」之句，唐人岑參〈送韋侍御歸京〉亦有「聞欲朝龍闕，應須拂豸冠」之句。獬豸不僅是執法公正的化身，而且還是完美騎士的代表。在唐陵中，石獬豸僅見于唐睿宗橋陵。

　　虎為百獸之王。臣墓前置石虎最早見於西漢霍去病墓和張騫墓。南朝梁任昉《述異記》卷上載：「漢中山有虎生角，道家云，虎千年則牙蛻而生角。」事實上，漢魏兩晉南北朝陵前的天祿和辟邪就是以虎為主體，或是以獅虎相結合營造而成的神化動物。東漢應劭《風俗通義》載：「罔象畏虎與柏，故墓前立虎與柏。」

　　近年來，考古工作者先後在乾陵北門東側及定陵北門東側發掘出小石虎各一尊，在定陵的石虎旁還有一尊馴虎人。

　　獻陵是唐高祖李淵的陵園，位於陝西三原縣徐木原上。神道兩側原有石柱一對，石犀一對，四門外各置石虎一對。

　　石柱位於石虎南 380 米處，列置於神道兩側，間隔 39.5 米。東柱通高 7.23 米，方形石座，四面線刻花紋，座上環雕螭龍，首尾銜接。柱身為八棱面，面寬 0.45 米，向上收剎，均線刻蔓草花紋，柱蓋為八棱形，蓋上蹲踞一圓雕狻猊，高約 0.9 米，前肢挺拔，昂首挺胸，保存較好。西柱埋於地下。

　　石犀位於石柱北約 70 米處，東西對列。1960 年，東側石犀遷展于西安碑林博物館。石犀與石座由一巨石雕成，石座長 2.46 米，寬 1.27 米，厚 0.24 米。石犀體長 3.35 米，高 2.12 米，重約 10 噸。在右前足下刻有「□（高）祖懷□（遠）之德」六字。體型碩大，渾圓有力，瞋目閉口，牛鼻獨角，遍體麟紋，謂之「皮有珠甲」。

　　大唐開國君主李淵的祖父名虎，故唐初諱虎為武。加之李淵又標榜自己承繼「祖德」，所以年號武德，實為「虎德」。高祖駕崩，葬獻陵，故以石虎做獻陵門獸。

　　獻陵神道西側石虎體長 2.48 米，高 1.7 米，胸寬 0.85 米，石座長 2.34 米，寬 1.14 米，厚 0.25 米，完好無損，1959 年遷展西安碑林博物館。東側石虎頸下刻有銘文：「武德拾年九月十一日石匠小湯二記。」東門僅存一尊石虎，西門存兩尊，形制相同，體長 2.38–2.6 米，高約 1.8 米，胸寬約 1 米，頭大，頸短，背平，尾垂，身軀圓渾，腹下鏤空，四足與石座相連，造型兇悍，令人望而生畏。

圖 78　唐高祖獻陵神道東側石虎　陳雪華 攝

　　據當地人講，在東側石犀之北，原有石人三尊，通高 2.2 米，長袍，持笏，

惜已不存。

　　昭陵是唐太宗李世民與文德皇后長孫氏的合葬墓，坐落在陝西禮泉縣九嵕山主峰。主要石刻有：昭陵六駿及蕃酋長石像十四尊，均分佈在昭陵陵山北司馬門內。另有走獅一對，位於昭陵西南十八里處的瑤台寺，究竟是瑤台寺的物件，還是陵、寺二者兼有，目前尚無定論。

　　「昭陵六駿」是唐太宗李世民在初唐征戰中所乘的六匹戰馬的寫實性石雕。除兩駿流落美國費城賓夕法尼亞大學博物館外，其餘四駿現存西安碑林博物館。

　　貞觀十年（636）十一月，李世民為了彰顯其橫掃群雄的絕世武功，就所乘六匹戰馬形象，詔令閻立德、閻立本兄弟繪製，自己親撰銘贊，歐陽詢書丹，並由工匠鐫刻。

　　昭陵六駿採用高肉浮雕手法，線條流暢，刀工精細，分別雕刻在六塊縱 1.7米，橫 2 米的石屏上。在雕刻中，尤其突出了六匹戰馬的不同性格以及在戰陣中的不同遭遇。六駿雕成之後，置於昭陵陵山北闕——北司馬門內寢殿前的白石臺階上，後代整修時，將其移置於東、西兩廡之中，特勒驃、青騅、什伐赤被置於東廡，颯露紫、拳毛騧、白蹄烏被置於西廡。昭陵六駿屬於門仗之馬，含有紀念和警示之意。

　　1914 年，古董商盧芹齋以十二萬五千美元將六駿中的「颯露紫」、「拳毛騧」盜賣，被打碎裝箱盜運到美國，其餘四駿也曾被打碎裝箱，但在盜運過程中被截獲。

　　特勒驃，為李世民于武德二年（619）至武德三年（620）在馬邑（今山西朔縣）與宋金剛作戰時所乘，白喙微黑，毛色黃裡透白。「特勒」是突厥族的官職名稱，「特勒驃」也可能是突厥族某特勒所贈。李世民的題贊是：「應策騰空，承聲半漢。入險摧敵，乘危濟難。」現陳列在西安碑林博物館。

　　青騅，為李世民平定竇建德時所乘，蒼白雜色，前中一箭。李世民的題贊是：「足輕電影，神發天機。策茲飛練，定我戎衣。」現陳列在西安碑林博物館。

　　什伐赤，為李世民攻打王世充時所乘。「什伐」是波斯語「馬」的音譯，純赤色，也是李世民的坐騎。前中一箭，背中一箭。李世民的題贊是：「瀍澗

未靜，斧鉞伸威。朱汗騁足，青旗凱歸。」現陳列在西安碑林博物館。

颯露紫，為李世民平定東都擊敗王世充時所乘。色如紫燕，前胸中一箭，正在為戰馬撥箭的人叫丘行恭。李世民的題贊是：「紫燕超躍，骨騰神駿。氣豐三川，威凌八陣。」現藏美國費城賓夕法尼亞大學博物館。

拳毛騧，為李世民平定劉黑闥時所乘。黃色黑嘴，體有旋毛，矯健，善奔，為唐州都督洛仁所獻，曾以洛仁為馬名「洛仁騧」。初，李世民因此馬相不佳，棄之不用。後在李勣的遊說下，李世民乘此馬平定劉黑闥，竟前中六箭，背中兩箭而不倒。李世民回師長安後，竟封此馬為平北將軍。拳毛騧

圖 79　唐昭陵六駿之什伐赤　陳雪華 攝

死後葬五峰山，李世民的題贊是：「月精按轡，天駟橫行。孤矢載戢，氛埃廓清。」現藏美國費城賓夕法尼亞大學博物館。

白蹄烏，為李世民于武德元年（618）在淺水原（今陝西長武縣東北）平定薛仁杲時所乘。毛色純黑，四蹄俱白，昂首怒目，鬃鬣迎風，呈疾馳之狀。李世民的題贊是：「倚天長劍，追風駿足。聳轡平隴，回鞍定蜀。」現陳列在西安碑林博物館。

永徽年間，高宗下詔為昭陵刻制十四國藩王酋長石像。《唐會要》卷二十〈陵議〉載：

> 上欲闡揚先帝徽烈，乃令匠人琢石，寫諸藩君長、貞觀中擒伏歸化者形狀，而刻其官名。

計有：突厥頡利可汗右衛大將軍阿史那咄苾、突厥頡利可汗右衛大將軍阿史那什缽苾、突厥乙彌泥孰候利苾可汗右武衛大將軍阿史那李思摩、突厥都布可汗右衛大將軍阿史那社爾、薛延陀真珠毗伽可汗、吐蕃贊普、新羅樂浪郡王

金貞德、吐谷渾河源郡王烏地也拔勒豆可汗、慕容諾曷缽、龜茲王訶黎布失畢、于闐王伏闍信焉耆王龍突騎支、高昌王左武衛將軍曲智盛、林邑王范頭黎、帝那伏帝國王阿羅那順等十四人，列于陵司馬北門內，九嵕山之陰，以旌武功。

　　昭陵十四國藩王酋長石刻像代表著十一個民族十四個國家。他們中，有的是被擒獲的，有的是歸順的，有的是通好的。李世民不但未殺他們，有的反而還封官送還，讓其繼續統治自己的民族。這不僅體現了唐朝跟鄰邦之間的友好關係，更體現了李世民開拓中西交流，反對外來侵略，志在實行國家統一的功績。由此，很快就出現了安定團結、鄰邦友好、國家統一的局面，促進了國家與國家、民族與民族之間的政治、經濟和文化大交流、大融合及大發展。

　　乾陵是高宗和武則天的合葬陵墓，坐落在陝西乾縣梁山主峰。其石刻體量碩大，雕刻精緻，數量之多，種類之繁，代表了唐代高度發展的文化和石刻藝術，堪稱我國古代雕刻藝術的瑰寶，被譽為「露天石雕博物館」和文物界的「三峽工程」。現存石刻 124 件，其中司

圖 80　唐太宗昭陵十四蕃君石像之三（背面）　李浪濤 攝

馬道共 99 件，以乳峰雙闕間為起點，分東、西兩邊依次向北排列：

　　石柱一對，分別位於乾陵第二道天然門內。乾陵東側石柱通高 7.67 米，柱身通高 5.73 米，底部棱面寬 0.49 米，柱頂通高 1.2 米。西側石柱通高 7.47 米，柱身通高 5.68 米，底部棱面寬 0.46 米，柱頂通高 1.07 米。每座石柱重約 40 噸，由礎座、柱身和柱頭三部分組成。覆蓮十六瓣座，八棱柱身，柱身向上斜收，棱面最寬處 0.49 米。柱身上下交接處均雕有蓮瓣，每個棱面都刻有精緻的蔓草海石榴紋飾。仰蓮托火珠頂，礎座為方形，代表大地；柱頭為圓球形，代表蒼天；中間的八棱柱身代表八卦所表示的八個方位。整個造型具有典型的中國民族傳統的雕刻風格，體現了唐人「天圓地方」的宇宙觀念。

▲圖 81　唐高宗乾陵神道東側石柱柱頂與柱盤
　　　　党明放 攝

◀圖 82　唐高宗乾陵神道東側石柱　党明放 攝

　　翼馬一對，分別位於石柱北約 30 米處。兩馬相對而立，東西相距 26 米，均用巨型墨玉石雕琢而成，屬於典型的波斯馬體態，昂首突目，姿態駿逸，大有騰雲駕霧之勢，給人一種望而生畏的感覺，帶有犍陀羅式雕刻風格。東側翼馬殘高 2.31 米，長 2.90 米，胸寬 1.18 米；西側馬高 3.45 米，長 3.53 米，胸寬 1.2 米，重約 40 噸，頭上有角，直刺當空。兩側翼面重疊渦卷，棱線分明。東側翼馬圓潤細膩，面部花紋以流暢的渦線弧面構成，手法柔和，刀法洗練，屬於典型的阿旃陀石刻風格。礎座共有三層，最上層東西長 3.02 米，南北寬 1.22 米，高 0.24 米；中間東西長 3.31 米，南北寬 1.45 米，高 0.57 米；最下層多半已被埋入地下。在翼馬石座的兩側分別線刻著精緻的行龍圖、獅象圖和雙獅夛圖。

圖 83　唐高宗乾陵神道東側翼馬　党明放 攝

　　鴕鳥一對，分別位於翼馬北 23.6 米處，為鏤空半立體浮雕。兩鳥各雕在高 2.08–2.26 米，寬 1.64–1.72 米，厚 0.36–0.38 米，重約 9.60–9.80 噸的石屏上。鳥

高 1.73–1.76 米，　寬 1.32–1.38 米，
厚 0.40–0.42 米。鳥作行進狀，羽毛
豐滿，生動自然。兩鳥各損折一腿。
為了突出鴕鳥在空間中的質感，在
雕刻中有意將鴕鳥的一隻腿雕成圓
錐形，並使之與身體的浮雕部分連
為一體，充分顯示出了工匠的聰明
智慧。

圖 84　唐高宗乾陵神道西側鴕鳥　党明放 攝

　　武則天曾視鴕鳥為「聖君世」、「祥瑞出」的珍禽。在唐陵石刻群中，鴕
鳥皆為高浮雕，並將其設計成足踏仙山的姿態。鴕鳥與翼馬、犀牛皆表現「懷
遠」，它們在神道前共同構成一個出行的祥瑞組合。

　　仗馬及牽馬人五對，分別位於鴕鳥之北 18.50 米處，且依次向北排列，每
對相距約 18 米。除西列南數第四匹完整外，其餘皆殘缺，尚有一馬下落不明。
完整仗馬高 1.95 米，長 2.60 米，寬 0.94 米。馬嘴銜鑣，背披鞍袱，置鞍鐙，
蹄與石座相連。牽馬石人立於馬頭之北，兩邊殘存各三尊（均缺頭），身著緊
袖武士服，著束帶靴，雙手置於胸前作牽韁狀。

圖 85　唐高宗乾陵神道東側仗馬　陳雪華 攝

　　石人十對，分別位於仗馬之北 17.70 米處，且依次向北，每對相距約 18.50
米，皆圓雕，為高宗葬禮的儀仗隊。身高 3.75–4.16 米，胸寬 1.00–1.32 米，側
厚 0.64–0.90 米。石人皆高額粗頸，雍容大方，戴冠束帶，寬袍廣袖，雙手握劍，
並足恭立，面目表情富有生氣，神態各異，氣宇森然。與彬縣大佛寺和雲岡的

石刻同屬一個體系，具有明顯的阿旃陀石刻風格特點。

▲圖 86　唐高宗乾陵神道東側無字碑　陳雪華 攝

◄圖 87　唐高宗乾陵神道石人　党明放 攝

　　述聖紀碑一通，位於石人北 17.40 米處，朱雀門西闕樓之前 21.60 米處。與無字碑東西對稱，兩者相距 61.60 米。碑身通高 6.78 米，碑身斷面呈方形，邊長 1.86 米，碑座長寬均為 2.97 米，裸露地面 0.38 米，總重約 89.60 噸。其碑身由七塊巨石組合而成：碑身為五塊，有榫扣接；碑頂一塊，廡殿式頂蓋；下方西南和東南角各雕刻一蹲踞力士。碑座一塊，雕有獬豸及蔓草花紋。當地人稱之為「七節碑」。其節數取自於「七曜」，即日、月、金、木、水、火、土，意為唐高宗「文治武功」如七曜光照天下。

　　《來齋金石刻考略》載，述聖紀碑碑文為武則天撰寫，中宗李顯書丹。碑文原刻四十六行，豎行，每行一百二十字，約五千六百字，今存一千六百餘字。文字初刻時填以金屑，金光閃閃，據說這樣做的目的是為了光耀千秋。由於年代久遠，除碑身第一石無字、第四石剝蝕外，第二、三、五石陽面陰刻。原碑已僕倒，1957 年扶復原位。內容主要敘述高宗李治的生平史略。從現存文字可以看出以下幾點：

　　一、高祖李淵順天應時，叛隋興唐；二、太宗李世民平定戰亂，奠定貞觀盛世之基業；三、皇后懷高祖時有吉祥之兆；四、高宗李治被立為皇太子之原因；

五、敘述太宗對外戰敗後詔令高宗總知軍國事；六、太宗患病後對高宗孝行嘉獎；七、太宗駕崩；八、高宗在位時之文治武功；九、高宗老來企求長生不老之術；十、高宗駕崩；十一、高宗遺囑。

　　述聖紀碑具有很高的歷史價值和藝術價值，現已得到了妥善的保護。

圖 88　　唐高宗乾陵神道西側
　　　　述聖紀碑　党明放 攝

圖 89　　唐乾陵無字碑上契丹
　　　　文拓本　劉向陽 提供

　　無字碑一通，位於石人北 17.40 米處，朱雀門東闕樓之前 21.60 米處。在歷史上，於帝王陵墓前立無字碑當以乾陵為最早。碑身由一塊完整的巨石雕成，通高 8.03 米，碑高 6.54 米，寬 2.10 米，厚 1.49 米，座東西長 3.38 米，南北寬 2.46 米，高 1.49 米，裸露地面 1.07 米，總重約 98.84 噸。碑首刻有八條繞纏的螭龍，螭龍嘴微開下垂，鱗軀渾圓，似龍在天，神氣蕩然。左右龍爪相托形成圭形碑額。碑身兩側線雕大雲龍紋，謂之升龍圖，意即皇帝功高德大。龍高 4.12 米，寬 1.19 米。龍頭雙角分開，後飾鬃髮，鳳目圓睛，張口吐舌，獠牙上彎；龍頸飾幾何圖案並珍珠；龍肩飾雙條飄帶；龍軀蜿蜒騰越，背有長鰭至尾，以脊骨相間。前左爪揚伸頭後，前右爪向下反撐；後左爪上托，後右爪下蹬，鋒勁尖利，氣勢奪人。腿有須毛，尾呈 S 形從內側繞過後右腿置於身體下方。四周均雕刻

立式如意雲頭。升龍圖可能與乾卦「九五」爻有關。《易經・乾卦》：「九五，飛龍在天，利見大人。」釋曰：「飛龍在天，上治也。」龍飛上天，位居正中，有君德有君位，有國家有天下，是最高的統治者。後以「九五」之象借指帝王。這塊無字碑上的升龍圖，正是飛龍在天剎那間最生動最傳神的寫照，具有帝王至尊的意義。蚨座陽面正中線刻獅馬圖，長 2.14 米，寬 0.66 米。圖中雄獅昂首挺立，神態威嚴。而馬俯首屈蹄，安然就食。整個無字碑渾然一體，不愧為歷代群碑之冠。

　　無字碑因其無「字」而著稱。千百年來，猜測紛紜，主要有：「德大說」、「自慚說」、「稱謂說」、「非碑說」及「遺言說」數種。仔細觀察無字碑，其陽面自上而下佈滿了 4.5 釐米見方的格子，每行四十四格，共九十五行，根據留在碑面上的方格計算，碑文約四千二百字。至於為何沒刻，想必是有個中原因的。

　　宋金元及明朝遊人吟詠詩篇刊刻其上。題刻者凡三十九人，共四十二段。其中陽面三十三段，陰面十段，起于宋，終於明。最早的一段題刻是北宋崇寧二年（1103），內容為：「開封王谷正叔按行邊部，南還京兆，道經奉天，同邑尉李定、應之恭拜乾陵。時男僅從行。崇寧癸未季冬初八日題。」最晚的一段題刻是崇禎六年（1633），內容為：「成都范文光仲闇，居鄉五載，數登乾陵。崇禎六年上巳，復同侄萃華、彬友秦廷輔、趙衍基，乾友張吾智、馬以恕來遊。」明朝以後，該碑僕倒於地。

　　題刻分記遊題詞和抒懷題詞。真、草、隸、篆、行諸體皆備，字體端秀，章法嚴謹，筆力險峻，超神入妙。抒懷類最珍貴的當為刊刻在碑陽正中的〈大金皇弟都統經略郎君行記〉，女真文書寫，共五行，旁有漢字譯文，內容為金朝天會十二年（1134）重修乾陵殿廊的記載。周圍有 6.2 釐米寬的線刻蔓草紋飾及飛獅圖案組成的邊框，高 1.42 米，寬 0.92 米，當為碑中之「碑」，而且居碑正面顯著位置，從而反映出刊刻者的不同凡響。

　　在題刻上部正中間是十二個陰文篆書漢字：「大金皇弟都統經略郎君行記」，分三行豎刻，每行四字，正文右邊五行是女真文字，左邊是漢楷譯文如下：

　　大金皇弟都統經略郎君饗已疆場，無事獵于梁山之陽。至唐乾陵，殿廊頹然，一無所睹。爰命有司，鳩工修飾。今復謁陵下，繪像一新，回廊四起，不

勝欣懌，與醴陽太守酣飲而歸，時天會十二年歲次甲寅仲冬十有四日。尚書職方郎中黃應期、宥州刺史王圭從行，奉命題。右譯前言。

　　1995 年秋，陝西考古研究所對碑亭遺址進行了發掘。無字碑亭為一面闊 15.80 米，進深 15.55 米的九間方形碑亭。臺上四周共有柱礎十二個，柱礎為 0.06–0.07 米見方的青石，個別柱礎中心還有榫眼。在碑亭的四周有寬 1.45 米的磚砌散水，在散水的外沿將磚斜豎露出磚角，以防散水鬆動外移。

　　關於「無字碑」碑石的來源，《長安志圖》和《金石粹編》均說是于闐國貢者。于闐，即今新疆和田。試想，遠在千里之外，給大周女皇貢上一塊百噸巨石，確實值得懷疑。事實上，乾陵地面上所有石刻都是就地取材，在陵區西乳峰之南崖斷面上就有取材加工的遺跡。經化驗，石刻的質地與此地山石的質地相同。

　　據考證，唐代帝陵向無立碑之禮。所以，乾陵的「無字碑」和「述聖紀碑」都不是碑。確切地說，「無字碑」是「祖」，「述聖紀碑」是「社」。「無字碑」是唐朝皇帝的祖宗牌位，「祖」代表「宗廟」，所以，不寫文字。又因為「無字碑」居左，「述聖紀碑」居右，與古代「左祖右社」禮制相符。

　　蕃臣像六十尊，位於朱雀門東、西闕樓之北，皆為圓雕。多為圓領袍服，腰束寬頻，足蹬皮靴。原置六十四尊，現存六十尊，其中東群實有二十九尊，內五尊殘缺較甚；西群實有三十一尊，均分四行排列。在這些石像中，除兩尊頭部殘存外，其餘均已缺頭。而殘存頭部者為高鼻、深目形象。初置側殿，東西相對，石像置於殿中。後來殿毀，今存遺址。1997 年 7 月至 10 月，經陝西省考古研究所清理發掘，東側蕃臣殿基址東西長 19.70 米，南北寬 12.80 米，面闊三間，進深三間；西側蕃臣殿基址東西長 20.65 米，南北寬 12.50 米，面闊三間，進深三間。北側有一偏房，長 12.60 米，寬 12.50 米，其北面之牆設計成夾層。遺址內有大量的殘磚殘瓦殘脊獸及彩繪牆皮等。

圖 90　唐高宗乾陵神道西側藩臣像群　陳雪華 攝

　　這些石人一般高 1.65–1.85 米，寬 0.54–0.65 米，礎座 0.85–0.90 米，裸露地面 0.08–0.21 米。初建時，石人像背部均刻有姓氏、職銜、族別及屬國等文字，北宋元祐年間，陝西轉運副使游師雄在考證乾陵石人像背面所銘文字的過程中，訪得當地舊家所藏石人背部銘刻拓本，命人復錄轉刻成四塊石碑，分立于東西兩邊石人像前。後石碑不知去向。元代李好文在編撰《長安志圖》時覓得游師雄所刻三塊石碑，補為三十九人。清初葉奕苞《金石錄補》記為三十八人。清乾隆年間，陝西巡撫畢沅在編寫《關中金石志》及《關中勝跡圖志》時，已經訪得奉天舊家藏之拓片，撮錄三十六人。因年久剝蝕，目前僅能辨清字跡的有：木俱罕國王斯陀勒、于闐王尉遲敬、吐火羅王子特勒羯達健、吐火羅葉護咄伽十姓大首領、鹽泊都督阿史那忠節、默啜使移力貪汗達幹、播仙城主何伏帝延、故大可汗驃騎大將軍行左衛大將軍、昆陵都護阿史那彌射等七人。石刻人物長袍窄袖，腰束寬頻，足登尖頭靴，雙手前拱，披肩的波紋自然活脫，與衣褶一起和諧地表達出了人物的形體，富於質感。後經武漢大學陳國燦教授考補為三十六人。

　　據《唐六典》記載，唐王朝作為當時亞洲國勢最強大、文化最發達的一個多民族大國，最興盛時期與三百多個國家和地區建立了友好往來關係。《陝西通志》卷七十一：「高宗之葬，諸蕃酋來助者甚眾，武后不知太宗之餘威遺烈，

乃欲張大其事，刻之以誇耀後世也。」就是說，埋葬高宗時，他們是六十一個友邦和少數民族特派前來參加葬禮的諸少數民族首領或使者。武則天為向後人誇耀自己的盛威，才將這些王賓刻石立像的。而日本學者足立喜六《長安史跡研究》一書認為「是乾陵營造之際來助工役的人」。其實，這些都是誤導。從考證出姓名的三十五人可知，他們是大唐王朝屬下的各族官員或質宿京師的諸屬國國王、王子、大將軍及十二衛將軍，還有受命兼任西北地方邊境少數民族的首領。這些人的官品一般都在三品以上，有的甚至官居一品。當時在立像時，其中的十一人已經亡故。而真正的客使只有三名，他們是武則天朝東突厥族可汗默啜派到長安來的使臣移力貪汗達幹、漠賀達幹和吐蕃使大宰相相西曩熱，他們是為了求婚而來的民族使者。至正二十四年（1364），朱元璋的軍師劉伯溫西征經過乾陵時，曾作〈元朝〉詩：「藩王儼待立層層，天馬排行勢欲騰；自是登臨多好景，岐山望足看昭陵。」詩中的「藩王」便是這些石人名分的稱謂，稱「藩臣」，更符合歷史事實。

關於六十蕃臣石像的斷頭問題，一種流行的說法是，乾陵的石雕采天地之靈氣，集日月之精華，所雕石人石馬成神成精成妖，肆意踐踏田間的莊稼，吞食牛羊，當地人非常氣憤，遂聚眾將這些石人頭全部砸掉，從而給文物古跡蒙上了神秘的色彩。其實，這是一種愚弄人民的說法。

明成化四年（1468），以右副都御史兼陝西巡撫馬文升在詠乾陵的詩中寫道：「禁垣有址荒秋草，殿寢無痕毀劫兵。獨有數行翁仲在，夕陽常伴野農耕。」乾陵儘管「殿寢無痕」而毀於「劫兵」，但「獨有數行翁仲在」，說明地面上的石人還基本完好。明弘治六年（1493），甘肅慶陽人李夢陽在參加陝西鄉試後，返回途中曾遊乾陵，並作〈乾陵歌〉，其中云「強弩射之妖亦死，至今剝落臨道旁」。嘉靖六年（1527）二月初四，有在乾隆無字碑上題詩云：「則天虐炎今何在，殿台焚燒石獸崩」。到了清乾隆年間，邑人吳玉就有「鬼磷亂明滅，翁仲紛顛倒」的詩句。由此可見，乾陵石人斷頭的時間應在明代成化四年（1468）至弘治六年（1493），或嘉靖六年（1527）之間。

2017 年 8 月，古代東亞的都城與墓葬國際學術研討會在陝西西安召開，陝西省考古研究院研究員張建林先生作了題為《唐代帝陵蕃酋像》的報告，報告稱，截至目前，已經從唐睿宗橋陵、唐肅宗建陵、唐敬宗莊陵及唐武宗端陵等

神道石獅南側發掘蕃酋石人像二百多件。據此推斷，蕃酋像當屬帝陵石刻組合內容。

需要強調的是，在唐陵蕃像中，更重要的是臣服者和受寵者。

▲圖 91　唐高宗乾陵朱雀門東側石獅局部　党明放 攝

◀圖 92　唐高宗乾陵朱雀門東側石獅　党明放 攝

乾陵內城四門各置石獅一對，現青龍門和朱雀門的完好無損；西門有一尊完好，另一尊可能被沒入地下；玄武門二尊不見蹤影。其中，朱雀門兩獅相距約 16 米。東側獅高 3.02 米，胸寬 1.50 米，長 2.32 米。座分為兩層：上座長 2.35 米，寬 1.40 米，高 0.29 米；底座長 3.30 米，寬 1.65 米，高 1.08 米。西側獅高 2.77 米，寬 1.76 米，長 2.83 米。座也分為兩層：上座長 2.60 米，寬 1.42 米，高 0.29 米；底座長 3.33 米，寬 1.66 米，高 1.13 米。兩獅均重約 40 噸，造型呈金字塔狀，身軀後蹲，昂首挺胸，前肢勁拔，胸肌豐腴發達，巨頭卷毛，硬額濃眉，闊口利齒，舌頂上齶，突目隆鼻，整個造型渾厚雄健、威猛異常，給人以器宇軒昂之感。

玄武門仗馬六匹，分東西排列，除西側的一匹較為完整外，其餘皆殘。天子所乘「六馬」即「六龍」。唐杜牧在〈長安晴望〉詩中寫道：「翠屏山對鳳城開，碧落搖光霽後來；回識六龍巡幸處，飛煙閑繞望春台。」

玄武門石虎一對，位於石獅之北仗馬之南，分東西排列。東側頭殘腿殘，西側僅存基座。

　　在唐朝，人臣墓列置石羊、石虎。置石羊，意為君主希望人臣能像綿羊一樣溫順，而置石虎，則是希望人臣像老虎一樣為君主服務。自武則天之後，在唐陵北門再沒發現列置石虎，這就成了帝陵列置石刻內容轉折的一個重要標誌。

圖93　唐高宗乾陵玄武門東列石虎　党明放 攝

　　在體量及雕刻藝術上，初唐時期的獻陵、昭陵的石刻孔武有力，具魏晉南北朝遺風。盛唐時期的乾、定、橋諸陵石刻，體量龐大，精雕細刻。中唐時期的泰、建、元、崇、豐、景、光、莊諸陵，儘管在石刻中出現了相對而立的持笏文臣和拄劍武將形象，但整體製作粗疏，體態無力，反映「安史之亂」後，大唐帝國政治及經濟由盛轉衰。晚唐時期的章、端、貞、簡、靖諸陵，石刻體量瘦小，精神委頓，從側面反映出了唐王朝政治、經濟、文化及藝術的日益窘迫。

　　南北宋陵的石刻比較整齊劃一，數目及排列次序相對固定。神道自南而北依次由鵲台、乳門、神道及石刻群等部分組成。鵲台分左右，相對排列，四周圍砌磚石，上建樓觀，係上宮的門戶。上宮是謁陵祭祀場所。由此往北約一百五十米，便是乳門。乳門之處，便是神道的通道。神道兩邊列置石刻：石望柱一對，石象及馴象人各一對，瑞禽一對，用端一對，石馬兩對，控馬官四對，石虎與石羊各兩對，蕃使像三對，文臣兩對，武將兩對，南門置鎮陵武士將軍、石奔獅各一對，東、西、北門各置石獅一對，內侍一對，宮人一對。在陵台前，另有上馬石石刻一對。皇后陵石刻列置於神道兩側，自南而北依次為：石柱一

對，石馬一對，控馬人兩對，石虎兩對，石羊兩對，文臣一對，武將一對，宮人一對。神道門口各列置石獅一對。

北宋七帝八陵原有石刻（不包括後陵）約五百一十二件，現存石刻四百零七件，其中殘損者三十三件。皇后陵現存石刻三百三十六件，其中殘損者五十一件。陪葬墓現有石刻六十九件，其中殘損者十九件，總共八百一十二件。此外，還有宋碑及墓誌銘百餘方。在帝陵及後陵的石刻中，除上馬石石座為單層、石柱石座為兩層外，其餘石刻的石座均為三層。

北宋帝陵石刻分早、中、晚三期。早期包括永安、永昌、永熙、永定四陵，雕刻手法嚴謹，風格簡練；中期包括永昭、永厚兩陵，雕刻手法細膩；晚期包括永裕、永泰兩陵。總體評價，石馬豐滿圓潤，石羊溫順俊美，文臣溫潤爾雅，武將器宇軒昂。當地流傳著「東陵（永裕）獅子西陵（永泰）象，濠沱（永昭）陵上好石羊」的說法，正好驗證北宋帝陵石刻的精美程度。

圖 94　宋哲宗趙煦永泰陵神道石望柱　曹紅衛 攝

圖 95　宋哲宗趙煦永泰陵神道石望柱柱頭　曹紅衛 攝

石望柱，為方型蓮花基座，六棱或八棱柱身，自下而上逐漸收剎。河南鞏縣北宋諸陵現存石望柱十五件。永昌陵石柱有

八個棱面，可分為三組。其一、以四個棱面為單位，構成雲龍紋；其二、以兩個棱面為單位，構成長頸鼓腹瓶，內插松枝；其三、以兩個棱面為單位，構成雲龍周旋繞柱。永昭陵石柱係單線陰刻，八個棱面為一個構圖單元，上刻龍盤柱，線條細膩，技法嫻熟，為宋陵石柱佳作之一。

石象與訓象人為帝陵所特有。神獸大象作為貢品進入中原，隋唐時期就有外域使者貢奉白象的記載。北宋時期，貢奉白象或象牙更是不絕於書。石象體態雄健，四腿如柱，長鼻委地，背負韉褥，中刻蓮花槽。永熙陵石象韉褥兩端浮雕怪獸相鬥圖，雕刻精巧，形象生動。馴象人身著緊身束腰長短袍，雙手拱在胸前，神情專注。帝陵列置石象，有祈求江山穩固的政治含義。

圖 96　宋太宗趙光義永熙陵石象與馴象人　曹紅衛 攝　　圖 97　宋哲宗趙煦永泰陵瑞禽石屏　曹紅衛 攝

瑞禽石屏是宋陵特設，浮雕，其造型為：馬面、龍身、鳳尾、鷹爪，背有雙翼，羽然而出，背景襯以山嶽，野獸出沒期間，與之遙相呼應。考察宋陵其他瑞禽碑首，有圓額、有平頭、還有圭形。而宋哲宗永泰陵瑞禽石屏碑首形似

八角形，四面平直，紋飾疏朗，具有很強的裝飾性。整體刻工精細，生動別致。北宋諸陵現存碑形瑞禽石刻十四件。

用端，亦作端端、甪端，或獬」、獏、獨角獸等，造型為麒麟頭獅子身獨角長尾四爪，其貌可畏。前唇或卷或伸，胸部刻有翼翅，或火焰紋。《宋書》卷二十九〈符瑞下〉載：「甪端者，日行萬八千里，又曉四夷之語，明君聖主在位，明達方外幽遠之事，則奉書而至。」清人王士禎《隴蜀餘聞》云：

圖 98　宋太祖趙匡胤永昌陵甪端　曹紅衛 攝

「甪端，產瓦屋山，不傷人，惟食虎豹。山僧恒養之，以資衛護。又近于渠搜發獻鼠犬。人常置其石造像於門，驅邪也。」甪端與歷代的麒麟、辟邪、天祿、獬豸等，共同構成了我國封建王朝的嘉瑞體系。宋朝視甪端為「輔國安邦」的神瑞之物。宋陵列置甪端，具有頌揚帝王聖明之政治含義。北宋諸陵現存甪端十四件，前期雕刻質樸有力，後期雕刻臃腫失度。

仗馬及控馬官。仗馬為儀仗之用，通身雕飾鞍、韉、褥、羈、蹬、帶及韁繩等，造型雄健，但有雄壯與修長之分。四個控馬官分立仗馬兩側，身著緊身袍，前襟挽於腰際，後襟拖地，頭戴襆頭，手執馬鞭或拂塵，象徵著「大朝會則執仗以隊陛」的儀衛。

石虎與石羊，造型為蹲姿，威武雄壯，作咆哮狀，長尾盤曲。永昌陵和永安陵的體量很大，造型逼真，雕刻精美。石羊面目清秀，體態修長。

客使，我國少數民族形

圖 99　宋真宗趙恒永定陵仗馬及控馬官　曹紅衛 攝

象，身著民族服飾，為參加北宋帝王葬禮的代表。雕刻手法精妙。永昌陵客使長臉豐滿，目光前視，須髯濃密，身著緊身短袍，腰間束帶，腳蹬尖頭氈靴，而各陵客使手捧之物有別：或犀角，或象牙，或寶瓶，或花盤，或書函，或玉印等。

文武朝臣，象徵著宮廷百官朝儀，文官持笏站前，武將拄劍立後，分別恭立於神道兩側。太祖朝推崇文臣，抑制武將，故文官站前，武將立後。

宮人內侍，宮人位於神道西側，眉目細長，雙肩瘦削，拱手而立；內侍位於神道東列，神情拘謹，體態微胖，手執拂塵。

石獅，尤以永裕陵朱雀門石獅最為精湛，雖不及唐陵的高大精美，但也雄健生動。北宋諸陵現存石獅六十三尊。民間傳云：「東陵獅子西陵象，滹沱陵上號石羊。」東陵，指晚期的永裕陵；西陵，指晚期的永泰陵；滹沱，指中期的永昭陵。

圖 100　宋太宗趙光義永熙陵石獅　曹紅　　圖 101　宋真宗趙恒永定陵石獅　曹紅衛
　　　　衛 攝　　　　　　　　　　　　　　　　　　攝

上馬石，位於朱雀門神道兩側，各陵列置位置相同。永裕陵東側上馬石上1.78 米，寬 0.92 米，高 0.87 米，平面刻回形紋飾，中浮大盤龍，四側雕游龍紋或雲紋。

在宋陵陵區，還陸續出土了八件生肖石像。其中：

（一）石狗一件，出土于宋真宗永定陵西神牆外，青石質，須彌座，素面磨光。座長 0.47 米，寬 0.32 米，高 0.47 米。石狗體長 0.3 米，胸寬 0.17 米，高 0.2 米。翹首垂耳，屈腿卷尾。

圖 102　宋神宗趙頊永裕陵上馬石　曹紅衛 攝

（二）石鼠一件，出土於欽聖憲蕭向皇后陵北神牆外，青石質，石座素面磨光，四周雕寶山紋。座長 0.18 米，寬 0.11 米，高 0.245 米。石鼠體長 0.155 米，鼠身前高後底，目視前方，昂首屈肢，神態可掬，趴伏於寶山上。

（三）石牛一件，出土於欽聖憲蕭向皇后陵北神牆外，青石質，石座下部素面磨光，座長 0.19 米，寬 0.13 米，高 0.235 米，四面雕飾寶山紋，石牛體高 0.165 米，屈肢跪臥，昂首前視，神態自如。

（四）石豬一件，出土于欽成皇后朱氏陵園，青石質，石座長 0.185 米，寬 0.106 米，高 0.27 米，下部素面磨光，上雕寶山紋，間隔塗抹有紅、綠顏料。石豬體高 0.11 米，立姿，高脊垂腹，長嘴拱地，形象生動。

（五）石兔一件，出土于昭懷劉皇后陵園，紅石質，石座長 0.23 米，寬 0.18 米，高 0.295 米，下部素面磨光，上雕寶山紋，石兔高 0.06 米，昂首屈肢，長耳貼身，趴伏于石座之上。

（六）石雞一件，出土于商國公主墓西側，紅石質，石座長 0.22 米，寬 0.165 米，高 0.22 米，四周飾寶山紋，石雞身高 0.13 米，作屈腿伏臥狀。

（七）石龍一件，出土于商國公主墓北側，紅石質，石座長 0.21 米，寬 0.19 米，高 0.08 米，四周雕有水波紋，龍作頭下尾上，纏繞於座上。

（八）石猴一件，出土地址不詳，灰色砂石質，石座長 0.23 米，寬 0.12 米，高 0.18 米，素面磨光。石猴瘦身長尾，作趴伏狀。北宋帝后陵寢四周設置生肖

石像，此制在漢唐時期並不曾見，應該屬於北宋帝陵特有的一種石刻內容。

第三節　明清時期

　　明皇陵是朱元璋父母的陵墓，位於安徽省鳳陽縣城南七公里處。歷時十年竣工。陵前神道總長 257 米，神道兩側列置石刻三十二對，自外向裡依次為：麒麟兩對、石獅八對、石柱兩對、石馬及控馬官四對、石虎四對、石羊四對、文臣兩對、武將兩對、內侍兩對等，部分殘損嚴重。這些石雕造型逼真，刻工精細。朱元璋在位時，多次車駕鳳陽祭拜皇陵。內閣首輔胡廣在〈陪駕祀皇陵〉詩中描繪了祭陵的隆重場面：「聖立春巡日，皇陵曉祀時。千宮陪玉輦，萬旗擁龍旗。」

圖 103　安徽鳳陽明皇陵仗馬及控馬官　胡民全 攝

　　明孝陵是開國皇帝朱元璋與皇后的合葬陵，坐落在南京鐘山南麓，在全長約 800 米的神道兩側對稱地排列著石刻四十件，構成威武雄壯的佇列，使皇家陵園顯得更加聖潔、莊嚴、肅穆。其中：石柱一對、文臣三對、武將三對、站馬一對、臥馬一對、站麒麟一對、臥麒麟一對、站象一對、臥象一對、站駱駝一對、臥駱駝一對、站猊一對、蹲猊一對、站獅一對、蹲獅一對。所有石像皆以整塊石料雕成，不刻意形似，而注重神似，風格粗獷、雄渾、朴拙、威武，氣度非凡。

圖 104　南京明孝陵神道石柱　党明放 攝

　　從孝陵開始，陵前神道石刻不再使用北宋帝陵慣有的石虎、石羊，而採用了具有震懾力和警衛力量的獅、象、馬、麒麟、駱駝及獬豸，並且每一種動物都是一對立姿，一對臥姿。石人又分為文臣和武將兩類，各分有須和無須兩種。十三陵的石刻只是在文臣之後增加了一對勳臣而已。

　　位於北京市昌平區天壽山南麓的明十三陵，是明朝遷都北京後十三位皇帝的陵寢所在。依次為：明成祖朱棣長陵、明仁宗朱高熾獻陵、明宣宗朱瞻基景陵、明英宗朱祁鎮裕陵、明憲宗朱見深茂陵、明孝宗朱祐樘泰陵、明武宗朱厚照康陵、明世宗朱厚熜永陵、明穆宗朱載垕昭陵、明神宗朱翊鈞定陵、明光宗朱常洛慶陵、明熹宗朱由校德陵、明毅宗朱由檢思陵。

　　明十三陵神道由石牌坊、大紅門、碑樓、石像生及龍鳳門組成。一條長達七公里的神道直達長陵，因受地理因素制約，諸陵神道皆接在長陵的神道之上，謂之十三陵總神道。最南端為一座高 16 米、面寬 29 米的六柱五間十一樓的青白石牌坊，初為彩繪，今已剝蝕。它並非長陵的原有建築，而是大明第十位皇帝嘉靖所建。其後為下馬碑（或稱下馬牌），碑高 4.45 米，正反兩面皆刻「官員人等至此下馬」字樣，分別位於神道兩側。凡來祭陵者，不論官階高低，皆須在此下馬，步行進入陵區。大紅門一座，制如宮門，三洞式，單簷廡殿式建築。門兩側是連接長達八十里的圍牆。

　　長陵神功聖德碑亭一座，重簷歇山式建築，正方形，四面各辟一門，高約
10 米，建於宣德十年（1435），內立神功聖德碑一通，螭首龜趺，高 7.91 米，
青白石質。碑陽刻有明仁宗朱高熾為其父永樂皇帝朱棣撰寫的碑文，三千餘字。
碑陰刻有清乾隆皇帝御筆〈哀明陵三十韻〉，款刻乾陵御寶二方：朱文「古稀
天子之寶」，白文「猶曰孜孜」。碑東側刻有高宗於乾隆五十二年（1787）御
制詩，款刻御寶二方，篆文及款式同〈哀明陵三十韻〉。碑西側刻有仁宗于嘉
慶九年（1804）御制文，款刻御寶兩方：朱文「嘉慶御筆」，白文「心傳基命」。

　　在長陵神功聖德碑碑亭四隅，分別立有四通漢白玉華表，柱身雕龍及雲龍
紋，頂部均有蹲姿異獸（俗稱望天吼）一尊。兩兩相對，面南者稱望君出，面
北者稱望君歸。

　　下馬碑（亦稱下馬石牌）兩座，位於石牌坊之北。青白石材質，基座為正
方形，邊長 2.5 米，高 0.5 米。牌身高 4.1 米，寬 1.05 米，厚 0.26 米。碑的正反
兩面刻有意思相同的滿漢文字：諸王以下官員人等至此下馬。在下馬石碑之北，
有東西班房各一座。

圖 105　清順治孝陵下馬碑　党明放 攝

　　神功聖德碑亭，或稱大碑樓，係重簷歇山式，上覆琉璃瓦，屋頂螭吻，簷
頭釘銅帽，四面各辟拱券式門洞。碑亭基座平面為正方形，均高 1.1 米，面闊
均 28.76 米，碑亭下為須彌座，亭內屋頂的天花板上繪蓮花水草。亭內碑身為

長方體，被形塑為交結蛟龍狀，額篆「大清孝陵神功聖德碑」。碑身陽面，以滿漢兩種文字歌頌世祖的一生功績。碑文由康熙親撰。碑高 6.7 米，寬 2.18 米，厚 0.73 米。碑趺為龍首龜趺，高 2.03 米，寬 2.4 米，長 5.15 米。碑亭四角立有四根漢白玉石柱，名曰華表，或稱擎天柱。柱的四周圍有石欄。據《欽定大清會典事例》卷九百四十三記載：「（欄柱）高二丈五尺，徑四尺二寸，座高五尺二寸，徑八尺七寸，四周石欄，各高五尺五寸，各面廣一丈四尺七寸。」柱下須彌座，柱身雕蟠龍，頭上尾下，周圍祥雲。柱頂為承露盤，橫插雲板一塊，上雕蹲龍一隻。自景陵始，改稱「聖德神功碑」，取「祖有功而宗又德」之意。石柱一對，通高 7.17 米，柱面為正六棱形，面寬 0.65 米，周身雕刻祥雲。石像生十八對。孝陵的石像生在清陵中規模最大，在全長 870 米的神道上列置十八對，皆為須彌座。依次為：臥、立獅子一對，臥、立狻猊一對，臥、立駱駝一對，臥、立大象一對，臥、立麒麟一對，臥、立馬一對，以及文臣三對，武將三對。文臣頭戴貂帽，身佩香囊，前、後胸部各綴正一品的仙鶴方補一塊，頸掛朝珠，腦後垂髮辮。武將頭戴戰盔，左側挎刀，身披甲冑，上飾四團正龍補服，前、後胸及左、右肩各一團。文臣武將富有滿族特色。

圖 106　清順治孝陵神道石柱與石像生　党明放 攝

第十章　陵墓祭祀

　　祭祀，即「享」，或稱「薦」，是指獻酒食於神靈，祈禱得到神靈的護佑，進而消災獲福。祭祀是將人與人之間奉答酬報的關係推展到人與神之間。在帝王陵寢制度中，祭祀指廟祭，喪葬時指陵祭。而廟祭與宗廟制度密切相關。

　　所謂「宗廟」，宗，尊也；廟，貌也，即先祖形貌所在，指的是祖先神廟。宗廟是古代帝王、諸侯或大夫、士人祭祀祖宗亡靈的主要場所。《中庸》云：「宗廟之禮，所以祀乎之先也。」《禮記》云：「君子將營宮室，宗廟為先。」帝王的宗廟制度是天子七廟，因其地位神聖，而被列為國家大典。漢朝的法律規定，凡擅論宗廟者，以大不敬論處。

第一節　祭祀典禮

　　《禮記・祭統》云：「凡治人之道，莫急於禮；禮有五經，莫重於祭。」《論語・為政》云：「子曰：『生，事之以禮；死，葬之以禮，祭之以禮。』」禮，起源於原始先民的儀式活動。禮，是一種社會和道德禮儀總稱。禮法，是指等級社會的典章制度。先民以祭祀之事為吉禮，喪葬之事為凶禮，軍旅之事為軍禮，賓客之事為賓禮，冠婚之事為嘉禮，合稱「五禮」。

　　吉，古人訓釋為善福。吉禮，主要指祭祀之禮。《左傳・成公十三年》：「國之大事，在祀與戎。」在諸禮中，惟祀尤重。

蕭嵩在《大唐開元禮》卷一〈序例〉云：

> 凡國有大祀、中祀、小祀。昊天上帝、五方上帝、皇地祇、神州、
> 宗廟皆為大祀。日月星辰、社稷、先代帝王、嶽、鎮、海、瀆、帝社、
> 先蠶、孔宣父、齊太公、諸太子廟，並為中祀。司中、司命、風師、
> 雨師、靈星、山林、川澤、五龍祠等，並為小祀。州縣社稷、釋奠
> 及諸神祠，並同為小祀。

由此可見，祭祀天地的郊祀與在對祖先的廟祀，統歸為大祀；據《復舊唐
祠令》記載，「先代帝王」係富有德行的帝嚳、堯、舜、殷湯王、周文王、周
武王、漢高祖等八位明君。「嶽鎮海瀆」係五嶽、四鎮、四海、四瀆的略稱。
五嶽依次為岱（泰）、衡、嵩、華、恒諸山；「帝社」又稱先農，指最早教授
人們學習農耕的神農氏。「先蠶」，指古代傳說中始教人們育蠶之神，傳說她
是北方部落首領黃帝軒轅氏的元妃嫘祖。以後，歷代封建王朝由皇后主祭先蠶；
「孔宣父」指中國古代思想家、政治家、教育家，儒家學派創始人、大成至聖
先師孔子；「齊太公」，指商末周初政治家、軍事家、韜略家，垂釣于渭水之
濱而遇見西伯侯姬昌，被拜為太師，尊為太公望的呂尚（姜子牙）；

就吉禮而言，《周禮》將其分為十二種。其中：祭祀天神三種，祭祀地祇
三種，祭祀先王六種，即「以肆獻祼享先王」、「以饋食享先王」、「以祠春
享先王」、「以禴夏享先王」、「以嘗秋享先王」、「以烝冬享先王」等。《詩經‧
小雅‧天保》：「禴祠烝嘗，于公先王。」毛亨注：「春曰祠，夏曰禴，秋曰嘗。
冬曰烝。」

在城內祭祀稱「內祀」，或稱「內事」。在城外四郊行祭稱「外祀」，或
稱「外事」。內祀包括享祭宗廟、社稷；外祀包括郊祭天地、日月、四方五帝、
山川等。《祭統》云：「外事以剛日，內事以柔日。」剛日，猶單日。古以「十
幹」記日，值甲、丙、戊、庚、壬五日居奇位，屬陽剛；柔日，猶雙日。值乙、
丁、己、辛、癸五日居偶位，屬陰柔。

以「五禮」形式撰制禮儀始於西晉。隋修《隋朝禮儀》一百卷，〈五禮〉
一百三十篇，《江都集禮》一百二十卷。《隋書》卷六〈禮儀志一〉載：「唐、
虞之時，祭天之屬為天禮，祭地之屬為地禮，祭宗廟之屬為人禮。故《書》雲

命伯夷典朕三禮，所以彌綸天地，經緯陰陽，辨幽賾而洞幾深，通百神而節萬事。」

唐初，禮司無定制，遇事臨時議定禮儀。至太宗時，由中書令房玄齡、秘書監魏徵與禮官學士在隋禮的基礎上修訂禮儀。貞觀十一年（637），勒成禮典一百卷（一百三十八篇），謂之《貞觀禮》，或稱《大唐儀禮》，其中：吉禮六十一篇、賓禮四篇、軍禮二十篇、嘉禮四十二篇、凶禮十一篇，太宗詔頒天下。顯慶三年（658），勒成禮典一百三十卷，謂之《顯慶禮》，或稱《永徽禮》。高宗詔頒天下。

《大唐開元禮》由集賢院學士、光祿大夫徐堅等創始，尚書左丞、兵部侍郎蕭嵩等完成。開元十三年（725），玄宗從集賢院學士、知院事張說奏，取貞觀、顯慶禮書，折衷異同，勒成禮典一百五十卷，分吉、賓、軍、嘉、凶五禮，其中：吉禮七十五卷、賓禮二卷、軍禮十卷、嘉禮四十卷、凶禮二十卷。開元二十年（732），玄宗以《大唐開元禮》之書名頒佈天下。後來，杜佑採錄部分資料納入《通典》，新舊兩唐書中的禮志卷亦以此為藍本。

在吉禮中，羅列儀典九十六項，其中有：皇帝祭五嶽四鎮、皇帝祭四海四瀆、皇帝時享于太廟、皇帝祫享于太廟、皇帝禘享于太廟、皇帝皇后拜五陵、太常卿行諸陵、皇帝巡守告太廟、皇帝封祀于太（泰）山、皇帝禪于社首山等。

在祭祀中，其儀式主要是宣讀稱揚祭祀神的頌詞，謂之祝文。而記述祝文的文書稱之為祝版。據《新唐書》卷十二〈禮樂志二〉記載，凡中祀以上的祝版需要皇帝在木板上以墨親署。當遇有司代行祭祀時，事先也需皇帝在祝版上御署，然後再舉行面北再拜儀式。祭祀活動結束後，便將祝版當場焚毀。之後，逐漸使用玉簡金字，代宗時又改為竹簡。

根據《大唐開元禮》記載，在大、中、小祭祀中，皇帝分別自稱「皇帝（或天子）臣某」、「皇帝（或天子）某」及「皇帝（或天子）」其中，「某」為皇帝（或天子）之諱。唐朝皇帝祭祀用酒為五齊三酒，「五齊」指泛齊、醴齊、盎齊、緹齊、沉齊。泛齊為酒糟浮在酒中，醴齊是滓液混合之酒，盎齊是白色之酒，緹齊是丹黃色之酒，沉齊是酒的糟渣下沉。「三酒」為事酒、昔酒、清酒。事酒為因事之釀，時間很短；昔酒為短時儲藏之酒，稍有醇厚；清酒則冬釀夏熟，為時酒之冠。也有祭祀中使用玄酒和明水。玄酒指代替酒的清水，明水指神水。

　　《大唐開元禮》係中國現存最早、最完備的中古禮儀制度的代表作。六年後，另一部體現開元盛世景象的典制類官修書《唐六典》（或稱《大唐六典》）問世，舊題唐玄宗撰、李林甫等注，實為在中書令張說、蕭嵩、張九齡等人主持下，徐堅、韋述、劉鄭蘭、盧善經等十餘位學者參與編纂。開元二十七年（739），由宰相李林甫奏呈玄宗皇帝。它在權威性、影響力及傳播面上遠不及《大唐開元禮》。

　　開元二十六年（738），渤海國（以靺鞨族為主體的政權。其範圍相當於今中國東北地區、朝鮮半島東北及俄羅斯遠東地區的一部分）遣使請求傳抄唐禮，玄宗欣然應允，由此，《大唐開元禮》開始傳至異域。

　　唐德宗時，《大唐開元禮》被立於官學，設科取士。並逐漸形成了一個專門的研究科目。檢《新唐書》卷五十八〈藝文志〉，儀注類諸如，《開元禮義鏡》一百卷、《開元禮京兆義羅》十卷、《開元禮類釋》二十卷、《開元禮百問》二卷等。直至五代宋初，仍以《大唐開元禮》開科取士。檢《宋史》卷二百四《藝文志三》，諸如《開元禮儀釋》二十卷、《開元禮儀鏡略》十卷、《開元禮百問》二卷、《開元禮教林》一卷、《開元禮類釋》十二卷等。

　　自隋唐開始，國家典制明確將各種祭祀活動分為大祀、中祀、小祀（或稱群祀）三等，各朝代對此劃分大同小異，《隋書》卷六〈禮儀志一〉載：「昊天上帝、五方上帝、日月、皇地祇、神州社稷、宗廟等為大祀，星辰、五祀、四望等為中祀，司中、司命、風師、雨師及諸星、諸山川等為小祀。」唐朝將社稷、日月將為中祀。《開元禮》卷一除分大祀、中祀、小祀外，又將封禪、視學、巡守、耕籍，拜陵等列為非常之祀。

　　宋英宗治平二年（1065），歐陽修等奉敕編《太常因革禮》，凡一百卷，吉禮部分包括皇帝拜陵和宗正卿行諸陵儀項。宋議禮局官、知樞密院鄭居中等奉敕撰《政和五禮新儀》，凡二百二十卷。吉禮部分包括：皇帝祫享太廟議、皇帝時享太廟儀、皇帝親祀前期朝享太廟議、朔祭太廟議、春秋二仲薦獻諸陵議、進獻諸陵上宮議、進獻諸陵下宮議及薦新諸陵議等儀項。

　　明洪武三年（1370）九月，徐一夔等奉敕撰《明集禮》成，凡五十卷，御賜《大明集禮》。一百六十年後，即嘉慶九年（1530），世宗命內閣發秘藏刊佈天下。

清初的禮制活動，儘管皇太極宣告「凡事都照大明會典行。」但逾禮之風甚囂塵上。順治三年（1646），「詔禮臣參酌往制，勒成禮書，為民軌則。」康熙二十九年（1690），修成《清會典》。乾隆朝，敕修《大清通禮》《滿洲祭神祭天典禮》《禮部則例》《禮器圖式》《國朝宮史》等。

祭祀作為國家的一項重要典禮，宋朝將一年中的大祀增至三十項，中祀、小祀各至九項。明清時期，大祀均為十三項。一般情況下，大祀皆由皇帝親祭，若有事，則遣官告祭。

第二節　七廟之制

景初元年（237）六月，有關部門上奏魏明帝曹叡，請定七廟之制。據《晉書》卷十九〈禮志上〉載：

> 群公有司始更奏定七廟之制，曰：「大魏三聖相承，以成帝業。武皇帝肇建洪基，撥亂夷險，為魏太祖；文皇帝繼天革命，應期受禪，為魏高祖。上集成大命，清定華夏，興制禮樂，宜為魏烈祖。于太祖廟北為二祧，其左為文帝廟，號曰高祖昭祧，其右擬明帝，號曰烈祖穆祧。三祖之廟，萬世不毀。其餘四廟，親盡迭遷，一如周後稷、文武廟祧之禮。」

天子七廟，本指四親廟、兩祧廟和始祖廟。「四親」指父、祖、曾祖、高祖；「兩祧」指天祖、烈祖。《禮記・王制》：「天子七廟，三昭三穆，與大（太）祖之廟而七……」意思是說，天子設七廟供奉祖先，太祖廟位居正中。三昭三穆，指始祖以下第一、三、五世居左，稱之為「昭」，第二、四、六世居右，稱之為「穆」。三昭三穆作為古代宗法制度之一，主要是用來區分宗族內部的長幼次序及親疏遠近。昭穆，以保百世不亂之序。

西漢初年，並沒實行周天子七廟制度。據《漢書》卷七十三〈韋賢傳〉載，劉邦的父親去世，劉邦令各諸侯王都都要建太上皇廟。總共建了一百六十七所。京師自高祖下，至宣帝，與太上皇、悼皇考各自居陵旁立廟，為一百七十六所。日祭於寢，月祭于廟，時祭於便殿。寢，指日四上食；僅上食二萬四千四百五十五人，衛士四萬五千一百二十九人，祝宰樂人一萬

二千一百四十七人。就這，養犧牲還不在數中。元帝時，准奏建立漢家七廟。凡地方上那些不合禮制的廟一律拆除。

太廟，作為古代皇帝家族的專門祭祀場所，夏稱世室，殷商稱重屋，周稱明堂，秦漢稱太廟。《五禮通考·功臣配享》載：「配享之典，國家所以報功而勸忠也。」及至後來，逐漸發展成為經皇帝恩准，皇后和功臣的神位也可陪享太廟。

以唐朝為例，配享高祖李淵廟庭的有：開府儀同三司、淮安王李神通，禮部尚書、河間王李孝恭，尚書右僕射、左僕射、司空、工部尚書、河東郡公裴寂，納言、宰相、戶部尚書、陝東道行台左僕射、魯國公劉文靜等七人；配享太宗李世民廟庭的有：吏部尚書、尚書右僕射、司空、司徒、侍中、中書令、太尉、同中書門下三品、趙國公長孫無忌，中書令、尚書左僕射、司空、梁國公，房玄齡（後因其子房遺愛謀反，被取消）等六人；配享高宗李治廟庭的有：並州都督、太常卿、同中書門下三品、太子詹事、尚書左僕射、司空、英國公李勣，吏部尚書、光祿大夫、太子賓客、尚書右僕射、河南郡公褚遂良，禮部尚書、太子賓客、右相、太子少師、同東西台三品、開府儀同三司、高陽郡公許敬宗等 7 人；配享中宗李顯廟庭的有：鸞台侍郎、同鳳閣鸞台平章事、納言、右肅政台御史大夫、文昌右相、贈司空、梁國公，狄仁傑，監察御史、鳳閣舍人、司刑少卿、同平章事、漢陽郡王張柬之，駙馬都尉、雲麾將軍、右千牛將軍、琅邪郡公王同晈等八人；配享玄宗李隆基廟庭的有：尚書左丞、中書令、尚書右丞相、集賢院學士、燕國公張說等一人；配享肅宗李亨廟庭的有：吏部郎中、中書舍人、吏部侍郎、工部尚書、憲部尚書、韓國公苗晉卿，左僕射、集賢院待詔、宰相、同平章事、兼東都留守、太尉、冀國公裴冕等二人；配享代宗李豫廟庭的有：兵部尚書、同中書門下平章事、太尉、中書令、汾陽王郭子儀左僕射、集賢院待詔、宰相、同平章事、兼東都留守、太尉、冀國公裴冕等二人；配享德宗李適廟庭的有：鳳翔隴右涇原三鎮節度使、行營副元帥、太尉、西平王李晟等三人；配享憲宗李純廟庭的有：中書侍郎、同中書門下平章事、金紫光祿大夫、弘文館大學士、上柱國、晉國公裴度等四人⋯⋯。

西漢的陵廟和宗廟一樣，周圍有垣牆，故又稱廟園。廟園四面各辟一門，謂之廟門或殿門。根據門的不同方位，分別置以帶有青龍（東）、白虎（西）、

朱雀（南）、玄武（北）的空心磚和瓦當圖案。廟園裡的主體建築是正殿，正殿四門也以「四神」圖案的建築材料顯其方位。西漢帝陵陵園、寢園及廟園長官分別稱園令、寢園令和廟園陵。據《關中記》載：「守陵、溉樹、掃除凡五千人，陵令、食官令各一人，寢、廟令各一人，園令一人，門吏三十二人，侯四人。」以上除食官令外，其餘各陵皆為太常屬官，而食官令的職責是「給陵上祭祀之事」。

古代行禮有「九拜」。《周禮‧春官‧太祝》記載甚詳：

> 辨九拜，一曰稽首，二曰頓首，三曰空首，四曰振動，五曰吉拜，六曰凶拜，七曰奇拜，八曰褒拜，九曰肅拜，以享右祭祀。

「吾理天下，亦欲以柔道行之。」東漢光武帝劉秀以「柔道」治天下。柔道即王道。表明自己要效法漢高祖劉邦的統治之術，把「黃老無為」學說作為穩定社會秩序的指導思想，並採取一系列的治國方略，發展社會生產，緩和社會危機。並于洛陽立高廟，祭祀高祖劉邦及文帝劉恒、武帝劉徹、宣帝劉詢、元帝劉奭五帝。又在長安故高廟中祭祀成帝劉驁、哀帝劉欣、平帝劉衎三帝。又在南陽春陵別立四親廟，祭祀父南頓君以上四世。東漢改七廟為一廟多室制，就是將原來各自獨立的昭穆之廟迭毀合於太廟，然後分室供奉。所不同的是，漢代在宗廟祭祀中還建立了功臣陪饗制度，即將有殊功之臣死後的神主祔祀於宗廟，其功績評判，皆以《周禮‧夏官司馬第四》為準則：「王功曰勳，國功曰功，民功曰庸，事功曰勞，治功曰力，戰功曰多。」鄭玄注：「王功，輔成王業，若周公。」

唐朝將宗廟列入百世不遷之典。武德元年（618）六月初六，高祖立四廟于長安通義裡。「備法駕，迎宣簡公、懿王、景皇帝、元皇帝神主祔於太廟，始享四室。」貞觀九年（635），太宗命議廟制度，諫議大夫朱子奢奏立五廟，劉子駿議開七祖，以應《大戴禮記》中的「多為貴」矣。《大戴禮記》，或稱《大戴禮》，係東漢禮制著作，戴德編撰。太宗立七廟，虛太祖之室。玄宗立九室，祀八世。其實就是同殿異室。其制：二十一間皆四柱，東西夾室各一間，前後面各為三階，東西各二側階。

載初元年（690）九月初九，睿宗李旦等六萬多人上表請改國號，其母武

則天遂改唐為周，定都洛陽，自加尊號為聖神皇帝，史稱「武周」。則天帝降
睿宗為皇嗣，賜姓武。並于神都洛陽立武氏七廟，改置社稷。想在駕崩之後，
以天皇聖帝武氏升祔太廟，不料卻遇到了麻煩，在嫡長子繼承帝位的帝制時代，
宗廟歷來是父昭子穆，太常卿姜皎復與禮官上表反對。哪有女皇的神座？最終
以「非聖朝通典」為由，武則天只能以皇后身份配享于高宗神位，牌位上僅書
「則天皇后」而已。

　　開元二十九年（741）十一月二十四日，太尉、寧王李憲病逝，玄宗感其
推讓之功，敕諡讓皇帝，以天子之禮葬于惠陵，惠陵在今陝西蒲城縣城西北橋
陵鎮三合村。立廟于長安城城郭啟夏門內立正坊。廟制如德明，四季有享獻。

　　德宗李適駕崩後，詔立宗廟。依三昭三穆往前推算，即德宗、代宗、肅宗、
玄宗、睿宗、中宗。而高祖廟在昭穆之外屬應遷之廟。其後以敬、文、武三宗
為一代，故終唐之世，常為九世十一室。

　　建隆元年（960），太祖趙匡胤將立宗廟，詔百官集議。畢沅《續資治通鑑》
卷一載：「兵部尚書張昭等奏曰：『堯、舜、禹皆立五廟，蓋二昭二穆與其始祖也。
有商改國，始立六廟，蓋昭穆之外祀契與湯也。周立七廟，蓋親廟之外，祀太
祖及文王、武王也。漢初立廟，悉不如禮。魏、晉始復七廟之制，江左相承不
改；然七廟之中，猶虛太祖之室。隋文但立高、曾、祖、禰四廟而已。唐因隋制，
立四親廟，梁氏而下，不易其法，稽古之道，斯為折衷。伏請追尊高、曾、祖、
禰四代號諡，崇建廟室。』制可。於是定宗廟之制，歲以四孟月及季冬凡五享，
朔、望薦食、薦新。三年一祫，以孟冬；五年一禘，以孟夏。皆兵部侍郎漁陽
竇儀所定也。」

　　北宋時期，自太祖追尊僖、順、翼、宣四祖，神宗朝，奉僖祖為太廟始祖。
徽宗時，增太廟為十室。

　　元世祖忽必烈於燕京（今北京市）修建宗廟，以太祖為不遷之祖，故而居
中。至泰定年間，擴為七世十室。

　　明初，朱元璋在南京宮城東南立四親廟，四親各為一廟。後改建為太廟，
實行同堂異室之制。永樂遷都，根據古代「敬天法祖」的傳統禮制在北京建立
太廟。北京太廟按照「左宗右社」的禮制原則建于王宮（今故宮）前左方。為
明清兩代皇家的祖廟，占地二百零九畝。在中軸線上，矗立著前、中、後三座

大殿。前殿是皇帝祭祀行禮場所，原為九間，後擴為十一間，進深四間。東西兩側各建陪殿十五間，東配殿供奉著歷代的有功皇族神位，西配殿供奉異姓功臣神位。中殿稱寢殿，東西兩側各建配殿五間，為存儲祭器之所。後殿稱祧廟，面闊九間，係供奉遷出的皇帝、皇后神位之所。此外還有神廚、神庫、宰牲亭、治牲房等建築。

太廟，作為彰顯祖功崇德之所，也是後世效法先祖之德的重地。天子七廟，作為歷代帝王維護儒教宗法制度的重要標誌，同時，也是每個朝代興替衰落的重要標誌，廟在則國在，廟毀則國亡！

第三節　祔廟之禮

太廟為古之通制。將後駕崩皇帝的神主牌供奉于先祖之廟，稱為祔廟，或稱升祔。貞觀二十三年（649）八月二十八日，太宗文皇帝神主祔于太廟，同年，請宗廟廟樂為〈崇德〉之舞。高宗即位後，以「旦夕敬奉」為藉口，擬將太宗神位請出太廟而置於自己的寢室，並下詔廢除祔廟之禮。高宗的違禮行為遭到了英國公李勣等群臣的強烈抵制，高宗無奈，只好作罷。

上元二年（675）四月二十五日，太子李弘隨行洛陽，暴斃（一說係遭母親武后鴆殺）于東苑合璧宮綺雲殿，時年二十四歲。五月初五，唐高宗追贈孝敬皇帝，以天子之禮葬於恭陵。恭陵在今河南偃師市緱氏鎮東北滹沱嶺。儀鳳二年（677）四月初二，敕孝敬皇帝神主祔於太廟夾室。二十八年後，即神龍元年（705）六月十五日，中宗敕將孝敬皇帝神主遷於廟，廟號義宗，從此立廟稱宗。開元六年（718），玄宗李隆基撤銷了義宗廟號，復用孝敬皇帝祭祀。

清道光皇帝以節儉著稱，身居帝位，罷停福建荔枝貢、揚州玉器貢等奢侈行為，裁減御膳房員役。他曾朱書遺命四條，洋洋灑灑千餘言，分大、小兩折，御筆折封，道：「嗣皇帝率同御前大臣、滿漢大學士、軍機大臣等閱看遵循。」然後鎖於匣中，放于寢宮。道光駕崩後，遵詔啟封，內容為身後事：不祔廟；不郊配；山陵五孔橋南部不得立碑，不得用聖德神功字眼；將其生前遺物分別保存等。事實上，道光二十二年（1842）八月初四，他在列強的逼迫下，先後與英國、美國及法國簽訂了一系列的不平等條約，割地賠款，喪權辱國。道光

深覺愧對先祖，恐遭國人唾罵，故有此言。

祔廟禮儀較為複雜。據《翁同龢日記》記載，慈安太后的神主祔廟的經過如下：當慈安太后的梓宮安放在普祥峪定東陵地宮的寶床上之後，便在陵園的隆恩殿舉行虞祭禮。大學士先在桑木神牌上題主，即寫上死者名諱，然後行禮。禮畢，用黃輿將神牌抬回紫禁城。當神牌抵達京郊時，光緒皇帝到郊外迎接並行禮。當神牌從大清門進入時，百官跟隨尚書董恂于大清門外跪迎，並隨皇輿至太廟。先由恭代王行只見禮，光緒隨後從左門入升殿拈香行禮。不作樂，須兩次三跪九叩首，百官則不行禮。禮畢，光緒皇帝回宮，升祔禮則由恭代王主持，此時作樂設舞，恭讀祝文。祭祀時需有陪祭，規定：尚書三人、侍郎六七人、副都統六七人。神主從此不得改題，也不得重新加謚。

凡在太廟立室奉祀的神主需立名號，此謂「廟號」。同一朝代的皇帝，廟號不得使用同一個字，否則，就是廟號相犯。

第四節　帝王謁陵

謁陵，指皇帝上陵行瞻仰和致祭之禮。謁陵又有「親謁」和「望祭」之分。謁陵的物件可以是本朝先祖，也可以是前朝先祖。

謁陵之禮發展于秦漢時期。《晉書》卷二十載：「古無墓祭之禮。漢承秦，皆有園寢。」漢朝盛行墓祭，即在墓前建祠堂。《論衡》卷二十三〈四諱第六十八〉云：「墓者，鬼神所在，祭祀之處。」漢朝的墓祭有不少避諱，其中之一就是禁止刑徒參加，認為刑徒去墓祭，會損害祖先之德。

西晉沿襲曹魏之制，即不墓祭。晉武帝司馬炎雖然謁過司馬昭及司馬師之墓，但沒有敢謁司馬懿之墓。因為司馬懿生前在遺詔中明確指示，子孫後代及文武百官不得謁陵。

東漢建武六年（30）四月初七，光武帝劉秀幸長安，「始謁高廟，遂有事十一陵。」高廟，指死後廟號為「高」的皇帝，即西漢高祖劉邦。十一陵，即漢惠帝劉盈安陵、漢文帝劉恒霸陵、漢景帝劉啟陽陵、漢武帝劉徹茂陵、漢昭帝劉弗陵平陵、漢宣帝劉詢杜陵、漢元帝劉奭渭陵、漢成帝劉驁延陵、漢哀帝劉欣義陵、漢平帝劉衎康陵等。

　　《新唐書》卷十四〈禮樂四〉載：「凡國陵之制，皇祖以上至太祖陵，皆朔、望上食，元日、冬至、寒食、伏、臘、社各一祭。皇考陵，朔、望及節祭，而日進食。」由此可以看出，愈遠的先祖，祭祀的次數愈少，愈近的先祖，祭祀的次數愈多。

　　《唐會要》卷二十〈陵議〉載：貞觀十三年（639）正月初一，太宗謁拜獻陵。七廟子孫及諸侯百僚、蕃夷郡長，皆陪列于北司馬門內。太宗入陵，降輿納履，行至闕門處，悲號嗚咽。面西再拜，慟絕難興。禮畢，易服，入于寢宮，閱視高祖服御之物，匍匐床前悲哭欲絕，左右侍御者，莫不唏噓。不一會兒，太宗出寢宮，步過司馬門，於泥濘中行走二百餘步。於是，風靜雪止，天色開霽。見者都以為太宗孝感之所致。為了顯示皇恩浩蕩，除免三原縣民一年租賦外，凡八十歲以上老人以及孝子賢孫、義夫節婦、鰥夫寡婦、身染疾病者，皆賜與不同之物。凡護衛獻陵陵邑的所有官員、衛士、齋員及三原令以下，各賜爵一級。

　　永徽五年（654）二月，以高向玄理為押使、河邊麻呂為大使、藥師惠日為副使的第三次日本遣唐使入唐。十二月十二日，遣唐使節晉獻倭國（即日本的古稱）琥珀和瑪瑙。史載，琥珀其大如斗。或因其緣故，十二月十七日，高宗發京師，拜謁昭陵，而孕身待產的武則天隨駕謁陵，卻在半路上生下了皇子李賢，但不知武則天最後到沒到昭陵。翌年正月初一，高宗李治親謁昭陵。文武百官及宗室子孫皆往陪謁。行至闕門，高宗降輦易服，行哭，捶胸踔地。禮畢，又改服，奉謁寢宮。高宗步入寢宮，再度慟哭，悲痛欲絕於地。進至東階，面西再拜，號慟久而難息。隨後，即獻太牢之饌（太牢，指帝王祭祀時，牛、羊、豕三牲齊備），並加珍肴等品。引太尉長孫無忌、司空李勣、越王李貞、趙王李福、曹王李明，以及左屯衛大將軍程知節等執爵進俎。高宗至神座前，拜哭奠饌，閱視先帝先後衣服，拜辭行哭，出寢宮北門，乃乘御輦還宮。詔令免除禮泉縣民當年租賦，陵所護衛將軍、郎皆進爵一級，陵令、丞皆加階賜物。

　　開元十七年（729）十一月初十，玄宗李隆基拜謁五陵。首謁父皇睿宗李旦橋陵。陵在京兆同州奉先縣（今陝西蒲城縣）豐山。玄宗至陵園西闕處下馬，望陵悲泣。步至神午門，捶胸頓足，再拜，悲感左右。禮畢，還。詔曰：「黃長軒台，漢尊陵邑，名教之地，因心為則，宜進奉先縣職望班員，一同赤縣，

所管萬三百戶，以供陵寢，即為永例。」十二日，奉謁中宗李顯定陵，陵在京兆富平縣（今陝西富平縣）鳳凰山。謁如橋陵之禮。十三日，奉謁高祖李淵獻陵，陵在京兆三原縣（今陝西三原縣）徐木原。十六日，奉謁太宗昭陵，陵在京兆醴泉縣（今陝西醴泉縣）九嵕山。起初，太宗立神遊殿前遙視，再步入寢宮，玄宗隱約聽見室內有咳嗽之聲，即命在寢宮門外設奠，以祭陪陵功臣將相魏徵、蕭瑀、房玄齡數十人。十九日，奉謁乾陵，陵在雍州好畤縣（今陝西乾縣）梁山。玄宗車駕回宮後，下詔：「諸陵各取側近六鄉百姓，以供養寢陵之役。」祭陵完畢，大赦天下，黎民百姓當年地稅減半。

開元二十三年（735），玄宗下詔：「獻、昭、乾、定、橋、恭朔望上食，歲冬至寒食日，各設一祭。如節祭共。朔望日相逢。依節祭料。橋陵除此日外，仍每日進半口羊食。」因橋陵乃李隆基之父李旦陵寢，故待遇優於其他各陵。

天寶二年（743）八月，玄宗頒制：「始以九月朔，薦衣于諸陵。」

天寶十三載（754），玄宗改獻、昭、乾、定、橋五陵陵署為陵台，改署令為台令，從五品上。

北宋帝王親往河南鞏義陵區祭祀，見於史料的僅有三次，其中宋太祖一次，宋真宗兩次。

開寶九年（976），太祖趙匡胤巡幸洛陽，路過鞏縣時，親自拜謁父親趙弘殷永安陵，並「賜河南府民今年田租之半，復奉陵戶一年」。景德四年（1007）正月，宋真宗趙恆親自到達永安鎮行宮，當日素食沐浴，「是夜漏未盡三鼓，帝乘馬，卻輿輦傘扇，至安陵，素服步入司馬門行奠獻禮，諸陵亦然。又詣下宮。凡上宮用牲牢、祝冊，有司奏事；下宮備膳羞，內臣執事，百官陪位」。其後，又對諸後陵、諸王及恭孝太子墓一一祭祀，並「單騎從內臣巡視陵闕」。真宗祭陵時，按先親後尊的順序祭拜，對於永安陵、永昌陵、永熙陵的陪葬墓則「各設位次諸陵下宮之東序」一併致祭。大中祥符四年（1011），真宗「祀汾陰，經鞏縣」，僅在訾村搭台置三陵神坐，由真宗與諸大臣分別祭祀，然後再由真宗「複行親謁之禮」。

明人王在晉《歷代山陵考》卷上載：

洪武三年，遣官訪歷代帝王陵廟，令具圖以進。四年，遣使祭歷代

帝王陵寢……九年，遣官行視歷代帝王陵寢，凡三十六陵。令百步
內禁樵采，設陵戶二人看守，有司督近陵之民以時封培。每三年一
降香致祭……天順八年，令各處帝王陵寢被人毀發者，所在有司即
時修理如舊，仍令附近人民一丁看護，免其差役。

　　中華民國二十三年（1934）十月二十一日，蔣介石攜夫人宋美齡從河南洛
陽來陝西拜謁關中境內的古代帝王陵墓。當天，在各方大員陪同下進入咸陽周
陵鎮，這裡有周文王、周武王、周公旦、姜太公的陵墓。周文王作《易經》，
周公定《周禮》，太公做《六韜》，此地號稱「文明之源，禮儀之鄉」。蔣公
不祭秦始皇，不祭唐太宗，獨祭周陵和茂陵，其政治意義在於周文王、周武王
以禮樂治國，行安邦之道。漢武帝對決匈奴，將其遠逐千里之外，成文治武功
之盛名。其目的是為了提升民族自信心，舉全國之力，和入侵者殊死一搏。

圖107　蔣介石攜夫人宋美齡等拜謁漢武帝茂陵

　　明嘉靖十七年（1538），世宗朱厚熜在其生母蔣氏薨後不到兩個月，詔令
拜謁安陸（今湖北鐘祥市純德山）皇考顯陵。翌年九月二十七日，入天壽山。
扈從約一萬五千人，其中錦衣衛官一百二十多人，旗官八千多人，官軍六千多

人，浩浩蕩蕩，沿途皆由地方供奉。冬十月丙寅日還宮。謁陵中，嘉靖帝賜扈從文武大臣金幣。禮部尚書兼武英殿大學士嚴嵩投其所好，耗費貲財無數。

　　清朝皇帝親祭或遣官祭祀、謁陵共二十四次：順治八年（1651），世祖福臨親政祭告。康熙元年（1662），聖祖玄燁即位祭告。康熙七年（1668），玄燁親政祭告。康熙十五年（1676），皇太子祭告。康熙二十一年（1682），蕩平疆域祭告。康熙二十三年（1684），玄燁南巡，駕幸金陵（今江蘇南京市），拜謁明太祖孝陵。康熙二十七年（1688），孝莊後祔廟祭告。康熙二十八年（1689），玄燁謁會稽大禹陵，御題「地平天成」額。康熙三十六年（1697），塞北永清祭告。康熙四十二年（1703），玄燁知天命祭告。康熙四十八年（1709），皇太子祭告。康熙五十二年（1713），玄燁花甲祭告。康熙五十八年（1719），孝惠皇后祔廟祭告。康熙在位六十年，被稱為御極周甲，命雍正率皇子皇孫赴盛京（今遼寧瀋陽市）謁陵。皇子謁太宗皇太極昭陵，皇孫謁努爾哈赤父親及祖父的永陵。雍正則親謁太祖努爾哈赤的福陵。

　　雍正元年（1723），世宗胤禛即位祭告。雍正二年（1724），聖祖玄燁陪享禮成祭告。乾隆元年（1736），高宗弘曆即位祭告。乾隆二年（1737），世宗胤禛陪享禮成祭告。乾隆十四年（1749），中宮攝位、慈寧晉號。乾隆十六年（1751），弘曆拜謁大禹陵，同時命都撫擇世居陵側姒氏子姓，世予八品官奉祀陵園。乾隆十七年（1752），皇太后花甲萬壽祭告。乾隆二十年（1755），評定準噶爾祭告。乾隆二十四年（1759），蕩平回部祭告。乾隆二十七年（1762），皇太后古稀萬壽祭告。乾隆三十七年（1772），皇太后八旬萬壽祭告。乾隆四十一年（1776），評定金川祭告。乾隆四十五年（1780），高宗弘曆七旬萬壽祭告。康熙五十年（1785），高宗御極祭告。

　　而祭告儀式則為：有司灑掃，並於陵前搭棚，前樹立牌坊二，東為官廳，西為省牲所。二門內，中為行禮所，東西兩旁為淨手所，陵前為祭品所。牛一、豕一、羊一、帛一、酒樽三、左籩（指古代祭祀宴饗禮器的一種，似豆而盤平淺、沿直、矮圈足）十、右豆十、左簠、右簋、燈十盞、大燭一對，自太祖陵，依次祭。「御制祭文，恭勒石碑，樹立陵前。」

　　清朝皇帝多半是利用某種方便機會順便謁陵，如駕幸、巡邊、奉皇太后幸湯泉、送大行皇帝、太皇太后、太后及皇后梓宮奉安山陵等。如康熙二十

年（1681），平定雲南三藩叛亂，二十二年（1683），收復臺灣，康熙皆往孝陵謁陵告祭。嘉慶五年（1800），嘉慶曾於一月、三月、九月三次拜謁東陵。據相關統計，除首帝順治及末帝宣統不曾謁陵外，其餘八帝拜謁東陵總計一百二十餘次。謁陵最多者為康熙，拜謁孝陵四十七次。其次是嘉慶，拜謁東陵二十七次。弘曆拜謁東陵二十六次。最少者是同治，拜謁東陵兩次。弘曆拜謁西陵三十九次，嘉慶拜謁西陵十二次。

在皇帝謁陵的幾個月前，就開始公佈謁陵日期。禮部要進〈皇上謁陵儀注〉〈所有道路里數繕折〉以及皇帝謁陵所帶物品清單等。皇帝謁陵禮儀如下：

先到隆福寺（拜謁西陵時到永福寺）行宮換穿青長袍褂。隨行三品以上官員則需要未到下馬牌處就下馬步行，皇帝則未至碑亭處就得慟哭，在大臣的引導下，從東偏門步入隆恩門，經陵寢門左側至明樓前，宗室及文武百官則在陵寢門外按序排列。

皇帝行三跪九拜禮之後，站東面西，然後再跪，奠酒三爵，每奠一酒，須行拜一禮。奠畢，立於東側，慟哭舉哀。禮畢，由大臣沿原路引導退出，到原降輿處升輿，逐陵拜謁，禮儀相同。

清朝帝陵大祭禮，始於康熙二年（1663）興建孝陵之時。題准：「孝陵每年以清明、孟秋望、冬至、歲暮為四大祭。」乾隆朝，禮部議奏：「各陵寢四時大祭，牲用太牢，獻帛爵，讀祝文，致祭於隆恩殿，具朝服行禮……遣官承祭，在陵官員，咸令陪祀，永遠遵行。」帝后忌辰之祭，從此升為大祭，陵寢變為五大祭。

康熙四十二年（1703）康熙車駕至關中祭祀，所經諸陵，獨為周朝的溫王陵和武王陵御制祭文。

「南方才子山東將，陝西黃土埋皇上。」《陝西帝王陵墓志》載，在陝西境內，共有帝王陵墓八十二座，王塚更是星羅棋佈。曾有人做過統計，陝西境內古塚多達六萬餘座，只要你在田地裡隨便踢一腳，都會發現秦磚漢瓦什麼的。

第五節　公卿巡陵

　　根據陵寢制度及相關禮儀，除皇帝親自謁陵外，還可派遣公卿代謁，謂之受詔巡拜。

　　西周文王姬昌、武王姬發陵墓位於陝西咸陽市北原。在商朝，咸陽本為畢程氏的封地。武乙二十四年（前1118），周族首領季曆滅畢程氏，占此邑為己之地。北魏時，在咸陽郡石安縣舉行祭周活動，長安十五州牧和郡守常常祭祀周文王和周武王廟。延興四年（474），孝文帝遣東陽王拓跋丕在長安祭周文王和周武王廟，算是秦漢以後對「二王」的最高規格的祭祀。隋朝祭祀周文王、周武王於灃渭之郊。唐朝的貞觀、顯慶及天寶年間，皆祭周文王于豐，祭周武王於鎬。北宋乾德元年（963），太祖趙匡胤詔令文王、武王二陵改為每三年祭祀一次。金朝遣京兆府對周文王、周武王陵墓三年一祭。

　　天漢元年（前100），蘇武奉命以中郎將持節出使匈奴，遭到扣留。匈奴貴族誘逼其降，未果，後被遷到北海（今俄羅斯東西伯利亞南部貝加爾湖畔）牧羊，並揚言公羊生子方可放其回國。蘇武歷盡艱辛，留居匈奴十九年，持節不屈。始元六年（前81），因匈奴與漢通好，蘇武獲釋回漢。《漢書》卷五十四〈李廣蘇建傳〉載：「武以始元六年春至京師。詔武奉一太牢謁武帝園廟，拜為典屬國，秩中二千石，賜錢二百萬，公田二頃，宅一區。」武帝園廟，即茂陵和龍淵廟的連稱。甘露三年（前51），漢宣帝因匈奴歸降大漢，命人繪十一功臣圖像于麒麟閣，以為人臣榮耀之最，其中包括蘇武。

　　據邵伯溫《見聞後錄》記載，凡天下有冤者，皆許哭於昭陵之下。《唐詩紀事》引李洞詩云：「公道此時如不得，昭陵慟哭一生休。」及至後來，凡科舉不得者，企慕貞觀之風，也常遙望昭陵抒懷言志。宋人陸遊〈遺懷〉詩云：「積憤有時歌易水，孤忠無路哭昭陵。」《新唐書》卷十四〈禮樂四〉載：

> 天子不躬謁，則乙太常卿行陵。所司撰日，車府令具軺車一馬清道，青衣、團扇、曲蓋傘，列俟于太常寺門。設次陵南百步道東，西向。右校令具剗器以備汛掃。太常卿公服乘車，奉禮郎以下從。至次，設卿位兆門外之左，陵官位卿東南，執事又于其南，皆西向。奉禮郎位陵官之西，贊引二人居南。太常卿以下再拜，在位皆拜。謁者

導卿，贊引導眾官入，奉行、復位皆拜。出，乘車之它陵。

顯慶五年（660）二月二十四日，高宗定每年二月派公卿分巡獻、昭二陵。景龍二年（708）三月，定於每月初一上食陵寢。中宗定以春秋仲月，公卿巡陵。高宗及武后的忌日，則派內使赴乾陵。

開元十五年（727）二月二十四日，玄宗敕每年春秋二時，公卿巡陵。備儀如下：「初發准式，其儀仗出城，欲至陵所十里內，還具儀仗，所須馬，以當界府驛馬充。其路次供遞車兩（輛），來載儀仗，推轂三十人餘差遣並停。」

開元二十七年（739）八月十二日，敕：「古者分命公卿，巡謁陵寢，率皆乘輅，以備其儀……每陵各支輅兩乘，並儀仗等，送至陵所貯掌，既免勞煩，無虧肅敬。其公卿出城日如常儀，至陵所准此。」

開元二十八年（740）七月十八日，制：「伏以八代祖宣皇帝，七代祖光皇帝。六代祖景皇帝。五代祖元皇帝。自昔追尊號諡。稽古有則。而陵寢所奉。須廣彝章。其建初啟運二陵，仍准興寧陵例。置署官及陵戶。自今已後。每歲至春秋仲月。宜分命公卿。准諸陵例。分往巡謁。仍命所司。准數造輅。於陵署收掌。以充備禮之用。其建初啟運興寧永康等四陵。年別四時及八節。委所由州縣。數與陵署相知。造食進獻。」

天寶六載（747）八月初一，玄宗下詔，於每年春秋二時，巡謁諸陵。到時差遣公卿各一人，奉禮郎一人，右校署令一人，其奉禮郎右校署令，自今以後宜停。至陵所差縣官及陵官主持謁陵儀式。「其巡陵儀式，宜令太常寺修撰一本，送令管陵縣收掌，長行需用。仍令博士助教習讀，臨時贊相。永為常式。」據《唐會要》記載，公卿巡陵是有著一套完整的禮儀規範，議規大致如下：

所司先擇吉日，公卿待輅車鹵簿，就太常寺發至陵，所司先于陵南北步道東，設次（帳棚）西向北上，公卿等到次。奉禮設公卿位於北門外之左，西向，陵官在公卿位東南，執事官又于其南，西向北上。設奉禮位於陵官西面。贊者二人在南，少退。謁者引公卿出次就位，贊引諸官就位立。奉禮曰：再拜。贊者承傳。在位者俱再拜，謁者引公卿。贊引引諸官，出次，以奉行畢，退復位。奉禮曰：再拜。贊者承傳，在位者皆拜，謁者引公卿，贊引引諸官，各就次以還，

　　若須灑掃及芟剃修理，即隨事處分。其奉禮郎典謁等，應須權攝。請准天寶六載八月敕，所管縣及陵官博士助教等充。

　　大曆十三年（778）二月，代宗李豫遣使刑部尚書顏真卿朝拜昭陵，至瑤台寺，顏真卿作〈使過瑤台寺有懷圓寂上人〉詩云：「上人居此寺，不出三十年。萬法元無著，一心唯趣禪。忽紆塵外軫，遠訪區中緣。及爾不復見，支提猶岌然。」

　　貞元四年（788）二月，國子祭酒包佶上奏：每年二月初八，可差公卿等朝拜諸陵。以往的慣例是引公卿從陵台至陵前，如此簡單的禮儀，恐怕很難盡敬。故請按《開元禮》中公卿拜陵舊儀詳定儀注。稍令備禮。以為永式。德宗同意，敕所司酌禮量宜，取其簡敬施行。

　　元和元年（806）正月，禮儀使杜黃裳上奏：可於每年二月遣使公卿巡陵，准禮太上皇升遐，及祭天地、祭社稷。

　　按照《大唐開元禮》，每年三月和七月，皆由司徒和司空巡陵，春季要掃除陵寢上的黃葉枯草，秋季則要割除荒草蔓葉，以防發生火災。自今開始，凡巡陵公卿，皆持斧擊樹三下，謂之告神。

　　長慶元年（821）六月二十七日，吏部上奏，公卿拜陵時，可選尚書省四品以上清高而有名望的官吏和中書省以及諸司五品以上的官吏及京兆少尹隨從。

　　禮儀定獻、昭二陵，每日一進食。高宗時，詔備鷹狗，供奉山陵。開元二年（714）四月十五日罷停。開元二十四年（736）四月，改獻、昭、乾、定、橋、恭六陵為農曆每月初一和十五上食。冬至至寒食日各設一祭。橋陵除此以外，每日再供半隻羊充薦。開元二十八年（740）七月十八日，定建初、啟運、永康、興寧四陵可於每年四時八節造食進獻。及後，諸陵祭祀有異：元陵除每月初一、十五及節祭外，每天另供半隻羊充薦。泰陵、建陵於每月初一、十五及冬至至寒食節、伏祭、蠟祭、社日各設一祭。豐陵可每日一祭。崇陵可於每月初一、十五、伏祭、蠟祭等各設一祭。

　　元和十五年（820）四月，禮儀使上奏：皇祖以上至太祖陵寢，除每月初一、十五上食外，可於元日、寒食節、社日等各設一祭。皇考陵可於每月初一、十五及節祭外，可每日進食。豐陵遂停日祭，景陵日祭如常。是年五月，殿中

省上奏：尚食局供應景陵千味食數，有魚有肉，味皆肥鮮，掩埋之後，薰蒸頗極，今請可將魚肉移于下宮，以時進饗。遂令尚藥局據數以香藥代之。

　　宋初，每年春秋兩季，太祖命宗正卿朝拜宣祖永安陵，《宋史》卷一百二十三載：「乾德三年，始令宮人詣陵上冬服，歲以為常。」每年冬至日，命宮人到陵上行薦衣禮，定為常例。

　　景祐年間，滄州觀察使趙守節上奏：「寒食節例遣宗室拜陵，而十月令內司賓往，非所以至恭。」從此，又增加了寒食節宗室拜陵，而十月初一改派內司小吏祭拜。從慶曆二年（1042）起，凡每年的寒食節、十月初一等改為公卿巡陵，公卿每年巡陵五次遂成慣例。另外，凡文臣武將在經過帝陵時，准許朝拜。後改為從丞郎或諸司三品，或中書省、門下省中遣官巡陵。

　　南宋時期，由於祖陵陷落異族，「八陵迫隔，常切痛心。」不得已，只能改在臨安（今浙江杭州市）法惠寺設神位望祭行禮。

　　明朝的公卿巡陵制度一如北宋。洪武三年（1370），朱元璋派人勘查咸陽境內的西周文、武、成、康王陵以及西漢高祖劉邦、景帝劉啟及武帝劉徹等，每陵設陵戶五人看守。除了祭祀周文王和周武王陵外，將範圍擴大到周成王姬誦、周康王姬釗二陵。每三年，朝廷出祝文、香帛，傳制遣太常寺樂官及有司赴陵前致祭。

　　洪武四年（1371）正月，明太祖朱元璋遣中書省管勾甘桓赴昭陵致祭。洪武三十年（1397），太祖朱元璋遣使道士任實、沈與真祭祀。

　　建文四年（1402）七月，明惠帝朱允炆遣道士趙彝善赴昭陵致祭。

　　永樂三年（1405），明成祖朱棣遣使鞏縣知縣劉安祭祀。

　　洪熙元年（1425）二月，明仁宗朱高熾遣工部尚書李友直赴昭陵致祭。

　　宣德元年（1426）二月，明宣宗朱瞻基遣工科都給事中文鬱赴昭陵致祭。

　　正統元年（1436）二月，明英宗朱祁鎮遣刑科都給事中賈銓赴昭陵致祭。

　　正德年間（1506–1521），明武宗朱厚照在皇陵設立了祠祭署，作為公卿巡陵的專門對接機構。祠祭署設有奉祀一員、祀丞三員及禮生二十四人，所有配置均與祭祀有關。隸屬太常寺管理。朝廷規定：凡清明、中元、冬至，遣駙馬

都尉巡陵，文武官員陪祀。也有在忌日、正旦、孟冬、誕辰日派遣駙馬都尉行禮。同時規定，凡文武官員因公或私經過陵者，必須下馬或落轎拜謁陵墓。崇禎元年（1628）七月，明思宗朱由檢遣前軍都督府管府事、太子太保、清平伯吳遵同致祭昭陵。

清初，分別在文、武、成、康四王陵園築祭壇，建獻殿。並將祭祀範圍擴大到周公姬旦、畢公姬高、太公姜尚等王公墓。由於咸陽境內陵墓太多，祭祀人物有附近各縣分擔。其中：周文、武二陵及周公、太公二墓由咸陽分祭，成王陵由周至縣分祭，康王陵由戶縣分祭。

據史書記載，康熙七年（1668）五月、二十一年（1682）八月、二十七年（1688）十二月、三十五年（1696）五月、三十六年（1697）八月、四十一年（1702）五月、四十二年（1703）十一月、五十二年（1713）六月、五十八年（1719），雍正元年（1723）二月、二年（1714）正月、乾隆元年（1736）正月、二年（1737）八月、十四年（1749）七月，皆遣朝臣致祭昭陵。乾隆十七年（1752），適逢皇太后六十華誕，帝遣太常寺少卿塗逢震致祭。乾隆二十年（1755），平定準噶爾汗國（今新疆伊黎河谷）功成，帝遣太常寺卿熊學鵬致祭。乾隆二十四年（1759），回疆平定，帝遣都察院左副都御史赫慶致祭。乾隆二十七年（1762）適逢皇太后七十華誕，帝遣宗人府府丞儲麟趾致祭。乾隆三十七年（1772），逢皇太后八十華誕，帝遣宗人府府丞李友棠致祭。乾隆四十一年（1776）金川平定，帝遣內閣學士唐古泰致祭。

清朝的東西陵分別設有陵寢內務府、奉祀禮部、陵寢工部及陵寢兵部。陵寢內務府是朝廷內務府在陵寢的下設機構，簡稱內務府。東陵總管內務府大臣及西陵總管內務府大臣為最高長官。內務府大臣初有朝廷派遣，後來，東陵內務府大臣改由馬蘭鎮總兵兼任，西陵內務府大臣改由康寧鎮總管內務府大臣兼任。《清史稿》卷一百十五載：內務府「掌奉祭祀奠享之禮，司掃除開闔，」內務府駐所稱之為「圈」。陵寢禮部最高長官為郎中。《清史稿》卷一百十五載：禮部「掌判署文案，監視禮儀，歲供品物，以序祀事。」禮部駐所稱「營房」。

清朝的廟重於陵，故多派遣貝勒以下、奉國將軍及愛新覺羅男以上公卿巡陵。巡陵之外，倘有官員祭陵，僅上香燭酒果而已。

第六節　祭祀樂舞

　　音樂作為一種表演藝術，其構成要素和表現手段有旋律、節奏、和聲、複調、力度和速度等，可分為聲樂和器樂兩大類。音樂又往往與詩歌、戲劇、舞蹈等相結合而成為歌劇、舞劇和戲曲等綜合藝術。舞蹈，作為一種表演藝術，一般要有音樂伴奏，舞蹈本身具有多元化的社會意義和作用，包括祭祀、禮儀等。《舊唐書》卷二十八〈音樂一〉載：

　　　樂者，太古聖人治情之具也……聖王乃調之以律度，文之以歌頌，蕩之以鐘石，播之以玄管，然後可以滌精靈，可以袪怨思。施之于邦國，則朝廷序；施之於天下，則神祇格；施之於賓宴，則君臣和；施之于戰陣，則士民勇。

　　唐朝的舞蹈，有獨舞、對舞及群舞。另外還有字舞、花舞、馬舞、象舞。唐朝的樂器分為金、石、土、革、絲、木、匏、竹等八類。

　　唐朝的宮廷音樂，按其功能，可分為儀式音樂和娛樂音樂。儀式音樂主要指祭祀的雅樂、宴享的燕樂、獻俘的凱樂，以及西域的胡樂，以及周遭地區的四方樂等。在娛樂音樂中，凡以音樂為主體的稱之為正樂，如大麯、法曲等；以語言、動作為主體的稱之為散樂，如雜技、幻術等。

　　雅樂又有廣義和狹義之分。廣義的雅樂指所有儀式性的音樂，狹義的雅樂僅僅指宮廷祭祀音樂，主要用於祭祀天地、神祇、祖宗等。

　　祭祀音樂具有招魂的作用。為了取悅於鬼神，還需要伴以歌舞。《詩經》中的「頌」，就是古代王侯舉行祭祀或其他重大典禮時的專用樂歌。西周由文、武奠基，成、康繁盛，史稱「刑措不用者四十年」。昭、穆以後，國勢漸衰。及至後來，厲王被逐，幽王被殺，平王東遷，進入春秋時期，王室衰微，諸侯兼併，夷狄交侵，社會處於極度動盪不安之中。

　　《禮記》：「禮樂，順天地之誠，達神明之德，降興上下之神。」在歷代朝廷中，都設有專門掌管音樂的最高行政機關，秦稱奉常，漢稱太常，漢以後改稱太常寺、太常禮樂官等。《隋書》卷二十七〈百官志中〉載：「太常，掌陵廟群祀，禮樂儀制，天文術數衣冠之屬。」據《唐六典》卷第十四〈太常寺〉

記載：太常寺設卿一人，卿下設少卿、丞、主簿、錄事、府、史、博士、謁者、贊引、太祝、祝史、奉禮郎、贊者、協律郎、亭長、掌固等，設員二至十二人不等。而太廟齋郎京都各一百三十人，太廟門僕京都各三十二人。

太常卿的職責是：

> 掌邦國禮樂、郊廟、社稷之事，一曰郊社，二曰太廟，三曰諸陵，四曰太樂，五曰鼓吹，六曰太醫，七曰太卜，八曰廩犧，惣其官屬，行其政令。

少卿的職責是：

> 凡國有大禮，則贊相禮儀；有司攝事，為之亞獻；率太樂之官屬，設樂縣以供其事。燕會亦如之。若三公行園陵，則為主副，公服乘輅，備鹵簿，而奉其禮。若大祭祀，則先省其牲器。凡大卜占國之大事及祭祀卜則日，皆往蒞之于太廟南門之外。凡大駕巡幸，出師克獲，皆擇日告於太廟。凡仲春薦冰，及四時品物甘滋新成者，皆薦焉。凡有事於宗廟，少卿帥太祝、齋郎入薦香燭，整拂神幄，出入神主；將享，則與良醞令實尊罍。凡備大享之器物有四院，各以其物而分貯焉。

丞的職責是：

> 掌判寺事。凡大享太廟，則修七祀於太廟西門之內；若祫享，則兼修配享功臣之禮。主簿掌印，勾檢稽失，省署抄目。錄事掌受事發辰。

太常博士的職責是：

> 掌辨五禮之儀式，奉先王之法制；適變隨時而損益焉。凡大祭祀及有大禮，則與太常卿以導贊其儀。凡王公已上擬諡，皆跡其功德而為之褒貶。

太祝的職責是：

> 掌出納神主于太廟之九室，而奉享薦祫祫之儀。凡國有大祭祀，盥

則奉匜，既盥則奉巾悅。凡郊廟之祝板，先進取署，乃送祠所；將事，
則跪讀祝文，以信於神；禮成而焚之。凡大祭祀，卿省牲，則循牲
而告充。

奉禮郎的職責是：

掌設君臣之版位，以奉朝會、祭祀之禮。凡祭祀、朝會，設庶官之
位。凡尊彝之制十有四，祭祀則陳之。凡祭器之位，簠、簋為前，登、
鉶次之，籩、豆為後。凡大祭祀及朝會，在位者拜跪之節皆贊導之，
贊者承傳焉。又設牲牓之位，以成省牲之儀。凡春、秋二仲公卿巡
行諸陵，則主其威儀、鼓吹之節，而相其禮焉。

武德九年（626），唐高祖始命太常少卿祖孝孫修定雅樂，至貞觀二年（628）
成。後來，樂律學家祖孝孫上奏李世民，認為《大唐雅樂》，應「以十二月各
順其律，旋相為宮。」按照《禮記》上的觀點，需制十二和樂，合三十二曲，
八十四調。祖孝孫卒後，依照《周禮》，祭昊天上帝，奏〈豫和〉之舞；若地
祇方丘，奏〈順和〉之舞；祫禘宗廟，奏〈永和〉之舞。皇帝臨軒出入，奏〈舒
和〉之舞；遇皇帝大射，奏〈騶虞〉之舞；皇太子奏〈狸首〉之舞。

唐朝雅樂的內容，可分樂曲、樂舞和樂詞。初，祖孝孫制十二樂曲，即〈元
和〉〈順和〉〈永和〉〈肅和〉〈雍和〉〈壽和〉〈太和〉〈舒和〉〈休和〉〈昭
和〉〈祴和〉〈正和〉。玄宗時，又增加三和，即〈承和〉〈豐和〉〈宣和〉，
與前並稱「十五和」。皇家舞隊最高規格為八佾，即八行八列，六十四人，等
級高於孔廟的八行六列。

貞觀十四年（640），禮樂增設七廟樂之舞。李世民詔秘書監、弘文館學
士顏師古等定皇祖弘農府君至高祖大武皇帝六廟樂章舞號。議定：

李淵皇祖弘農府君、皇高祖宣簡公、皇曾祖懿王三廟，同享〈長髮〉之舞，
樂章九，吏部侍郎李紓撰寫。李淵祖父太祖景皇帝李虎廟樂，酌奏〈大基〉之
舞，歌曰：「于赫元命，權輿帝文。天齊八柱，地半三分。宗廟觀德，笙鏞樂勳。
封唐之兆，成天下君。」李淵父親世祖元皇帝李昞廟樂，酌奏〈大成〉之舞；
高祖大武皇帝李淵廟樂，酌用〈大明〉之舞；唐太宗李世民廟樂酌奏〈崇德〉
之舞，歌曰：「合一德，朝宗百神。削平天下，大拯生人。上帝配食，單于入臣。

戎歌陳舞，嘩嘩震震。」（夷則宮，永徽元年造）；貞觀十四年（640），秘書監顏師古請奏〈光大〉之舞為文德皇后長孫氏廟樂。貞觀二十三年（649），文德皇后祔廟，罷停〈光大〉之舞，合享〈崇德〉之舞。

高宗執政時，親為祭祀自創樂章。據《舊唐書》卷五〈高宗下〉記載，咸亨四年（673）十一月十五日，高宗制樂章，有：〈上元〉〈二儀〉〈三才〉〈四時〉〈五行〉〈六律〉〈七政〉〈八風〉〈九宮〉〈十洲〉〈得一〉〈慶雲〉之曲，並詔太常寺樂工及諸祠享奏。其中，〈上元舞〉來自於立部伎中的〈上元樂〉。而立部伎的規模是舞者八十人。

武則天之後，廟舞歌樂如下：〈鈞天〉之舞一章為高宗廟樂（黃鐘宮，光宅元年造）；〈太和〉之舞一章為中宗廟樂（太簇宮，景雲元年造）；〈景雲〉之舞一章為睿宗廟樂（黃鐘宮，開元六年造）〈廣運〉之舞一章為玄宗廟樂（寶應二年造），歌曰：「于赫皇祖，昭明有融。惟文之德，惟武之功。河海靜謐，車書混同。虔恭孝饗，穆穆玄風。」司徒兼中書令汾陽郡王郭子儀撰。中書令郭子儀撰樂章；〈惟新〉之舞一章為肅宗廟樂，禮部尚書劉晏撰樂章，〈保大〉之舞一章為代宗廟樂（大曆十四年造），中書令郭子儀撰樂章；〈文明〉之舞一章為德宗廟樂（永貞元年），尚書左丞、同平章事鄭餘慶撰樂章；〈大順〉之舞一章為順宗廟樂（元和元年造），中書侍郎、同平章事鄭絪撰樂章；〈象德〉之舞一章為憲宗廟樂（元和十五年造），歌曰：「肅肅清廟，登顯至德。澤周八荒，兵定四極。生物咸遂，群盜滅息。明聖欽承，子孫千億。」中書侍郎、平章事段文昌撰樂章；〈和寧〉之舞一章為穆宗廟樂，中書侍郎、同平章事牛僧孺撰樂章，〈大鈞〉之舞一章為敬宗廟樂，中書侍郎韋處厚撰樂章；〈大成〉之舞一章為文宗廟樂，中書侍郎崔琪撰樂章；〈大定〉之舞一章為武宗廟樂，中書侍郎李回撰樂章；《咸寧》之舞一章為昭宗廟樂。

〈迎俎〉〈迎神〉〈酌獻〉〈送神〉〈亞獻終獻〉〈奠幣〉之舞六章為讓皇帝李憲廟樂。〈迎俎〉歌曰：「祀盛體薦，禮協粢盛。方周假廟，用魯純牲。捧撤祇敬，擊拊和鳴。受釐歸胙，既戒而平。」〈迎神〉歌曰：「皇矣天宗，德先王季。因心則友，克讓以位。爰命有司，式尊前志。神其降靈，昭饗祀事。」〈酌獻〉歌曰：「八音具舉，三壽既盥。潔茲宗彝，瑟彼圭瓚。蘭肴重錯，椒醑飄散。降祚維城，永為藩翰。」〈送神〉歌曰：「奠獻已事，昏昕載分。風

搖雨散，靈衛絪縕。龍駕帝服，已騰五雲。泮宮復閟，寂寞無聞。」〈亞獻終獻〉歌曰：「秩禮有序，和音既同。九儀不忒，三揖將終。孝感藩後，相維辟公。四時之典，永永無窮。」〈奠幣〉歌曰：「惟帝時若，去而上仙。祀用商武，樂備宮懸。白璧加薦，玄纁告虔。子孫拜後，承茲吉蠲。」以上六章歌辭，皆由吏部侍郎李紓撰敘。

天寶元年（742）四月十四日，降神酌奏〈混成〉之樂，送神獻奏〈太一〉之樂。

昭成順聖皇后竇氏（？－693），扶風平陵（今陝西咸陽市）人。唐睿宗李旦妃嬪，莘國公竇誕孫女，太尉竇孝諶之女。史書上說她「姿容婉順，動循禮則。」生李隆基、金仙公主、玉真公主。被誣用巫蠱之術詛咒武則天。長壽二年（693）正月初二，與皇嗣妃劉氏一起遇害於嘉豫殿。景雲元年（710），追諡昭成皇后，葬于靖陵，置儀坤廟祭祀。玄宗即位，追尊昭成順聖皇后，祔葬橋陵。昭成皇后，母以子貴，神主迎入太廟，祔於睿宗室。昭成皇后室酌獻用〈坤貞〉之舞一章，歌曰：「乾道既亨，坤元以貞。肅雍攸在，輔佐斯成。外睦九族，內光一庭。克生睿哲，祚我休明。欽若徽節，悠哉淑靈。建茲清宮，於彼上京。縮茅以獻，潔秬惟馨。實受其福，期乎億齡。」

第十一章　盜墓種種

掘塚，即盜陵，是一種違反人倫的醜惡行為。根據盜墓團夥性質，可分官盜和民盜。

官盜又分：一、帝盜，如十六國後趙皇帝石虎、大周女皇武則天、偽齊皇帝劉豫、明熹宗朱由校、清乾隆愛新覺‧羅弘曆等；二、王盜，如漢廣川王劉去、西楚霸王項羽、三國魏曹操、南北朝陳始興軍王陳叔陵等；三、臣盜，如春秋時期吳國大夫伍子胥、東漢權臣董卓等；四、宦盜，如明朝萬曆年間御馬監奉御陳奉等；五、僧盜，如元朝江南釋教總統楊璉真迦等；六、儒盜，如三國曹魏時期著名書法家鐘繇等；民盜，如西晉汲郡（今河南汲縣西南）人不準盜掘戰國時期魏襄王陵。

在官盜中，又派生出兵盜和匪盜。兵盜如唐朝軍事將領朱泚、唐末農民起義領袖黃巢、五代十國耀州節度使溫韜、金朝宗室名將粘罕等；匪盜如清末南派廣東幫幫主焦四等。

盜墓者在進行盜墓時，所用工具主要有鎬、斧、鏟、錐、鋤、鐮、鍬、鑿、钁、刀、鐵、銑、竹簽、竹筐、木杠及粗麻繩等。現代盜墓者所用的洛陽鏟，相傳係民國年間洛陽城郊馬坡村李鴨子發明，洛陽鏟最大的功能是探測，現已廣泛使用于田野考古。

「秦埋嶺、漢埋坡，唐埋山。」中國古代堪輿術為盜墓者提供了理論指導。

據說，盜墓高手聽風聽雨，可知墓穴；察看地表草木生長，便知古塚。

根據墓葬類別，盜洞有方、圓之分；根據盜墓動機，又有圖財、復仇、遊戲和巫術之分。

在中國歷史上，曾出現過四波極為嚴重的盜墓狂潮：

第一波，出現在漢魏之際，盜掘物件是春秋戰國時期的古塚和西漢帝王陵寢；西漢政權曾一度允許私人鑄造錢幣──銅錢，導致青銅的需求量很大，而墓葬中的青銅器很多，由此，幾乎造成十墓九空。

第二波，出現在唐宋之際。乾寧二年（895），就出現過侵犯陵寢的大盜，昭宗本想令宗室諸王加強巡查警防，不得已只好作罷。天復二年（902）二月，簡陵被盜。簡陵是僖宗李儇父皇懿宗李漼的陵墓，乾符元年（874）二月初五葬簡陵，僅僅過了十八年就被遭此厄運。五代十國時，耀州節度使溫韜，除乾陵外，將關中唐帝諸陵盜掘殆遍。

第三波，出現在明清之際。明萬曆年間，河北鄉民徐鼎盜發奸相李林甫（一說元朝呂文德）妻墓，得黃金巨萬。御馬監奉御太監陳奉「悉發境內諸墓」。有巡按御史上奏萬曆皇帝，請降旨查辦陳奉，未被理睬。萬曆十四年（1586），翰林院庶起士王德完亦彈劾湖廣稅使陳奉四大罪行，萬曆仍然不理。萬曆一次又一次的縱容，大大地助長了陳奉的惡行，也直接導致了陳奉盜發萬曆曾祖父朱祐杬和曾祖母蔣氏的合葬墓──顯陵。當時，陳奉憑藉顯陵在棗陽礦山旁的便利，以開礦作掩護進行盜發。棗陽知縣王之翰進言勸阻，陳奉命人將其逮捕下獄致死。兩年後，陳奉離開湖廣時，運載墓寶的船隻首尾相連，竟延綿數里。萬曆二十八年（1600）十二月，陳奉的惡行終於激起了武昌民變。陳奉算是中國盜墓史上最荒唐的盜墓者。

第四波，出現在中華民國時期。盜墓主力軍變為兵盜和匪盜，著名的有陝西靖國軍將領党玉琨，發兵盜掘陝西寶雞鬥雞台周秦古墓；國民革命軍第六軍團第十二軍軍長孫殿英，發兵盜掘菩陀峪慈禧定東陵，以及乾隆的裕陵；土匪王紹義，曾偽裝成河北一山村的彈棉花老人，與黃金仲盜掘康熙的景陵和同治的惠陵。

中華人民共和國建立後，仍有多座帝陵引起了盜墓者的注意。如河北鐘祥

市境內的明郢靖王陵，墓主是明太祖朱元璋第二十四子郢靖王朱棟和其妃郭氏的合葬墓，該墓葬屬於帝王等級。自 1999 年以來，連續七次被炸盜未遂，盜洞最深達八米，其中二次已炸穿地宮頂。陝西乾縣境內的唐僖宗靖陵，1994 年 12 月 30 日晚，一夥盜賊使用炸藥開炸，在封土堆南側炸出了深達十六米的盜洞。2011 年 10 月，一來自河南的盜墓團夥，利用山間多霧的連陰雨天氣，盜挖陝西涇陽縣境內嵯峨山的唐德宗崇陵，在半山腰偏下位置搭建迷彩帳篷，白天休息，晚上盜挖，後被崇陵文管所張躍進發現並報警，遂被涇陽警方抓獲，此案落網共十四人。

第一節　官盜

秦始皇陵以固若金湯著稱，因其「宮觀百官，奇器珍怪徙臧滿之」，儘管「令匠作機弩矢，有所穿近者輒射之」，也難逃盜掘焚毀。其中，項羽入關，曾以三十萬人盜掘秦陵。三十日運物不能窮。關東盜賊，銷槨取銅。項羽是楚的後裔，楚國被秦所滅，家恥國恨，使得項羽進入關中後，燒殺掠搶，無所不為，火燒咸陽宮，三月而不滅。又據《三輔故事》記載，楚霸王項羽入關後，在盜掘過程中，一隻金雁突然飛出，一直朝南飛翔。斗轉星移地過了幾百年，到三國吳寶鼎元年（266），某天，有人給在日南做太守的張善送來一隻金雁，張善從金雁上的文字判斷，此物乃出自始皇陵。項羽還帶領軍隊火燒咸陽宮。根據《漢書》記載：牧羊童在秦始皇陵旁牧羊時，有羊鑽進墓穴，牧羊童手舉火把，進穴尋羊，結果，失火燒了棺槨。後來，秦始皇陵又遭到黃巢及民國軍閥劉振龍的盜掘。

三國魏曹操，在打天下之初，為了籌備軍餉，便想到漢陵和大墓。他在軍中設發丘中郎將、摸金校尉等職，設立盜墓辦公室，有幾十人專職盜事，打到哪就盜到哪。所盜最著名的墓塚是西漢梁孝諸侯王劉武陵墓。劉武（？－前144），漢高祖劉邦之孫。其父兄是中國歷史上開創「文景之治」的漢文帝劉恒和漢景帝劉啟。劉武因抵禦「七國之亂」居功邀寵，有爭奪繼帝位的念頭。

梁孝王墓位於河南永城市芒碭山的保安山南峰。斬山作郭，穿石為藏，全長九十六米，最寬處三十二米，面積約七百平方米，屬大型崖墓，由二個墓道、三個甬道、前庭、前室、後室、側室以及回廊、隧道等部分構成的巨大地

下建築群。經現在考古測量，墓室宗容積為一千三百六十七立方米，據說有北京十三陵的四倍大，人稱「天下石室第一陵」。東漢末年，曹操率軍盜掘，親臨現場，指揮取寶。據《水經注疏》載：「操發兵入碭，發梁孝王塚，破棺，收金室數萬斤。」據說，曹操憑此一盜，就養活了部下全軍將士三年。曹操算是中國盜墓史上最專業的盜墓者。

東漢初平二年（191），隴西軍閥董卓率兵進入洛陽後，首先盜發了漢靈帝文陵，「卓悉取藏蹤珍物。」他還命呂布盜發諸王陵及公卿塚墓，得其珍寶，西逃長安。建安五年（200），袁紹發檄文抨擊曹操：

> 梁孝王，先帝母弟，墳陵尊顯，松柏桑梓，猶宜恭肅，而操率將校吏士親臨發掘，破棺裸屍，掠取金寶。至令聖朝流涕，士民傷懷。又署發丘中郎將、摸金校尉，所過隳突，無骸不露。」意思是說，曹操不僅親自領兵盜墓，而且還封「發丘中郎將」、「摸金校尉」之類的官專事進行盜墓。

漢武帝茂陵位於陝西興平市東北原上。後元二年（前87）二月，武帝巡遊，病逝於周至五柞宮，葬茂陵。茂陵北面遠依九嵕山，南面遙屏終南山，是漢陵中規模最大、花費最多、工期最長、隨葬品最豐厚、陵邑最繁華、陵區最宏闊的一座，被稱為中國的金字塔。

昭帝始元三年（前84），茂陵被盜。四年後，有人在扶風買得墓中玉箱、玉杖二物。漢宣帝元康二年（前64），茂陵被盜。河東郡李友入上黨抱犢山採藥，于崖石中得武帝地宮所藏雜經三十卷，盛以金箱。新莽地皇四年（23），赤眉軍入長安，破茂陵取物，猶不能盡。漢建武二年（25），赤眉軍退長安，西行再掘茂陵。漢獻帝初平元年（190），為軍餉發愁的董卓遣呂布盜掘茂陵。墓內財寶搬運了十幾天，仍不能減半。董卓估計茂陵陪葬品中會有專治啞巴的秘方，但卻找到了一卷黃絹，上書咒罵董卓不得好死，董卓原本想把劉徹的屍骨拖出暴屍羞辱，後經一代名儒蔡邕苦勸方罷。董卓也很迷信，擔心弄壞了地脈風水，壞了自己的霸業，竟派人將盜出來的部分財寶又放了進去，未了還把陵墓重修了一下。

農民起義軍領袖黃巢效法項羽，盜掘秦始皇陵。僖宗中和元年（881），

又學赤眉軍和董卓，派兵盜掘茂陵。三掘唐高宗乾陵。乾陵位於陝西乾縣城北約六公里的梁山。據說，當面黃巢盜掘乾陵時動用了四十萬起義軍在梁山西南方向挖掘，至今留有一條深約四十米的黃巢溝。因搞不清地宮口的朝向，結果挖錯了方向，從而使乾陵躲過了一場劫難。黃巢算是中國盜墓史上最愚蠢的盜墓者。

劉去，漢景帝劉啟曾孫。西漢第三位廣川（今河北省景縣廣川鎮）王。生性殘暴，好聚無賴少年游獵，遊弋無度。在王位時，生割鉛灌、縛柱烙燙、割鼻斷舌、肢解烹煮後宮姬婢十六人。《西京雜記》說他「國內塚藏，一皆發掘。所發掘塚墓，不可勝數，其奇異者百數。」他曾盜掘魏襄王、晉靈公、晉幽王、魏王之子且渠、欒書墓等。

魏襄王墓位於河南汲縣西南，又稱汲塚遺址。外槨是用石料做成的，中間置放石床、石屏風。為防盜掘，墓口處以鐵水澆築，劉去派人鑿了三天總算打通。棺材是用生漆雜以犀牛皮而成，厚達數寸，待鋸開後，石床上除有石痰盂外還有兩把銅劍，數件金器，劉去看上了其中的一把銅劍，隨手佩在了自己的腰間。劉去算是中國盜墓史上最邪惡的盜墓者。

晉靈公，姬姓，名夷皋，春秋時期晉國國君。晉文公之孫，晉襄公之子，前 620 年－前 607 年在位。夷皋幼年繼位，在位殘暴荒淫，不事君道，寵信屠岸賈，征以重稅來滿足奢侈的生活，舉國怨憤，宰相趙盾屢屢進諫勸說無效，史稱「晉靈公不君」。最終被趙盾、趙穿兄弟所殺。晉靈公墓位於山西絳縣磨里鎮南劉家村，狀如饅頭，係用五花土堆成。墓口打開後，除墓室四角放置石雕鷹犬外，在棺槨兩邊尚有男女石人四十多個，手捧燈燭，呈站立狀。劉去看上了一個拳頭大小的玉蟾蜍，順手拿回家當磨墨用的水盂使。

有一次，劉去在盜掘魏王子且渠墓時，墓主竟栩栩如生，劉去嚇得半死，重新將墓封好。且渠，《晉書·四夷列傳》作「沮渠」，匈奴官名，為中下級領兵官。本始四年（前 70），劉去被削去王爵，流貶上庸（今湖北竹山縣西南），貶途自殺。由此，廣川封國撤除。

唐至五代十國，盜墓之風依然盛行。興元元年（784）春正月，五代軍閥溫韜「盜竊名器，暴犯陵寢。」溫韜在任七年，唐諸陵在其境內者，悉發掘之，取其所藏金寶。而昭陵最固，韜從埏道下，見宮室制度閎麗，不異人間，中為

正寢，東西廂列石床，床上石函中為鐵匣，悉藏前世圖書。鐘、王紙墨、筆跡如新。韜悉取之，遂傳人間。惟乾陵，風雨不可發。

據宋人程大昌《考古編》記載，溫韜在盜掘乾陵時，突然狂風驟雨，閃電雷鳴，怕遭報應的溫韜被嚇跑了。北宋上官融《友人會談叢》記載：

> 陝西山川形勝，而耀州為最，故唐帝陵多在其境……溫韜之起兵連邠，次梁華內外，相結合蟻聚，動至數萬。睢盱屈強，法令莫制，遂建縣為郡，自頒符節。唐帝諸陵，靡不開發，金寶之玩，取以自資。既開簡陵，內有銀羅漢十八身，各高五尺，其山座具備，環列于梓宮。每一身以十餘牛牽致方出隧道。載以大車，碎之造器，他物莫有存者。簡陵乃懿宗也。

溫韜算是中國盜墓史上最險惡的盜墓者。

北宋滅亡後，位於河南鞏縣的諸陵遭遇瘋狂的盜掘。南宋永靜軍阜城（今河北阜城縣）人劉豫，建炎二年（1128）為濟南知府。建炎四年（1130），被金國扶持為「大齊皇帝」，建都大名（今河北大名縣）。年號阜昌。紹興二年（1132），金軍圍城，誅殺大刀勇將關勝而降。劉豫在位時，與金國沾罕的官兵相互勾結，瘋狂盜掘北宋帝王陵墓，將宋太祖趙匡胤的屍骨拖出暴屍，他還效仿曹操，設立淘沙官，專門從事盜墓活動。除了皇帝陵、皇后陵、妃子墓，以及周圍的朝臣墓，統統盜掘一盡。據說有一次，劉豫看見一個士兵手中拿著一盞水晶碗在把玩，他看後，認定這件寶物非民間所有。經一番盤查，士兵供出這是從宋哲宗泰陵中盜發而來。劉豫貪財心切，即命其子為盜陵機構長官——河南淘沙官，全面負責對北宋諸陵進行洗劫式盜掘。劉豫算是中國盜墓史上最缺德的盜墓者。

南宋紹興十八年（1148），太常少卿方庭頊出使金國，途中拜謁北宋皇陵，目睹了宋哲宗曝屍荒野之慘狀，他解下身上衣物，將北宋哲宗趙煦骸骨包裹起來就地掩埋，並將情況上奏了高宗趙構，朝中君臣無不悲痛。

乾隆是清朝第六位皇帝，在位六十年，享年八十九歲。當年為了修造自己的裕陵，一眼就看上了明成祖朱棣長陵祾恩殿上的金絲楠木大柱，後經宰相劉墉等朝臣苦勸方罷。但還是命人拆毀了明世宗朱厚熜永陵大殿。明永陵營建歷

時十多年，規制僅次於長陵，每月花費的白銀不低於三十萬兩。經乾隆「修葺」後的永陵柱網與舊制不同。京城民間曾流傳：「拆大改小十三陵」。乾隆算是中國盜墓史上最尊貴的盜墓者。

位於河北遵化馬蘭峪昌瑞山的清東陵，分佈有順治孝陵、康熙景陵、乾隆裕陵、咸豐定陵、同治惠陵，以及慈安太后（東太后）、慈禧太后（西太后）等四座后陵和五座妃陵、一座格格陵。民國十七年（1928）6月12日，奉系軍閥第二十八軍岳兆麟部下土匪團長馬福田策劃率兵盜掘清東陵。而距東陵約十公里的馬伸橋卻駐紮著另一軍閥——國民革命軍第六軍團第十二軍軍長孫殿英的部隊。孫殿英係河南永城縣人，土匪出身，不通文墨。他以「剿匪換防」為名，命部下第八師師長譚溫江一個團的兵力向馬蘭峪進發。在突襲馬福田部後，孫殿英即與部中高參梁朗先、譚溫江等密謀盜陵事宜，目標首選慈禧的定東陵、乾陵的裕陵、康熙的景陵。藉口軍事演習，趕走守陵人，封鎖陵區，動用工兵，先後炸開乾隆裕陵地宮及慈禧定東陵地宮，大肆洗劫。匪兵還將慈禧的屍體拖出棺外，扒下龍袍，撕毀內衣，脫下鞋襪，搶掠周身珠寶，又將慈禧的牙齒撬開，盜走口中的夜明珠。後來，還是居住在津門的遜帝溥儀派清王室遺臣載澤等前往東陵重新安葬慈禧遺骨。乾隆的遭遇更慘，盜墓者將帝、后、妃共6具屍骨混亂在一起，乾隆的下顎被碎為兩半，髮辮及肋骨等被隨意拋擲在墓門外。

清東陵盜掘案發之後，舉國震驚。清王室遺老遺少痛心疾首，社會各界要求嚴懲孫殿英。孫殿英為了逃避懲罰，忙用盜來的珍寶四處活動。據說，將一柄九龍劍（劍面上嵌有九條用純金做的龍，劍柄上鑲有一顆大紅寶石）托戴笠送給了蔣介石，另一柄寶劍托戴笠送給了何應欽。將乾隆脖頸上掛的那串瑪瑙朝珠送給了戴笠，將慈禧的翡翠西瓜枕頭，托戴笠送給了宋子文，將慈禧口中含的夜明珠（分開為兩塊，透明無光，合攏是一個圓球，透出綠色的寒光，夜間在百步之內可照見頭髮）托戴笠送給了宋美齡，後來，宋美齡將那顆夜明珠綴在了自己的繡花鞋上。將朝鞋上的兩串寶石分別送給了孔祥熙和宋靄齡，又將五十萬兩黃金送給了閻錫山。就這樣層層打點，孫殿英逍遙法外。

民國三十六年（1947）春，國民黨暫編第三縱隊中將總司令孫殿英在河南湯陰戰役中被俘，被拘押在河北武安，曾一度想越獄逃跑，一年後病死在戰俘營。孫殿英算是中國歷史上最牛氣的盜墓者。

第二節 私盜

西漢時期，廣川惠王劉越之子劉志糾集天下無賴少年，將包括魏襄王、魏哀王、周幽王、晉靈公等諸多塚墓盡皆發掘。至西漢末年，除西漢霸、杜二陵外，其餘諸陵悉數被盜。西晉皇甫謐說：「豐財厚葬，以啟奸心，或剖破棺槨，或牽曳形骸，或剝臂捋金環，或捫腸求珠玉。焚如之形，不痛於是？自古及今，未有不死人，又無不發之墓也。」

太清元年（547）八月二十六日，北齊神武帝高歡之子、東魏權臣高澄虛葬齊獻武王高歡于漳水之西，潛鑿成安鼓山石窟佛寺之旁為穴，納其柩而塞之，殺其群匠。當時，有位參與興建陵墓的工匠將情況偷偷告訴了自己的兒子，雖然工匠被殺，但結果陵墓被盜，陪葬財寶盡失。

南陳滅亡後，陳武帝陳霸先的仇人王僧辯之子王頒曾糾集千餘人，對陳武帝萬安陵進行了大規模盜掘，剖棺焚屍，以泄刻骨仇恨。

元朝對南宋諸陵的盜發十分瘋狂。西域惡僧楊璉真迦，唐兀（西夏）人，本為元朝宗教職員。藏傳佛教僧人，吐蕃高僧八思巴帝師的弟子，見寵於忽必烈。據《大一統》記載，至元十四年（1277），被命為江南釋教都總統。翌年，他利用掌管佛教事務上的方便，在當朝宰相桑哥支援下，夥同演福寺僧允澤率部眾盜掘位於錢塘、紹興的宋陵。陵使羅銑竭力阻撓，允澤兇相畢露，拔刀相逼，陵使無奈，大哭而去。楊璉真迦從南宋徽宗陵中盜發馬烏玉筆箱及銅涼拔鏽管，從高宗陵中盜發真珍戲馬鞍，從光宗陵中盜發出交加白齒梳及香玉案，從理宗陵中盜發出穿雲琴、伏虎枕及金貓睛，從度宗陵中盜發出魚影瓊扇柄及玉色藤絲盤等寶藏，棄屍骨於草莽之間，又將理宗屍體拖出，掰唇撬齒，盜走口內所含夜明珠，又將其屍倒掛在一顆樹上，瀝取腹內水銀，時間長達三天三夜。《明史》上說楊璉真迦又截取理宗顱骨，帶至北方，鑲銀塗漆，制為飲器，稱嘎巴拉碗。山陰（今浙江紹興）義士唐玨看到盜發的帝陵痛心疾首，私出百金，雇人分頭趁月色潛入陵山收斂諸帝后殘屍遺骨，用黃綾包裹後，放入石函埋葬，後遷葬于蘭渚山天章寺，但僅隔七天，楊連僧迦又掘出帝后屍骸，雜以牛馬枯骨，運至臨安故宮，築一座高十三丈的白塔壓之，號稱「鎮本」，意即制服江南民眾之意。其行為實在令人髮指。元朝戲曲家馬致遠《南宋雜事詩》云：「故宮思見舊冬青，一塔如山塞涕零。領訪魚影香骨案，更從何處哭哭靈。」

據《元史》卷十七《世祖本紀》載：楊璉真迦「凡發塚一百有一所，戕人命四，攘盜詐掠諸贓為鈔十一萬六千二百錠……」楊璉真迦算是中國盜墓史上最歹毒的盜墓者。

明洪武二年（1369），朱元璋派遣北平守將從西僧汝納手中買回了宋理宗頭骨製作的酒器，令有司將其安置在高坐寺西北。翌年，山陰官員向朝廷進獻永穆陵圖，朱元璋詔令理宗頭骨葬入故陵。宋理宗頭骨經過八十四年的顛沛流離，與唐鈺所藏部分諸帝遺骸一同歸葬舊塋，並豎碑立石以記。同時，朱元璋詔修宋陵六座。洪武九年（1376），朱元璋特設守陵戶二戶，令每三年地方官府香帛祭祀，並規定五百步之內禁止山民采樵。

五代十國時期，吳越第一代國王錢鏐墓位於浙江杭州市臨安區，與第二代國王錢元瓘及王后馬氏墓、錢鏐父母錢寬和水邱氏墓統稱為臨安吳越國王陵。2001 年 6 月 25 日，被公佈為第五批全國重點文物保護單位。2006 年 5 月 25 日，與杭州吳漢月墓合併稱為「吳越國王陵」，被公佈為第六批全國重點文物保護單位。2020 年 3 月 24 日，包括錢鏐墓在內的古墓被盜，5 月 23 日，杭州市公安局一舉抓獲盜、銷、收文物犯罪嫌疑人 39 人，追回涉案文物共 223 件，其中實施盜掘錢鏐墓的犯罪嫌疑人 2 名，犯罪嫌疑人供述，在錢鏐墓盜取文物 175 件。其中包括秘色瓷、金玉腰帶等珍貴文物。

辱屍是一種暴行。秦漢之前，挖墳辱屍還被當做是一種羞辱對手的手段。楚平王七年（前 522），伍子胥父兄因遭到太子少傅費無忌的陷害，為楚平王所殺，伍子胥發誓要整垮楚國。他先來到宋國，又去了鄭國，最後出逃到吳國。楚昭王珍十年（前 506），伍子胥和孫武幫助吳王闔閭攻破楚國的城池。成全了吳王「春秋五霸」的歷史地位後，伍子胥也尋到了為父兄雪仇的機會。他建議吳王先拆了楚國的宗廟，吳王聽從。伍子胥要盜掘楚平王的墓，吳王說，你看著辦吧。此時，楚平王已經死去了十年，伍子胥掘了楚平王的墓，將其屍體拖了出來，怒抽三百鞭。銅鞭抽打下去，連骨頭都折了。又把銅鞭戳進楚平王的眼眶，並惡聲咒罵。最後，為解心頭之恨，又將楚平王的頭砍了下來。西漢司馬遷都覺得伍子胥的行為太過分。伍子胥算是中國盜墓史上最狠毒的盜墓者。

春秋時期，齊桓公第五子呂商人殺死兄長齊國國君呂舍後，奪取君位，稱齊懿公，成為齊國第二十一位國君，前 612– 前 609 在位。齊桓公在世時，公子

商人曾與大夫邴原爭奪一塊土地，齊桓公遂將此事交給管仲來處理。管仲依法依理，將土地判給了邴原，公子商人因此對管仲和邴原懷恨在心。後來，公子商人登上了國君寶座，此時，管仲和邴原均已故去。齊懿公便剝奪了管仲的爵位，搶佔了邴原家的田產。當他打聽到邴原墳墓的位置時，就趁著外出打獵之機，當著邴原兒子邴歜（宮廷侍衛）的面，令士兵將其掘開，拖出邴原的屍體，為解心頭之恨，竟然跺下了邴原的雙腳。

漢王劉邦當年與西楚霸王項羽爭奪天下時，項羽盜掘秦始皇陵讓劉邦抓住了小辮子，劉邦向天下昭示項羽十大罪狀，《史記》卷八《高祖本紀》載：「懷王約入秦無暴掠，項羽燒秦宮室，掘始皇帝塚，私收其財物，罪四。」袁紹在討伐曹操之前，讓陳琳起草了一份討曹檄文，由於陳的這份檄文，才徹底揭露了曹操當年盜掘帝陵的真相。

五胡時，前燕第二位皇帝慕容儁在夜間夢見了後趙第三位皇帝石虎嚙咬他的手臂，睡夢驚醒之後，欲出高價收購石虎屍體，派兵找到石虎的葬埋之地，下度三泉，得其棺，剖棺出屍，怒鞭抽打。

後秦姚萇盜發前秦苻堅陵墓，出其屍體，「鞭撻無數，裸剝衣裳，薦之以棘，坎土而埋之。」

據唐人載孚《廣異記》記載：開元二十八年（740），有一夥盜墓賊膽大包天，竟然打起了當朝皇上玄宗寵妃劉華妃墓的主意，這夥盜墓賊為了不被人發現，便在距離華妃墓的百步之外建造了一座假墳，然後通過地下盜洞直達劉華妃墓中。當盜墓賊打開棺蓋後，發現劉華妃真是一位絕代美人，並且四肢還能彎曲。當看到劉華妃兩隻手腕上都戴著金釧，便將其手剁斷取下。說來這夥盜墓賊也挺迷信，擔心劉華妃托夢給她兒子李琮傾訴自己的遭遇，於是，又殘忍地把劉華妃的舌頭割去，「側立其屍，而于陰中置燭。」當朝皇帝寵妃遭此凌辱，實在令人髮指！

奸屍是一種變態心理，一種令人髮指的行為。東漢桓帝劉志好色，在位二十二年，後宮嬪妃達五六千人，其中馮貴人病亡，死後七十餘年仍然栩栩如生，「顏色如故，但肉小冷；群賊共奸通之。」盜墓者見色起淫，先後輪奸了馮貴人的屍體。奸屍時，竟因先後順序，相互間大打出手，由此導致盜墓事發。

當年，赤眉軍在盜掘漢陵時，開國皇帝高祖劉邦和皇后呂雉合葬陵長陵也

未能倖免。據《後漢書》記載，「盆子乘王車，駕三馬，從數百騎……發掘諸陵，取其寶貨，遂污辱呂后屍。」就這樣，呂雉屍體遭到赤眉軍的姦淫。

在中國歷史上，盜墓乃大逆不道之舉。凡毀壞皇室宗廟、陵墓、宮殿等蔑視或侵犯皇帝尊嚴的行為，皆為十惡不赦罪中的謀大逆之罪。

漢朝「發墓者誅，竊盜者刑。」具有諷刺意義的是，漢高祖劉邦的孫子衡山王劉賜告發內史，在審訊內史時，內史檢舉揭發了劉賜的問題，除侵佔別人家的田產外，還掘毀人家的墳墓，朝廷並沒有處罰劉賜。後來，劉賜因為亂倫被誅，或許這就是一種報應吧。

《唐律疏議》卷十九：「諸發塚者，加役流；發徹即坐。招魂而葬，亦是。已開棺槨者，絞；發而未徹者，徒三年。」「諸盜園陵內草木者，徒二年半。若盜他人墓塋內樹者，杖一百。」在當年群盜盜掘唐玄宗寵妃華妃墓，事發，被捕，其中有五人皆探取五臟，烹而祭之。五人盡榜殺於京兆門外。

後唐天成二年（927）七月，明帝李嗣源命將溫韜流放德州。翌年十月，明帝以溫韜盜發唐陵的罪名，將其賜死在德州。

刺配，是中國古代將刺面與流配想結合而成的一種刑罰。始於五代之後晉，盛行於宋朝，並附加杖刑。明清改刺面為刺左右臂。

宋末刺配的罪行竟達五百七十多項。中國古典小說《水滸傳》第七回「林教頭刺配滄州道　魯智深大鬧野豬林」，這個就是統八十萬禁軍教頭林沖，地位如此顯赫之人也要被刺配。

元朝《至元新格》載：「諸發塚，已開塚者同竊盜，開棺槨者同強盜，毀屍骸者同傷人，仍于犯人家屬征燒埋銀。諸挾仇發塚，盜棄其屍者，處死。諸發塚得財不傷屍，杖一百七，刺配，諸盜發諸王駙馬墳寢者，不分首從，皆處死。看守禁地人，杖一百七，三分家產，一分沒官，同看守人杖六十七。」

《大明會典》記載：「凡發掘墳塚見棺槨者杖一百，流三千里。已開棺槨見屍者，絞（監候）。發而未至棺槨者杖一百，徒三年（招魂而葬亦是為從減一等）。若塚先穿陷及未殯埋而盜屍柩（屍在柩未殯，或在殯未埋）者，杖九十，徒二年半。開棺槨見屍者，亦絞。其盜取器物二十四石者，計贓，准凡盜論，免刺。」

《大清律例》「發塚」條所載刑罰同《大明會典》「發塚」條。

據相關文獻記載，自唐至清，朝廷歷代對帝陵都做過程度不同的維護。先後有唐文宗李昂、唐德宗李適，後唐莊宗李存勖及末帝李從珂，宋太祖趙匡胤、宋真宗趙恒及陝西轉運使游師雄，大金皇弟，明太祖朱元璋，尤其是清代陝西巡撫畢沅，親臨陵寢，考察辨識，書陵立碑，建制標誌，以垂久遠。

在中華人民共和國成立十二年後，國務院正式頒佈了首部文物保護法律文件《文物保護管理暫行條例》，明確規定了國家文物保護的範圍和細則。1964年，經國務院批准的《古遺址古墓葬調查發掘暫行管理辦法》，逐漸加大和完善了全國各地遺址古墓葬的保護舉措，之後，陸續成立有專門的博物館或文管所。

二十一世紀以來，國際文物保護組織陸續頒布了一系列文件，確立了文物保護的基本原則和基本方向。2006年，國家文物局、財政部聯合印發《「十一五」期間大遺址保護總體規劃》，要求到2010年逐步建立比較完備的大遺址保護管理體系。以陝西唐陵為例，除陵區安裝有全角度監控外，又設專職陵管員負責巡視帝陵兆域範圍內的盜掘跡象和遺存石刻。及至後來，全國範圍內陸續加大投資和執法力度，基本有效遏制了人為因素對帝陵景觀所帶來的破壞。

徵引圖目與出處

後　記

　　中國古代陵墓研究是一項龐大的文化建設工程，在五千年的歷史長河中，帝王陵寢的建造與各朝代的政治、文化、藝術、經濟、宗教等密切相關，有著陵墓卜選、羨道朝向，以及石刻種類、數量、體量的變化因素，當代的清理發掘所形成的考古報告則為研究者和愛好者提供了詳實的資料。

　　蘭臺出版社是一家出版專業學術著作中心。出版海內外各大學及研究機構的研究成果。包括國學大師錢穆、中央研究院院士王爾敏、臺灣大學教授王德毅、臺灣師範大學文學院院長王仲孚、中正大學教授雷家驥以及復旦大學曹旭教授，福建師範大學陳慶元教授，清華大學李均明，蘭州大學何雙全等，鄙人曾在蘭臺出版社先後出版了《鄭板橋年譜》《鄭板橋全集》《唐陵石刻遺存圖集》以及合著《唐朝公主及其婚姻考論》等學術專著，倍感榮幸。

　　鄙人任職蘭臺出版社駐北京總編輯，今年 4 月 10 日，蘭臺出版社社長盧瑞琴小姐宣佈正式啟動《中國學術研究叢書》書系的邀稿工作，拙著《中國古代陵墓研究》有幸忝列其中，有著非同尋常的積極意義。

　　感謝給我以熱情鼓勵和支持的諸位師長和朋友！

　　感謝盧瑞琴社長以及為本書出版所付出辛勤勞動的編輯同仁！

党明放

辛丑桂月識於奉先問字庵

國家圖書館出版品預行編目資料

中國文化研究叢書. 第一輯1,中國古代陵墓研究 / 党明放著. -- 初版. -- 臺北市：
蘭臺出版社, 2024.06
　　冊；公分. --（中國文化研究叢書. 第一輯；1）
ISBN 978-626-96643-9-9(全套：精裝)

1.CST: 中國文化 2.CST: 文化史 3.CST: 中國史

630　　　　　　　　　　　　　　　　　　　　112008792

中國文化研究叢書第一輯1

中國古代陵墓研究

作　　　者：党明放
總 編 纂：党明放　盧瑞琴
主　　編：沈彥伶
編　　輯：凌玉琳　沈彥伶
美　　編：陳勁宏
校　　對：楊容容　盧瑞容　古佳雯
封面設計：陳勁宏
出　　版：蘭臺出版社
地　　址：臺北市中正區重慶南路1段121號8樓之14
電　　話：(02)2331-1675或(02)2331-1691
傳　　真：(02)2382-6225
E－MAIL：books5w@gmail.com或books5w@yahoo.com.tw
網路書店：http://5w.com.tw/
　　　　　https://www.pcstore.com.tw/yesbooks/
　　　　　https://shopee.tw/books5w
　　　　　博客來網路書店、博客思網路書店
　　　　　三民書局、金石堂書店
經　　銷：聯合發行股份有限公司
電　　話：(02) 2917-8022　　傳真：(02) 2915-7212
劃撥戶名：蘭臺出版社　　　　帳號：18995335
香港代理：香港聯合零售有限公司
電　　話：(852) 2150-2100　　傳真：(852) 2356-0735
出版日期：2024年6月 初版
定　　價：全套新臺幣18000元整（精裝，套書不零售）
ISBN：978-626-96643-9-9

近代中日關係史

一套10冊，陳鵬仁編譯　定價：12000元（精裝全套不分售）

精選二十世紀以來最重要的史料、研究叢書，從日本的觀點出發，探索這段動盪的歷史。是現今學界研究近代中日關係史不可或缺的一套經典。

第一輯
ISBN：978-986-99507-3-2

第二輯
ISBN：978-626-95091-9-5

中國藝術研究叢書第一輯　党明放 總編纂

從考古和人類學的角度看，各種生活內涵形成特有文化，藝術是其中之一。中國藝術博大精深是文化根源，在民族綿延數年中，因歷史悠久數量繁多且內容豐富，有大量珍貴的古籍文獻留存。今蘭臺出版社廣邀海內外各藝術領域研究專家，將藝術文獻普查、整理和研究成果，出版成《中國藝術研究叢書》，每輯十冊；擬以第一、第二輯、第三輯，陸續出版，除發揚前人文獻成果外，並期待文化藝術有所增益。

作者：

陳雪華、易存國、
柏紅秀、賀萬里、
張　耀、張文利、
李浪濤、黃　強、
劉忠國、羅加嶺

全套10冊不分售 精裝本
定價：新台幣18000元
ISBM：978-626-95091-6-4

《臺灣史研究名家論集》

　　這套叢書是四十三位兩岸台灣史的權威歷史名家的著述精華，精采可期，將是臺灣史研究的一座豐功碑及里程碑，可以藏諸名山，垂範後世，開啓門徑，臺灣史的未來新方向即孕育在這套叢書中。展視書稿，披卷流連，略綴數語以説明叢刊的成書經過，及對臺灣史的一些想法，期待與焦慮。

一編　ISBN：978-986-5633-47-9

王志宇、汪毅夫、卓克華、
周宗賢、林仁川、林國平、
韋煙灶、徐亞湘、陳支平、
陳哲三、陳進傳、鄭喜夫、
鄧孔昭、戴文鋒

臺灣史研究名家論集（套書）　定價：28000

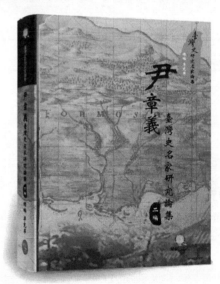

二編　ISBN：978-986-5633-70-7

尹章義、李乾朗、吳學明、
周翔鶴、林文龍、邱榮裕、
徐曉望、康　豹、陳小沖、
陳孔立、黃卓權、黃美英、
楊彥杰、蔡相輝、王見川

臺灣史名家研究論集二編（精裝）NT$：30000

三編　ISBN:978-986-5633-70-7

尹章義、林滿紅、林翠鳳、
武之璋、孟祥瀚、洪健榮、
張崑振、張勝彥、戚嘉林、
許世融、連心豪、葉乃齊、
趙祐志、賴志彰、闞正宗

臺灣史名家研究論集二編（精裝）NT$：30000

錢穆著作選輯最後定稿版

本版特色

1. 全書在觀點上和研究成果上已多不同於其他書局所出的同名書。
2. 對原書標點進行整理，全書加入私名號、書名號及若干引號，以顯豁文意，方便讀者閱讀。
3. 字體加大，清晰明顯，以維護讀者之視力。
4. 《經學大要》為首次出版；《中國學術思想史論叢》原八冊，新增了（九）、（十）兩冊，補入現代部份，選輯四十九本書，共新增文章二百三十餘篇，在內容上，本選輯是錢先生畢生著作最完整的版本。

ISBN:957-0422-00-9
錢穆叢書系列套書 定價：2850元
一、中國學術思想史小叢書
（套書）定價：2850元

ISBN:957-0422-12-2
錢穆叢書系列套書 定價：1230元
二、孔學小叢書
（套書）定價：1230元

ISBN:957-0422-17-3
錢穆叢書系列套書 定價：1780元
三、中國學術小叢書
（套書）定價：1780元

ISBN:957-9154-64-3
錢穆叢書系列套書 定價：1460元
四、中國史學小叢書
（套書）定價：1460元

ISBN:957-9154-62-7
錢穆叢書系列套書 定價：880元
五、中國思想史小叢書
甲編（套書）定價：880元

ISBN:957-9154-63-5
錢穆叢書系列套書 定價：1860元
六、中國思想史小叢書
乙編（套書）定價：1860元

ISBN:957-9154-61-9
錢穆叢書系列套書 定價：2390元
七、中國文化小叢書
（套書）定價：2390元

ISBN:957-0422-11-5
八十憶雙親・師友雜憶合刊本 定價：290元
《八十憶雙親・師友雜憶
合刊本》定價：290元

勞榦先生學術著作選集

　　勞榦是居延漢簡研究的先驅，他的相關考證和專題論文也開啟了此後研究的先河。漢代邊塞遺留下來的這些簡牘文書，內容十分豐富。它們直接、生動地記錄了大約從西漢中晚期至東漢初，當地軍民在軍事、法律、教育、經濟、信仰以及日常生活各方面活動的情形，為秦漢代史研究打開了一片新天地。

　　《勞榦先生選集1~4冊》，收錄其論著十一類一百二十四種，共分四冊出版，展現了勞榦先生畢生的研究成果，突出了論著之精華，為廣大學仁提供了研究之便利，更是對勞榦先生學術風範的繼承和發揚，意義非凡。

16開圓背精裝 全套四冊不分售
定價新臺幣 18000 元
ISBN：978-986-99137-0-6